第3版

書きながら覚える

保育士

まるわかり合格ノート

保育士資格取得支援研究会［著］

技術評論社

本書の使い方

本書は、「保育士筆記試験」の合格を目指す人のための学習書です。できるところから、やりたいところから、どんどん書いていけば、要点をまとめた「合格ノート」ができあがります。読むだけでなく、実際に自分の手で書いてみると、知識がスッとからだに入ってきますから、マーカーや赤ペンを使って、カラフルで楽しい自分だけの「合格ノート」をつくり、一気に合格を目指しましょう。

よく出題されるテーマを 50 の Point にまとめました。

対応する「試験科目」の名前です。

出題頻度を 3 段階で示しています。

学習した日付を記入し、進捗を確かめてください。できれば 2 回は学習してみてください。

知識をインプットするページ

本書では基本的に 1 つの Point を 4 ページで解説しています。最初の 2 ページには要点をまとめてあります。しっかり頭の中にインプットしてください。

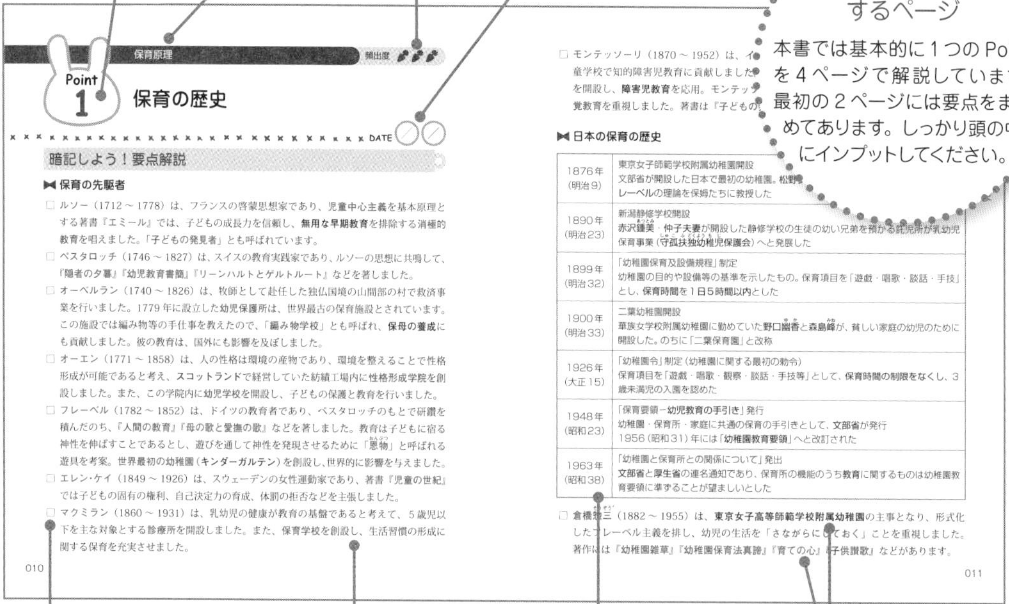

保育原理　頻出度

Point 1 保育の歴史

DATE

暗記しよう！要点解説

保育の先駆者

- □ ルソー（1712 ~ 1778）は、フランスの啓蒙思想家であり、児童中心主義を基本原理とする著書『エミール』では、子どもの成長力を信頼し、**無用な早期教育**を排除する消極的教育を唱えました。「子どもの発見者」とも呼ばれています。
- □ ペスタロッチ（1746 ~ 1827）は、スイスの教育実践家であり、ルソーの思想に共鳴して、『隠者の夕暮』『幼児教育書簡』『リーンハルトとゲルトルート』などを著しました。
- □ オーベルラン（1740 ~ 1826）は、牧師として赴任した独仏国境の山間部の村で救済事業を行いました。1779 年に設立した幼児保護所は、世界最古の保育施設とされています。この施設では編み物等の手仕事を教えたので、「編み物学校」とも呼ばれ、**保母の養成**にも貢献しました。彼の教育は、国外にも影響を及ぼしました。
- □ オーエン（1771 ~ 1858）は、人の性格は環境の産物であり、環境を整えることで性格形成が可能であると考え、**スコットランド**で経営していた紡績工場内に性格形成学院を創設しました。また、この学院内に幼児学校を開設し、子どもの保護と教育を行いました。
- □ フレーベル（1782 ~ 1852）は、ドイツの教育者であり、ペスタロッチのもとで研鑽を積んだのち、『人間の教育』『母の歌と愛撫の歌』などを著しました。教育は子どもに宿る神性を伸ばすことであるとし、遊びを通して神性を発現させるために「恩物《おんぶつ》」と呼ばれる遊具を考案。世界最初の幼稚園（**キンダーガルテン**）を創設し、世界的に影響を与えました。
- □ エレン・ケイ（1849 ~ 1926）は、スウェーデンの女性運動家であり、著書『児童の世紀』では子どもの固有の権利、自己決定力の育成、体罰の拒否などを主張しました。
- □ マクミラン（1860 ~ 1931）は、乳幼児の健康が教育の基盤であると考えて、5 歳児以下を主な対象とする診療所を開設しました。また、保育学校を創設し、生活習慣の形成に関する保育を充実させました。

010

- □ モンテッソーリ（1870 ~ 1952）は、イ
童学校で知的障害児教育に貢献しました
を開設し、**障害児教育**を応用。モンテッ
覚教育を重視しました。著書は『子どもの

日本の保育の歴史

1876 年（明治 9）	東京女子師範学校附属幼稚園開設 文部省が開設した日本で最初の幼稚園。松野 レーベルの理論を保姆たちに教授した
1890 年（明治 23）	新潟静修学校開設 赤沢鐘美《あつとみ》・仲子夫妻が開設した静修学校の生徒の幼い兄弟を預かる託児所が乳幼児保育事業（守孤《しゅこ》扶独《ふどく》幼稚《ようち》児《じ》保護会）へと発展した
1899 年（明治 32）	「幼稚園保育及設備規程」制定 幼稚園の目的や設備等の基準を示したもの。保育項目を「遊戯・唱歌・談話・手技」とし、**保育時間を 1 日 5 時間以内**とした
1900 年（明治 33）	二葉幼稚園開設 華族女学校附属幼稚園に勤めていた**野口幽香《ゆか》**と**森島峰《みね》**が、貧しい家庭の幼児のために開設した。のちに「二葉保育園」と改称
1926 年（大正 15）	「幼稚園令」制定（幼稚園に関する最初の勅令） 保育項目を「遊戯・唱歌・観察・談話・手技等」として、**保育時間の制限をなくし**、3 歳未満児の入園を認めた
1948 年（昭和 23）	「保育要領－**幼児教育の手引き**」発行 幼稚園・保育所・家庭に共通の保育の手引きとして、**文部省**が発行 1956（昭和 31）年には「**幼稚園教育要領**」へと改訂された
1963 年（昭和 38）	「幼稚園と保育所との関係について」発出 **文部省**と**厚生省**の連名通知であり、保育所の機能のうち**教育**に関するものは幼稚園教育要領に準ずることが望ましいとした

- □ 倉橋惣三（1882 ~ 1955）は、**東京女子高等師範学校附属幼稚園**の主事となり、形式化したフレーベル主義を排し、幼児の生活を「さながらにしておく」ことを重視しました。著作には『**幼稚園雑草**』『**幼稚園保育法真諦**』『**育ての心**』『**子供讃歌**』などがあります。

011

チェックボックスです。しっかり身についたら、チェックを入れましょう。

要点が覚えやすいように、箇条書きでまとめてあります。

要点がわかりやすいように、表を多用しています。

重要な項目は太字で、とくに重要な項目は色字で示しました。

欄外には関連知識等をまとめました。また、空いているスペースには自由に書き込んで、自分なりの「合格ノート」をつくりあげてください。

「情報」は、関連して覚えておきたい知識です。

穴埋め形式になっています。空欄に書き込んで知識を定着してください。

「ポイント」は、関連する重要な事柄です。

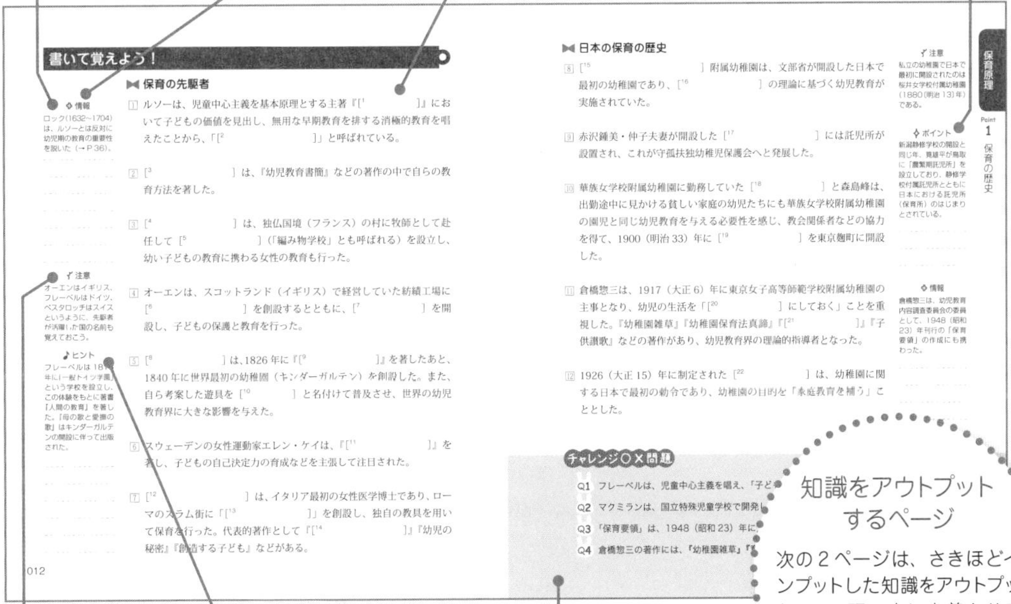

知識をアウトプットするページ

次の２ページは、さきほどインプットした知識をアウトプットして、頭の中に定着させるページです。

「注意」は、間違えやすい点、気をつけたい点です。

「ヒント」は、穴埋めのための手がかりです。

最後に「チャレンジ○×問題」を用意しました。知識が身についたか、確かめてください。解答・解説は、巻末の別冊をご覧ください。

巻末問題

Point50 まで勉強し終えたら、巻末に用意した○×問題、選択問題に挑戦してください。知識をよりしっかりと定着することができます。解答・解説は、巻末の別冊をご覧ください。

スマホでできる 問題演習 Web アプリ

DEKIDAS-WEB （→ P.232）で、
国家試験の問題を解いて
さらなる実力 UP もできます！

もくじ

本書の内容は、2020 年１月現在のものです。本書発行後に法改正などの変更が行われ、試験に出題される場合もあります。また、本書を使用した結果につきましては、著者および技術評論社は責任を負いかねます。あらかじめご了承ください。

重要キーワード一覧

▶英数字

▶あ行

▶か行

▶さ行

▶た行

▶な行

▶は行

▶ま行

▶や行

▶ら行

▶わ行

合格ノート

Point 1 保育の歴史

DATE ／ ／

暗記しよう！要点解説

保育の先駆者

□ ルソー（1712 ～ 1778）は、フランスの啓蒙思想家であり、**児童中心主義**を基本原理とする著書『エミール』では、子どもの成長力を信頼し、**無用な早期教育**を排除する**消極的教育**を唱えました。「**子どもの発見者**」とも呼ばれています。

□ ペスタロッチ（1746 ～ 1827）は、スイスの教育実践家であり、ルソーの思想に共鳴して、**『隠者の夕暮』『幼児教育書簡』『リーンハルトとゲルトルート』**などを著しました。

□ オーベルラン（1740 ～ 1826）は、牧師として赴任した独仏国境の山間部の村で救済事業を行いました。1779 年に設立した**幼児保護所**は、世界最古の保育施設とされています。この施設では編み物等の手仕事を教えたので、「**編み物学校**」とも呼ばれ、**保母の養成**にも貢献しました。彼の教育は、国外にも影響を及ぼしました。

□ オーエン（1771 ～ 1858）は、人の性格は環境の産物であり、環境を整えることで性格形成が可能であると考え、**スコットランド**で経営していた紡績工場内に**性格形成学院**を創設しました。また、この学院内に**幼児学校**を開設し、子どもの保護と教育を行いました。

□ フレーベル（1782 ～ 1852）は、ドイツの教育者であり、ペスタロッチのもとで研鑽を積んだのち、**『人間の教育』『母の歌と愛撫の歌』**などを著しました。教育は子どもに宿る神性を伸ばすことであるとし、遊びを通して神性を発現させるために「**恩物**《おんぶつ》」と呼ばれる遊具を考案。**世界最初の幼稚園**（**キンダーガルテン**）を創設し、世界的に影響を与えました。

□ エレン・ケイ（1849 ～ 1926）は、スウェーデンの女性運動家であり、著書**『児童の世紀』**では子どもの固有の権利、自己決定力の育成、体罰の拒否などを主張しました。

□ マクミラン（1860 ～ 1931）は、乳幼児の健康が教育の基盤であると考えて、5 歳児以下を主な対象とする**診療所**を開設しました。また、**保育学校**を創設し、生活習慣の形成に関する保育を充実させました。

□ モンテッソーリ（1870～1952）は、イタリア最初の女性医学博士であり、国立特殊児童学校で知的障害児教育に貢献しました。1907年にローマのスラム街に「**子どもの家**」を開設し、**障害児教育**を応用。モンテッソーリ教具と呼ばれる体系的な教具を開発し、**感覚教育**を重視しました。著書は『**子どもの発見**』『**幼児の秘密**』『**創造する子ども**』など。

日本の保育の歴史

1876年 （明治9）	東京女子師範学校附属幼稚園開設 文部省が開設した日本で最初の幼稚園。**松野クララ**（ドイツ人）が主任保姆《ほぼ》となり、**フレーベル**の理論を保姆たちに教授した
1890年 （明治23）	新潟静修学校開設 **赤沢鍾美《あつとみ》・仲子夫妻**が開設した静修学校の生徒の幼い兄弟を預かる託児所が乳幼児保育事業（**守孤扶独幼稚児《しゅこふどくようちじ》保護会**）へと発展した
1899年 （明治32）	「幼稚園保育及設備規程」制定 幼稚園の目的や設備等の基準を示したもの。保育項目を「遊戯・唱歌・談話・手技」とし、**保育時間を1日5時間以内**とした
1900年 （明治33）	二葉幼稚園開設 華族女学校附属幼稚園に勤めていた**野口幽香《ゆか》**と**森島峰《みね》**が、貧しい家庭の幼児のために開設した。のちに「二葉保育園」と改称
1926年 （大正15）	「幼稚園令」制定（幼稚園に関する最初の勅令） 保育項目を「遊戯・唱歌・観察・談話・手技等」として、**保育時間の制限をなくし**、3歳未満児の入園を認めた
1948年 （昭和23）	「保育要領－**幼児教育の手引き**」発行 幼稚園・保育所・家庭に共通の保育の手引きとして、**文部省**が発行 1956（昭和31）年には「**幼稚園教育要領**」へと改訂された
1963年 （昭和38）	「幼稚園と保育所との関係について」発出 **文部省**と**厚生省**の連名通知であり、保育所の機能のうち**教育**に関するものは幼稚園教育要領に準ずることが望ましいとした

□ 倉橋惣三《そうぞう》（1882～1955）は、**東京女子高等師範学校附属幼稚園**の主事となり、形式化したフレーベル主義を排し、幼児の生活を「さながらにしておく」ことを重視しました。著作には『**幼稚園雑草**』『**幼稚園保育法真諦**』『**育ての心**』『**子供讃歌**』などがあります。

書いて覚えよう！

保育の先駆者

✚ 情報

ロック(1632~1704)は、ルソーとは反対に幼児期の教育の重要性を説いた（→P.36）。

1 ルソーは、児童中心主義を基本原理とする主著『[[1]]』において子どもの価値を見出し、無用な早期教育を排する消極的教育を唱えたことから、「[[2]]」と呼ばれている。

2 [[3]] は、『幼児教育書簡』などの著作の中で自らの教育方法を著した。

3 [[4]] は、独仏国境（フランス）の村に牧師として赴任して [[5]]（「編み物学校」とも呼ばれる）を設立し、幼い子どもの教育に携わる女性の教育も行った。

注意

オーエンはイギリス、フレーベルはドイツ、ペスタロッチはスイスというように、先駆者が活躍した国の名前も覚えておこう。

♪ ヒント

フレーベルは1816年に「一般ドイツ学園」という学校を設立し、この体験をもとに著書『人間の教育』を著した。『母の歌と愛撫の歌』はキンダーガルテンの開設に伴って出版された。

4 オーエンは、スコットランド（イギリス）で経営していた紡績工場に [[6]] を創設するとともに、[[7]] を開設し、子どもの保護と教育を行った。

5 [[8]] は、1826年に『[[9]]』を著したあと、1840年に世界最初の幼稚園（キンダーガルテン）を創設した。また、自ら考案した遊具を [[10]] と名付けて普及させ、世界の幼児教育界に大きな影響を与えた。

6 スウェーデンの女性運動家エレン・ケイは、『[[11]]』を著し、子どもの自己決定力の育成などを主張して注目された。

7 [[12]] は、イタリア最初の女性医学博士であり、ローマのスラム街に「[[13]]」を創設し、独自の教具を用いて保育を行った。代表的著作として『[[14]]』『幼児の秘密』『創造する子ども』などがある。

日本の保育の歴史

8 [15　　　　　　　　　　　] 附属幼稚園は、文部省が開設した日本で最初の幼稚園であり、[16　　　　　　　　　] の理論に基づく幼児教育が実施されていた。

9 赤沢鍾美・仲子夫妻が開設した [17　　　　　　　　　] には託児所が設置され、これが守孤扶独幼稚児保護会へと発展した。

10 華族女学校附属幼稚園に勤務していた [18　　　　　　　] と森島峰は、出勤途中に見かける貧しい家庭の幼児たちにも華族女学校附属幼稚園の園児と同じ幼児教育を与える必要性を感じ、教会関係者などの協力を得て、1900（明治 33）年に [19　　　　　　　　] を東京麹町に開設した。

11 倉橋惣三は、1917（大正 6）年に東京女子高等師範学校附属幼稚園の主事となり、幼児の生活を「[20　　　　　　　] にしておく」ことを重視した。『幼稚園雑草』『幼稚園保育法真諦』『[21　　　　　　　　]』『子供讃歌』などの著作があり、幼児教育界の理論的指導者となった。

12 1926（大正 15）年に制定された [22　　　　　　　] は、幼稚園に関する日本で最初の勅令であり、幼稚園の目的を「家庭教育を補う」こととした。

注意
私立の幼稚園で日本で最初に開設されたのは桜井女学校付属幼稚園（1880〔明治 13〕年）である。

ポイント
新潟静修学校の開設と同じ年、筧雄平が鳥取に「農繁期託児所」を設立しており、静修学校付属託児所とともに日本における託児所（保育所）のはじまりとされている。

情報
倉橋惣三は、幼児教育内容調査委員会の委員として、1948（昭和 23）年刊行の「保育要領」の作成にも携わった。

チャレンジ○×問題

解答・解説は別冊 P.2

Q1 フレーベルは、児童中心主義を唱え、「子どもの発見者」と呼ばれている。

Q2 マクミランは、国立特殊児童学校で開発した障害児の教育方法を幼児に適用した。

Q3 「保育要領」は、1948（昭和 23）年に文部省（当時）が発行した。

Q4 倉橋惣三の著作には、『幼稚園雑草』『育ての心』『幼児教育書簡』などがある。

Point 2 保育に関する法令・指針

DATE ／ ／

暗記しよう！要点解説

保育士に関する「児童福祉法」の重要な条項

保育士の定義 （第18条の4）	保育士とは、第18条の18第1項の**登録**を受け、保育士の名称を用いて、専門的知識及び技術をもって、児童の保育及び児童の保護者に対する保育に関する指導を行うことを業とする者をいう
保育士の登録 （第18条の18第1項）	保育士となる資格を有する者が保育士となるには、保育士登録簿に、氏名、生年月日その他厚生労働省令で定める事項の登録を受けなければならない
信用失墜行為の禁止・守秘義務 （第18条の21、22）	保育士は、保育士の信用を傷つけるような行為をしてはならない 保育士は、正当な理由がなく、その業務に関して知り得た人の秘密を漏らしてはならない。**保育士でなくなった後**においても、同様とする
名称の独占 （第18条の23）	保育士でない者は、保育士又はこれに紛らわしい名称を使用してはならない

保育所に関する「児童福祉法」の重要な条項

保育の実施 （第24条第1項・第2項）	①市町村は、この法律及び**子ども・子育て支援法**の定めるところにより、保護者の労働又は疾病その他の事由により、その監護すべき**乳児**、**幼児**その他の**児童**について保育を必要とする場合において、次項に定めるところによるほか、当該児童を保育所（中略）において保育しなければならない ②市町村は、前項に規定する児童に対し、（中略）**認定こども園**（中略）又は**家庭的保育事業**等（中略）により必要な保育を確保するための措置を講じなければならない

保育所の 情報提供等 （第48条の4 第1項・第2項）	①保育所は、当該保育所が主として利用される地域の住民に対してその行う保育に関し情報の提供を行い、並びにその行う保育に支障がない限りにおいて、乳児、幼児等の保育に関する相談に応じ、及び助言を行うよう努めなければならない ②保育所に勤務する保育士は、乳児、幼児等の保育に関する相談に応じ、及び助言を行うために必要な**知識及び技能**の修得、維持及び向上に努めなければならない

⧓ 保育所に関する「児童福祉施設設備運営基準」の重要な条項

設備の基準 （第32条）	● **乳児**又は**満2歳未満の幼児**を入所させる保育所 ⇒乳児室又はほふく室、医務室、調理室、便所 ● **満2歳以上の幼児**を入所させる保育所 ⇒保育室又は遊戯室、屋外遊戯場、調理室、便所
職員 （第33条）	保育所には、保育士、嘱託医及び**調理員**＊を置かなければならない （＊調理業務の全部を委託する施設では、調理員は不要）
保育時間 （第34条）	1日8時間を原則とし、その地方における乳幼児の保護者の**労働時間**その他家庭の状況等を考慮して保育所長が定める
保育の内容 （第35条）	養護及び教育を一体的に行うことをその特性とし、その内容については厚生労働大臣が定める指針（「**保育所保育指針**」）に従う

⧓「保育所保育指針（以下「保育指針」という）の制定と主な改定の経緯

1965（昭和40）年 制定	幼稚園教育要領に準じて、4〜6歳児について「**健康・社会・言語・自然・音楽・造形**」の**6領域**を保育の内容として掲げた
1990（平成2）年 改定	幼稚園教育要領の改定に合わせ、「**健康・人間関係・環境・言葉・表現**」の**5領域**を保育の内容とした（1999〔平成11〕年にも改定あり）
2008（平成20）年 全面改定 （翌年4月施行）	従来の局長通知から**大臣告示**へと全面改定されたことで、規範性を有する基準としての性格が明確となった。内容の大綱化が図られ、全7章にまとめられた（改定前は全13章）。保育の内容を「**養護**」と「**教育**」の両面から示し、**5領域**を「教育」の内容とした
2017（平成29）年 改定（翌年4月施行）	**乳児〜3歳未満児**の保育に関する記載の充実、**幼児教育**の積極的位置づけなどを図り、全5章に再編された

書いて覚えよう！

保育士に関する「児童福祉法」の重要な条項

1 児童福祉法では、保育士とは、登録を受け、保育士の［1　　　　］を用いて、［2　　　　　　　　］をもって、児童の保育及び［3　　　　　　　］に対する保育に関する指導を行うことを業とする者とされている。

2 保育士となる資格を有する者が保育士となるには、氏名、生年月日など厚生労働省令で定める事項を、［4　　　　　　　］に登録されなければならない。

3 保育士は、保育士の［5　　　　　　　　］ような行為をしてはならない。

4 保育士は、業務に関して知り得た［6　　　　　　］を正当な理由がなく漏らしてはならない。これを守秘義務（秘密保持義務）といい、［7　　　　　　　　］においても守る必要がある。

5 保育士でない者は、「保育士」という名称のほか、「保母」「保父」といった「保育士」と［8　　　　　　　］名称も使用できない。

保育所に関する「児童福祉法」の重要な条項

6 保育所は、当該保育所が主として利用される［9　　　　　　　］に対して、その行う保育に関し、［10　　　　　　　］を行うよう努めなければならない。

7 保育所は、その行う保育に支障がない限りにおいて、乳児、幼児等の保育に関する［11　　　］に応じるとともに、［12　　　］を行うよう努めなければならない。

情報

次のいずれかに該当する者が、保育士となる資格を有する。

①厚生労働大臣の指定する保育士を養成する学校その他の施設（指定保育士養成施設）を卒業した者

②保育士試験に合格した者

注意

次の者は、保育士となることができない。

- 禁錮以上の刑に処せられ、その執行を終わり、又は執行を受けることがなくなった日から２年を経過しない者
- 政令で定める児童福祉に関する法律の規定により罰金の刑に処せられ、その執行を終わり、又は執行を受けることがなくなった日から２年を経過しない者

保育所に関する「児童福祉施設設備運営基準」の重要な条項

8 乳児又は満2歳未満の幼児を入所させる保育所には、[13　　　　　　] 又は [14　　　　　　]、医務室、調理室、便所を設ける。

9 保育所には、保育士、[15　　　　　　] 及び調理員*を置かなければならない（*調理業務の全部を委託する施設では不要）。

10 保育所における保育時間は、1日につき [16　　　　　　] を原則とし、その地方における乳幼児の保護者の労働時間その他家庭の状況等を考慮して、[17　　　　　　] がこれを定める。

保育指針の制定と主な改定の経緯

11 保育指針は、[18　　　　　　] 年に制定され、その後2度の改定を経て、2008（平成20）年の全面改定では従来の局長通知から厚生労働大臣による [19　　　　　　] となり、[20　　　　　　] を有する基準としての性格が明確となった。

12 2017（平成29）年の改定では、乳児～3歳未満児の保育に関する記載の充実、[21　　　　　　] の積極的位置づけなどが図られた。

注意

児童福祉施設設備運営基準は「児童福祉施設の設備及び運営に関する基準」の略称。

情報

乳児又は満2歳未満の幼児1人あたり、
- 乳児室 …1.65㎡以上
- ほふく室 …3.3㎡以上

満2歳以上の幼児1人あたり、
- 保育室又は遊戯室 …1.98㎡以上
- 屋外遊戯場 …3.3㎡以上

チャレンジ○×問題

解答・解説は別冊 P.2

Q1 保育士は、専門的知識及び技術をもって、児童の保育及び児童の保護者に対する保育に関する指導を行う。

Q2 市町村は、保護者の労働又は疾病その他の事由により、その監護すべき乳児、幼児その他の児童について保育を必要とする場合には、当該児童を認定子ども園において保育しなければならないとされている。

Q3 児童福祉法では、保育所は、児童の保護者に対してのみ、保育に関する情報の提供を行うよう努めなければならないとしている。

Q4 児童福祉施設設備運営基準では、満2歳以上の幼児を入所させる保育所には、ほふく室又は遊戯室、医務室、調理室、便所を設けることとしている。

Point 3　保育指針第１章　１の（1）、（2）

DATE　／　／

暗記しよう！要点解説

保育指針（2018〔平成 30〕年 4 月 1 日施行）の章立て

- 第１章　総則
- 第２章　保育の内容
- 第３章　健康及び安全
- 第４章　子育て支援
- 第５章　職員の資質向上

（第１章　総則 →）

1 保育所保育に関する基本原則
　（1）保育所の役割
　（2）保育の目標
　（3）保育の方法
　（4）保育の環境
　（5）保育所の社会的責任
2 養護に関する基本的事項
3 保育の計画及び評価
4 幼児教育を行う施設として共有すべき事項

「第１章 総則」の冒頭の文より

□ 保育指針は、児童福祉施設設備運営基準第 35 条の規定（→ P.15）に基づき、保育所における**保育の内容に関する事項**とこれに関連する**運営に関する事項**を定めたものです。

□ 各保育所は、保育指針に規定された**保育の内容に係る基本原則**に関する事項等を踏まえ、**各保育所の実情**に応じて**創意工夫**を図り、保育所の機能と質の向上に努めます。

「1 保育所保育に関する基本原則」の「（1）保育所の役割」

ア　保育所は、児童福祉法第３９条の規定に基づき、**保育を必要とする子どもの保育**を行い、その健全な心身の発達を図ることを目的とする**児童福祉施設**であり、入所する**子どもの最善の利益**を考慮し、その**福祉**を積極的に増進することに最もふさわしい生活の場でなければならない

イ　保育所は、その目的を達成するために、保育に関する**専門性**を有する職員が、家庭との緊密な連携の下に、子どもの状況や発達過程を踏まえ、保育所における**環境**を通して、**養護及び教育を一体的**に行うことを特性としている

ウ　保育所は、入所する子どもを保育するとともに、**家庭や地域の様々な**社会資源**との連携**を図りながら、入所する子どもの**保護者に対する支援**及び**地域の**子育て家庭**に対する支援**等を行う役割を担うものである

エ　保育所における保育士は、児童福祉法第18条の4の規定を踏まえ、保育所の役割及び機能が適切に発揮されるように、倫理観に裏付けられた**専門的知識、技術及び判断**をもって、**子どもを保育**するとともに、子どもの**保護者に対する**保育に関する指導を行うものであり、その職責を遂行するための専門性の向上に絶えず努めなければならない

「1 保育所保育に関する基本原則」の「(2) 保育の目標」

ア　保育所は、子どもが**生涯にわたる**人間形成にとって極めて重要な時期に、その生活時間の大半を過ごす場である。このため、保育所の保育は、子どもが現在を最も良く生き、望ましい未来をつくり出す**力の基礎**を培うために、次の目標を目指して行わなければならない

（ア）十分に養護の行き届いた環境の下に、**くつろいだ雰囲気**の中で子どもの様々な**欲求**を満たし、生命の保持及び情緒の安定を図ること

（イ）**健康**、**安全**など生活に必要な基本的な**習慣**や**態度**を養い、心身の健康の基礎を培《つちか》うこと

（ウ）人との関わりの中で、人に対する**愛情**と**信頼感**、そして**人権**を大切にする心を育てるとともに、**自主**、**自立**及び**協調**の態度を養い、道徳性**の芽《め》生《ば》え**を培うこと

（エ）**生命**、**自然**及び**社会**の事象についての**興味**や**関心**を育て、それらに対する**豊かな心情**や思考力**の芽生え**を培うこと

（オ）**生活**の中で、言葉への**興味**や**関心**を育て、話したり、聞いたり、相手の話を理解しようとするなど、言葉の豊かさを養うこと

（カ）様々な体験を通して、豊かな**感性**や**表現力**を育《はぐく》み、創造性**の芽生え**を培うこと

イ　保育所は、入所する子どもの**保護者**に対し、その**意向**を受け止め、子どもと保護者の安定した関係に配慮し、**保育所の特性**や**保育士等の専門性**を生かして、その援助に当たらなければならない

書いて覚えよう！

出題傾向
保育原理では保育指針の記述内容を問う出題が４割程度を占める。特に「第１章 総則」は頻出である。

「第１章 総則」の冒頭の文より

1 各保育所は、その実情に応じて［1　　　　　　　］を図り、保育所の機能と質の向上に努めなければならない。

「1 保育所保育に関する基本原則」の「(1) 保育所の役割」

2 保育所は、入所する子どもの［2　　　　　　　］を考慮し、その福祉を積極的に増進することに最もふさわしい［3　　　　　　］でなければならない。

ヒント
保育所が養護と教育を一体的に提供する児童福祉施設であることを押さえよう。

3 保育所は、保育に関する［4　　　　　　］を有する職員が［5　　　　］との緊密な連携の下に、子どもの状況や発達過程を踏まえ、保育所における環境を通して、養護及び教育を［6　　　　　］に行うことを特性としている。

ポイント
保育所が支援等を行う対象
- 入所児童の保護者
- 地域の子育て家庭

4 保育所は、家庭や地域の様々な［7　　　　　　　　　　］を図りながら、子どもの保護者および地域の［8　　　　　　　　］に対する支援等を行う役割を担う。

注意
保育所の役割は子どもの保育だけではなく、保育に関する保護者への指導も含まれる。

5 保育所は、［9　　　　　　］に裏付けられた専門的知識、技術及び判断をもって、子どもを保育するとともに、子どもの保護者に対する［10　　　　　　　　　］を行う。

「1 保育所保育に関する基本原則」の「(2) 保育の目標」

6 保育所は、子どもが生涯にわたる［11　　　　　　　］にとって極めて重要な時期に、その生活時間の大半を過ごす場である。

7 保育所の保育は、子どもが現在を最も良く生き、望ましい未来をつくり出す力の基礎を培うために、次の目標を目指して行う。

（ア）十分に［12　　　　］の行き届いた環境の下に、くつろいだ雰囲気の中で子どもの様々な欲求を満たし、［13　　　　　　］及び情緒の安定を図ること

（イ）健康、安全など生活に必要な基本的な［14　　　　　］や態度を養い、心身の健康の基礎を培うこと

（ウ）人との関わりの中で、人に対する愛情と［15　　　　　］、そして人権を大切にする心を育てるとともに、自主、自立及び協調の態度を養い、［16　　　　　］の芽生えを培うこと

（エ）生命、自然及び社会の事象についての［17　　　　　　　］を育て、それらに対する豊かな心情や［18　　　　　　］の芽生えを培うこと

（オ）生活の中で、［19　　　　　］への興味や関心を育て、話したり、聞いたり、相手の話を理解しようとするなど、［20　　　　　　　　］を養うこと

（カ）様々な体験を通して、豊かな［21　　　　　］や［22　　　　　　］を育み、［23　　　　　　］の芽生えを培うこと

8 保育所は、子どもの保護者に対し、その［24　　　　　］を受け止め、子どもと保護者の［25　　　　　　　　　］に配慮し、保育所の特性や保育士等の専門性を生かした援助を行う必要がある。

出題傾向

「(2) 保育の目標」は頻出である。特にP.19のアの(ア)～(カ)の内容は暗記しておく必要がある。

♪ヒント

「(2) 保育の目標」には、「○○の芽生え」という語句が3か所登場する。

- 「道徳性の芽生え」
- 「思考力の芽生え」
- 「創造性の芽生え」

チャレンジ○×問題

解答・解説は別冊P.2～3

Q1 保育所は、保育に関する専門性を有する職員が、子どもの状況や発達過程を踏まえ、養護と教育をそれぞれに行い、教育に関する事項は環境を通して行うことを特性としている。

Q2 保育所は、入所児童の保護者が抱えているあらゆる問題について、保育士が単独で対応できる専門性を身につけ、その援助に当たることを目標としている。

Point 4 保育指針第1章 1の(3)、(4)、(5)ほか

DATE ／ ／

暗記しよう！要点解説

「1 保育所保育に関する基本原則」の「(3) 保育の方法」

ア	一人一人の**子どもの状況**や家庭及び地域社会での**生活の実態**を把握するとともに、子どもが安心感と信頼感をもって活動できるよう、子どもの**主体**としての思いや願いを受け止めること
イ	子どもの生活のリズムを大切にし、健康、安全で情緒の安定した生活ができる環境や、自己を十分に発揮できる環境を整えること
ウ	子どもの**発達**について理解し、一人一人の発達過程に応じて保育すること。その際、子どもの個人差に十分配慮すること
エ	**子ども相互の関係づくり**や互いに尊重する心を大切にし、集団における活動を効果あるものにするよう援助すること
オ	子どもが**自発的**、**意欲的**に関われるような環境を構成し、子どもの主体的な活動や子ども相互の関わりを大切にすること。特に、**乳幼児期にふさわしい体験**が得られるように、**生活**や**遊び**を通して総合的に保育すること
カ	一人一人の**保護者の状況やその意向**を理解、受容し、それぞれの親子関係や家庭生活等に配慮しながら、様々な機会をとらえ、適切に援助すること

「1 保育所保育に関する基本原則」の「(4) 保育の環境」

	保育の環境には、**保育士等**や**子ども**などの人的環境、**施設**や**遊具**などの物的環境、更には自然や社会の事象などがある。保育所は、こうした人、物、場などの環境が**相互に関連**し合い、**子どもの生活が豊かなものとなるよう**、次の事項に留意しつつ、計画的に環境を構成し、工夫して保育しなければならない
ア	子ども自らが環境に関わり、自発的に活動し、様々な経験を積んでいくことができるよう配慮すること

イ　子どもの活動が豊かに展開されるよう、保育所の設備や環境**を整え**、保育所の**保健的環境や安全の確保**などに努めること

ウ　保育室は、温かな親しみと**くつろぎの場**となるとともに、生き生きと活動できる場となるように配慮すること

エ　子どもが人と関わる力を育てていくため、子ども自らが**周囲の子どもや大人**と関わっていくことができる環境を整えること

「1 保育所保育に関する基本原則」の「(5) 保育所の社会的責任」

ア　保育所は、子どもの人権**に十分配慮**するとともに、子ども一人一人の人格**を尊重**して保育を行わなければならない

イ　保育所は、地域社会**との交流や連携**を図り、**保護者や地域社会**に、当該保育所が行う**保育の内容を適切に**説明するよう努めなければならない

ウ　保育所は、入所する子ども等の個人情報**を適切に取り扱う**とともに、**保護者の**苦情などに対し、その解決を図るよう努めなければならない

「第4章 子育て支援」の「1 保育所における子育て支援に関する基本的事項」

(1) 保育所の特性を生かした子育て支援

ア　保護者に対する子育て支援を行う際には、**各地域や家庭の実態**等を踏まえるとともに、保護者の気持ち**を受け止め**、相互の信頼関係を基本に、**保護者の**自己決定**を尊重**すること

イ　保育及び子育てに関する知識や技術など、**保育士等の専門性**や、子どもが常に存在する環境など、**保育所の特性**を生かし、保護者が子どもの成長に気付き子育ての喜びを感じられるように努めること

(2) 子育て支援に関して留意すべき事項

ア　保護者に対する子育て支援における**地域の関係機関**等との**連携**及び**協働**を図り、**保育所全体の体制構築**に努めること

イ　**子どもの利益に反しない**限りにおいて、保護者や子どものプライバシー**を保護**し、知り得た事柄の秘密**を保持**すること

このほか「第4章 子育て支援」には、「2 保育所を利用している保護者に対する子育て支援」「3 地域の保護者等に対する子育て支援」という項目があります。

書いて覚えよう！

出題傾向
「(3) 保育の方法」については、空所補充式の問題がよく出題されている。

「1 保育所保育に関する基本原則」の「(3) 保育の方法」

1 子どもが安心感と［1　　　　　　］を持って活動できるよう、子どもの主体としての思いや願いを受け止める。

2 子どもの［2　　　　　　　　　］を大切にし、情緒の安定した生活ができる環境や、［3　　　　　］を十分に発揮できる環境を整える。

3 子ども相互の［4　　　　　　　　］や互いに［5　　　　　　　　］を大切にし、集団における活動を効果あるものにするよう援助する。

4 子どもが自発的、意欲的に関われるような環境を構成して、子どもの［6　　　　　］な活動や子ども相互の関わりを大切にする。特に、乳幼児期にふさわしい［7　　　　　］が得られるように、生活や遊びを通して総合的に保育する。

出題傾向
「(4) 保育の環境」については、その内容に照らして適切な記述を選ばせる問題が出題されている。

「1 保育所保育に関する基本原則」の「(4) 保育の環境」

5 保育の環境には、保育士等や子どもなどの人的環境のほか、施設や［8　　　　　］などの物的環境、自然や社会の事象といった環境がある。保育所は、これらが相互に関連し合い、子どもの［9　　　　　］が豊かなものとなるよう、次の事項に留意しつつ、［10　　　　　］に環境を構成し、工夫して保育しなければならない。

ア 子ども自らが環境に関わり、［11　　　　　　］に活動し、様々な経験を積んでいくことができるよう配慮すること

イ 子どもの活動が豊かに展開されるよう、［12　　　　　　］の設備や環境を整え、保健的環境や安全の確保などに努めること

ウ 保育室は、温かな親しみと［13　　　　　　　　　］となるとともに、生き生きと活動できる場となるように配慮すること

「1 保育所保育に関する基本原則」の「(5) 保育所の社会的責任」

6 保育所は、子どもの [14　　　　　] に十分配慮するとともに、子ども一人一人の [15　　　　　　　] して保育を行わなければならない。

7 保育所は、[16　　　　　　] との交流や連携を図り、保護者や地域社会に、当該保育所が行う保育の内容を適切に [17　　　　　　] するよう努めなければならない。

8 保育所は、入所する子ども等の [18　　　　　　] を適切に取り扱うとともに、保護者の [19　　　　　] などに対し、その解決を図るよう努めなければならない。

出題傾向

「(5) 保育所の社会的責任」については、その内容に照らして適切な記述を選ばせる問題や、空所補充式の問題が毎年のように出題されている。

「第４章 子育て支援」の「1 保育所における子育て支援に関する基本的事項」

9 保護者に対する子育て支援を行う際には、[20　　　　　　　　　　] を受け止め、その [21　　　　　　　] を尊重する。

10 子育て支援においては、保育士等の専門性や保育所の特性を生かし、保護者が子どもの [22　　　　　] に気付き [23　　　　　　] の喜びを感じられるように努めることが大切である。

11 [24　　　　　　　　　　] に反しない限りにおいて、保護者や子どもの [25　　　　　　　　　] の保護、知り得た事柄の秘密保持に留意する。

出題傾向

「第４章 子育て支援」については、その内容の理解を前提として、【事例】に応用する問題がよく出題されている。

チャレンジ○×問題

解答・解説は別冊 P.3

Q1 保育指針では、子どもの人権に十分配慮するとともに、家庭の事情を最優先して保育を行うことが、保育所の社会的責任であるとしている。

Q2 保育指針では、入所する子ども等の個人情報を適切に取り扱うとともに、保護者の要望などに対し、それを受け入れるよう努めることが、保育所の社会的責任であるとしている。

Point 5　保育指針第1章　2、4ほか

DATE

暗記しよう！要点解説

「2 養護に関する基本的事項」の「(1) 養護の理念」

　保育における養護とは、子どもの生命の保持及び情緒の安定を図るために**保育士等が行う援助や関わり**であり、保育所における保育は、**養護及び教育を一体的**に行うことをその特性とするものである。保育所における保育全体を通じて、養護に関するねらい及び内容を踏まえた保育が展開されなければならない。

「2 養護に関する基本的事項」の「(2) 養護に関わるねらい及び内容」

ア　生命の保持

(ア) ねらい

①一人一人の子どもが、快適に生活できるようにする

②一人一人の子どもが、**健康**で**安全**に過ごせるようにする

③一人一人の子どもの生理的欲求が、十分に満たされるようにする

④一人一人の子どもの**健康増進**が、積極的に図られるようにする

(イ) 内容

①一人一人の子どもの**平常の**健康状態や**発育及び発達状態**を的確に把握し、異常を感じる場合は、**速やかに適切に**対応する

②家庭**との連絡**を密にし、嘱託医等**との連携**を図りながら、子どもの**疾病**や**事故防止**に関する認識を深め、**保健的で安全な保育環境**の維持及び向上に努める

③清潔で安全な環境を整え、適切な援助や応答的な関わりを通して子どもの生理的欲求を満たしていく。また、**家庭と協力しながら**、子どもの発達過程等に応じた**適切な**生活のリズムがつくられていくようにする

④子どもの発達過程等に応じて、適度な運動と休息を取ることができるようにする。また、**食事**、**排**

泄、衣類の着脱、身の回りを清潔にすることなどについて、子どもが意欲的に生活できるよう**適切に援助**する

イ　情緒の安定

(ア) ねらい

①一人一人の子どもが、安定感をもって過ごせるようにする

②一人一人の子どもが、**自分の気持ち**を**安心して表す**ことができるようにする

③一人一人の子どもが、周囲から主体として受け止められ、主体として育ち、**自分を肯定する気持ち**が育まれていくようにする

④一人一人の子どもがくつろいで共に過ごし、心身の疲れ**が癒《いや》される**ようにする

(イ) 内容

①一人一人の子どもの置かれている状態や発達過程などを的確に把握し、子どもの欲求を適切に満たしながら、応答的な触れ合いや言葉がけを行う

②一人一人の子どもの気持ちを受容し、共感しながら、子どもとの**継続的な**信頼関係を築いていく

③保育士等との信頼関係を基盤に、一人一人の子どもが主体的に活動し、自発性や探索意欲などを高めるとともに、**自分への自信**をもつことができるよう成長の過程を見守り、適切に働きかける

④一人一人の子どもの生活のリズム、発達過程、保育時間などに応じて、活動内容のバランスや調和を図りながら、適切な食事や休息が取れるようにする

「4 幼児教育を行う施設として共有すべき事項」の「(1) 育みたい資質・能力」

ア　保育所においては、**生涯にわたる**生きる力**の基礎**を培うため、1の (2) に示す**保育の目標**を踏まえ、次に掲げる資質・能力を一体的に育むよう努めるものとする

(ア)　**豊かな体験**を通じて、感じたり、気付いたり、分かったり、できるようになったりする「知識及び技能の基礎」

(イ)　気付いたことや、できるようになったことなどを使い、考えたり、試したり、工夫したり、表現したりする「思考力、判断力、表現力等の基礎」

(ウ)　心情、意欲、態度が育つ中で、**よりよい生活**を営もうとする「学びに向かう力、人間性等」

イ　アに示す資質・能力は、第２章に示すねらい及び内容に基づく**保育活動全体**によって育むものである。

「第２章 保育の内容」では、乳児、１歳以上３歳未満児、３歳以上児のそれぞれについて、保育に関わる「ねらい及び内容」が記されています。

「(2) 幼児期の終わりまでに育ってほしい姿」(抜粋)

次に示す「幼児期の終わりまでに育ってほしい姿」は、第2章に示すねらい及び内容に基づく保育活動全体を通して資質・能力が育まれている子どもの小学校就学時の**具体的な姿**であり、保育士等が**指導を行う際に考慮**するものである

ア　健康な心と体

保育所の生活の中で、**充実感**をもって自分のやりたいことに向かって心と体を十分に働かせ、見通しをもって行動し、**自ら**健康で安全な生活**をつくり出す**ようになる

イ　自立心

身近な環境に主体的に関わり様々な活動を楽しむ中で、しなければならないことを自覚し、自分の力**で行う**ために考えたり、工夫したりしながら、諦めずにやり遂げることで**達成感**を味わい、自信をもって行動するようになる

ウ　協同性

友達と関わる中で、互いの**思いや考えなどを共有**し、**共通の目的の実現**に向けて、考えたり、工夫したり、協力したりし、**充実感**をもってやり遂げるようになる

エ　道徳性・規範意識の芽生え

友達と様々な体験を重ねる中で、**してよいことや悪いこと**が分かり、自分の行動を振り返ったり、友達の気持ちに共感したりし、相手の立場に立って行動するようになる。また、きまり**を守る**必要性が分かり、自分の気持ちを調整し、友達と折り合いを付けながら、きまり**をつくったり、守ったりする**ようになる

オ　社会生活との関わり

家族を大切にしようとする気持ちをもつとともに、地域の身近な人と触れ合う中で、人との様々な関わり方に気付き、相手の気持ちを考えて関わり、**自分が役に立つ喜び**を感じ、地域に親しみをもつようになる。また、保育所内外の様々な環境に関わる中で、遊びや生活に必要な情報を取り入れ、情報に基づき判断したり、情報を伝え合ったり、活用したりするなど、情報**を役立てながら活動する**ようになるとともに、公共の施設を大切に利用するなどして、社会とのつながりなどを意識するようになる

カ　思考力の芽生え

身近な事象に積極的に関わる中で、**物の性質や仕組み**などを感じ取ったり、気付いたりし、考えたり、予想したり、工夫したりするなど、多様な関わりを楽しむようになる。また、友達の様々な考えに触れる中で、自分と異なる考えがあることに気付き、自ら判断したり、考え直したりするなど、新しい考え**を生み出す**喜びを味わいながら、**自分の考えをよりよいものにする**ようになる

「(2) 幼児期の終わりまでに育ってほしい姿」は、以上のほかに「キ 自然との関わり・生命尊重」「ク 数量や図形、標識や文字などへの関心・感覚」「ケ 言葉による伝え合い」「コ 豊かな感性と表現」があります。これらについては保育実習理論(Point 50)で学習します。

⧓「第２章 保育の内容」より「保育の実施に関わる配慮事項」

●乳児の「**保育の実施に関わる配慮事項**」（第２章　１の（３）抜粋）

ア　乳児は疾病への抵抗力が弱く、心身の機能の未熟さに伴う疾病の発生が多いことから、一人一人の発育及び発達状態や健康状態についての適切な判断に基づく保健的**な対応**を行うこと

イ　一人一人の子どもの生育歴**の違い**に留意しつつ、欲求を適切に満たし、特定の保育士が**応答的に関わる**ように努めること

ウ　乳児保育に関わる**職員間の連携**や嘱託医**との連携**を図り、第３章に示す事項を踏まえ、適切に対応すること。**栄養士**及び**看護師**等が配置されている場合は、その**専門性**を生かした対応を図ること

エ　保護者との信頼関係を築きながら保育を進めるとともに、保護者からの**相談**に応じ、保護者への**支援**に努めていくこと

●１歳以上３歳未満児の「**保育の実施に関わる配慮事項**」（第２章　２の（３）抜粋）

ア　特に感染症にかかりやすい時期であるので、体の状態、機嫌、食欲などの日常の状態の観察を十分に行うとともに、適切な判断に基づく保健的**な対応**を心がけること

イ　探索活動が十分できるように、事故防止に努めながら**活動しやすい環境**を整え、全身を使う遊びなど様々な遊びを取り入れること

ウ　自我が形成され、子どもが自分の感情や気持ちに気付くようになる重要な時期であることに鑑み、情緒の安定を図りながら、子どもの自発的**な活動**を尊重するとともに促していくこと

⧓「第２章 保育の内容」の４の「（1）保育全般に関わる配慮事項」

ア　子どもの**心身の発達**及び**活動の実態**などの個人差を踏まえるとともに、一人一人の子どもの気持ち**を受け止め**、援助すること

イ　子どもの健康は、**生理的**、**身体的**な育ちとともに、**自主性**や**社会性**、**豊かな感性**の育ちとがあいまってもたらされることに留意すること

ウ　子どもが自ら周囲に働きかけ、試行錯誤しつつ自分の力で行う活動を**見守りながら**、適切に援助すること

エ　子どもの入所時の保育に当たっては、できるだけ個別的に対応し、子どもが安定感を得て、次第に保育所の生活になじんでいくようにするとともに、既に入所している子どもに不安や動揺を与えないようにすること

オ　子どもの国籍や文化の違いを認め、互いに**尊重する心**を育てるようにすること

カ　子どもの性差や個人差にも留意しつつ、**性別などによる固定的な意識**を植え付けることがないようにすること

書いて覚えよう！

✧ポイント
保育所における保育は養護と教育を一体的に行うことを特性としている。

「2 養護に関する基本的事項」の「(1) 養護の理念」

1 保育における養護は、子どもの［[1]　　　　］の保持と［[2]　　　　］の安定を図るために保育士等が行う援助や関わりである。

「(2) 養護に関わるねらい及び内容」の「ア 生命の保持」

2 一人一人の子どもの平常の［[3]　　　　］や発育・発達状態を的確に把握し、［[4]　　　　］を感じる場合は、速やかに適切に対応する。

3 家庭との連絡を密にして、嘱託医等との連携を図りながら、子どもの疾病や［[5]　　　　］に関する認識を深め、［[6]　　　　］で安全な保育環境の維持及び向上に努める。

「(2) 養護に関わるねらい及び内容」の「イ 情緒の安定」

4 一人一人の子どもの置かれている状態や発達過程などを的確に把握し、子どもの欲求を適切に満たしながら、［[7]　　　　］な触れ合いや［[8]　　　　］を行う。

5 一人一人の子どもの気持ちを［[9]　　　　］し、共感しながら、子どもとの継続的な［[10]　　　　］を築いていく。またこれを基盤に一人一人の子どもが主体的に活動し、自発性や［[11]　　　　］などを高めるとともに、自分への［[12]　　　　］をもつことができるよう成長の過程を見守り、適切に働きかける。

注意
「4 幼児教育を行う施設として共有すべき事項」は、平成２９年の改定により新たに記載された。

「4 幼児教育を行う施設として共有すべき事項」の「(1) 育みたい資質・能力」

6 保育所では、生涯にわたる［[13]　　　　］の基礎を培うため、保育の目標を踏まえ、次の資質・能力を一体的に育むよう努める。

(ア) 豊かな体験を通じて、感じたり、気付いたり、分かったり、できるようになったりする「[14　　　　　　　　] の基礎」

(イ) 気付いたことや、できるようになったことなどを使い、考えたり、試したり、工夫したり、表現したりする「[15　　　　　　　　]、判断力、表現力等の基礎」

(ウ) 心情、意欲、態度が育つ中で、[16　　　　　　　　] を営もうとする「学びに向かう力、人間性等」

「第２章 保育の内容」より「保育の実施に関わる配慮事項」

7 〔乳児〕
一人一人の子どもの [17　　　　　　　　] の違いに留意しつつ、欲求を適切に満たし、[18　　　　　　　　] が応答的に関わるように努める。

8 〔1歳以上3歳未満児〕
[19　　　　　　　　] が十分できるように、[20　　　　　　　　] に努めながら活動しやすい環境を整え、全身を使う遊びなど様々な遊びを取り入れる。

「第２章 保育の内容」の４の「(1) 保育全般に関わる配慮事項」

9 子どもの [21　　　　　　] や [22　　　　　　] にも留意しつつ、性別などによる固定的な意識を植え付けることがないようにする。

注意
子どもの小学校就学時の具体的な姿として、「(2) 幼児期の終わりまでに育ってほしい姿」が列挙されていることに注意。

出題傾向
「第２章 保育の内容」において1歳以上3歳未満児、3歳以上児の「ねらい及び内容」は5領域（→ P.15）ごとに記されている。このうち「言葉」と「表現」は保育実習理論で出題されることが多いので、本書では「保育実習理論」Point 50（→ P.218 〜）で学習する。

チャレンジ〇×問題

解答・解説は別冊 P.3

Q1 「養護に関わるねらい及び内容」の中で、「清潔で安全な環境を整え、適切な援助や応答的な関わりを通して、子どもの生理的欲求を満たしていく。また、子どもの発達過程等に応じた適切な生活のリズムをつくるように保護者を指導する」と述べられている。

Q2 乳児の「保育の実施に関わる配慮事項」の中で、「特に感染症にかかりやすい時期であるので、体の状態、機嫌、食欲などの日常の状態の観察を十分に行うとともに、適切な判断に基づく保健的な対応を心がけること」と述べられている。

Point 6 保育指針第１章　３

DATE　／　／

暗記しよう！要点解説

「３ 保育の計画及び評価」の「(1) 全体的な計画の作成」

ア　保育所は、１の(2)に示した保育の目標を達成するために、各保育所の保育の方針や目標に基づき、子どもの**発達過程**を踏まえて、保育の内容が**組織的・計画的**に構成され、保育所の生活の全体を通して、**総合的**に展開されるよう、全体的な計画を作成しなければならない

イ　**全体的な計画**は、**子どもや家庭の状況**、**地域の実態**、**保育時間**などを考慮し、子どもの育ちに関する長期的見通しをもって適切に作成されなければならない

ウ　**全体的な計画**は、保育所保育の全体像を包括的に示すものとし、これに基づく指導計画、保健計画、食育計画等を通じて、各保育所が**創意工夫**して保育できるよう、作成されなければならない

「３ 保育の計画及び評価」の「(2) 指導計画の作成」（抜粋）

ア　保育所は、全体的な計画に基づき、具体的な保育が適切に展開されるよう、子どもの生活や発達を見通した長期的**な指導計画**と、それに関連しながら、より具体的な子どもの日々の生活に即した短期的**な指導計画**を作成しなければならない

イ　指導計画の作成に当たっては、第２章及びその他の関連する章に示された事項のほか、子ども一人一人の発達過程や状況を十分に踏まえるとともに、次の事項に留意しなければならない

（ア）３歳未満児については、一人一人の子どもの生育歴、心身の発達、活動の実態等に即して、個別的な計画を作成すること

（イ）３歳以上児については、個の成長と、子ども相互の関係や協同的**な活動**が促されるよう配慮すること

（ウ）異年齢**で構成**される組やグループでの保育においては、一人一人の子どもの生活や経験、発達過程などを把握し、適切な援助や環境構成ができるよう配慮すること

ウ　指導計画においては、保育所の生活における子どもの**発達過程**を見通し、生活の連続性、季節の変化などを考慮し、子どもの実態に即した具体的なねらい及び内容を設定すること。また、具体的なねらいが達成されるよう、子どもの生活する姿や発想を大切にして適切な環境を構成し、子どもが**主体的**に活動できるようにすること

エ　一日の生活のリズムや在園時間が異なる子どもが共に過ごすことを踏まえ、活動と休息、緊張感と解放感等の調和を図るよう配慮すること

オ　午睡は生活のリズムを構成する重要な要素であり、安心して眠ることのできる安全な睡眠環境を確保するとともに、在園時間が異なることや、睡眠時間は子どもの発達の状況や個人によって差があることから、一律とならないよう配慮すること

キ　障害**のある子どもの保育**については、一人一人の子どもの**発達過程**や**障害の状態**を把握し、適切な環境の下で、障害のある子どもが**他の子どもとの生活を通して**共に成長できるよう、**指導計画の中に位置付ける**こと。また、子どもの状況に応じた保育を実施する観点から、**家庭や関係機関と連携した支援のための計画**を個別に作成するなど適切な対応を図ること

⧓「3 保育の計画及び評価」の「(4) 保育内容等の評価」

ア　保育士等の自己評価

（ア）保育士等は、保育の計画や保育の記録を通して、自らの保育実践を振り返り、自己評価することを通して、その専門性**の向上や保育実践の改善**に努めなければならない

（イ）保育士等による自己評価に当たっては、子どもの活動内容やその結果だけでなく、子どもの心の育ちや**意欲**、取り組む過程などにも十分配慮するよう留意すること

（ウ）保育士等は、自己評価における自らの保育実践の振り返りや職員相互の話し合い等を通じて、専門性の向上及び保育の質の向上のための**課題を明確にする**とともに、**保育所全体の保育の内容**に関する認識を深めること

イ　保育所の自己評価

（ア）保育所は、保育の質の向上を図るため、保育の計画の展開や保育士等の自己評価を踏まえ、当該保育所の保育の内容等について、自ら評価を行い、その結果を公表するよう努めなければならない

（イ）保育所が自己評価を行うに当たっては、地域の実情や保育所の実態に即して、適切に評価の観点や項目等を設定し、全職員による共通理解をもって取り組むよう留意すること

（ウ）設備運営基準第36条の趣旨を踏まえ、保育の内容等の評価に関し、**保護者及び地域住民等の**意見を聴くことが望ましいこと

書いて覚えよう！

「3 保育の計画及び評価」の「(1) 全体的な計画の作成」

1 全体的な計画は、子どもや家庭の状況、地域の実態、保育時間などを考慮し、子どもの育ちに関する［1 ］をもって適切に作成されなければならない。

2 全体的な計画は、保育所保育の全体像を包括的に示すものとし、これに基づく指導計画、［2 ］計画、食育計画等を通じて、各保育所が創意工夫して保育できるよう、作成されなければならない。

「(2) 指導計画の作成」

3 保育所は、［3 ］に基づき、具体的な保育が適切に展開されるよう、子どもの生活や発達を見通した［4 ］な指導計画と、それに関連しながら、より具体的な子どもの日々の生活に即した［5 ］な指導計画を作成する必要がある。

4 指導計画の作成に当たっては、第２章及びその他の関連する章に示された事項のほか、子ども一人一人の［6 ］や状況を十分に踏まえるとともに、次の事項に留意しなければならない。

（ア）３歳未満児については、一人一人の子どもの生育歴、心身の発達、活動の実態等に即して、［7 ］な計画を作成すること

（イ）３歳以上児については、個の成長とともに、子ども相互の関係や［8 ］な活動が促されるよう配慮すること

5 指導計画においては、保育所の生活における子どもの発達過程を見通し、［9 ］の連続性、［10 ］の変化などを考慮し、子どもの実態に即した具体的なねらい及び内容を設定する。また具体的なねらいが達成されるよう、子どもの［11 ］や発想を大切にして環境を構成し、子どもが主体的に活動できるようにする。

注意
改正前の保育指針では「全体的な計画」のことを「保育課程」と呼んでいた。

6 一日の生活のリズムや在園時間が異なる子どもが共に過ごすことを踏まえ、活動と［12　　　　］、緊張感と［13　　　　］等の調和を図るよう配慮する。また［14　　　　］は、生活のリズムを構成する重要な要素であり、安心して眠ることのできる安全な［15　　　　］を確保する。

7 障害のある子どもの保育については、一人一人の子どもの発達過程や障害の状態を把握し、他の子どもとの生活を通して［16　　　　］できるよう、指導計画の中に位置付ける。また、子どもの状況に応じた保育を実施する観点から、家庭や関係機関と連携した支援のための計画を［17　　　　］するなど、適切な対応を図る。

ポイント
障害のある子どもの保育については、クラスの指導計画の中に位置付けるとともに、支援のための計画を個別に作成する。

「(4) 保育内容等の評価」の「ア 保育士等の自己評価」

8 保育士等は、保育の計画や保育の［18　　　　］を通して自らの保育実践を振り返り、自己評価することを通して、その［19　　　　］の向上や保育実践の改善に努めなければならない。自己評価に当たっては、子どもの活動内容やその結果だけでなく、［20　　　　］や意欲、取り組む過程などにも十分配慮するよう留意する。

「(4) 保育内容等の評価」の「イ 保育所の自己評価」

9 保育所は、当該保育所の保育の内容等について自ら評価を行い、その［21　　　　］よう努めなければならない。また自己評価に当たっては、設備運営基準第 36 条の趣旨を踏まえ、保護者及び地域住民等の［22　　　　］ことが望ましい。

情報
児童福祉施設設備運営基準第 36 条
「保育所の長は、常に入所している乳幼児の保護者と密接な連絡をとり、保育の内容等につき、その保護者の理解及び協力を得るよう努めなければならない」

チャレンジ○×問題

解答・解説は別冊 P.3

Q1 保育指針では、障害のある子どもが他の子どもとの生活を通して成長していけるよう、障害のある子どもの保育についてもクラスの指導計画の中に位置付けるとともに、子どもの状況に応じて保育する観点から、支援のための計画を個別に作成することとしている。

Q2 保育士等が自己評価をする際は、子どもの活動の結果のみを重要なものとして評価する。

Point 7 教育の思想

DATE ／ ／

暗記しよう！要点解説

諸外国の教育思想

□ コメニウス（1592 ～ 1670）は、言語よりも**実物**を重視し、世界最古の絵入り教科書である『**世界図絵**』等を用いて、子どもの**感覚**に直接訴えかける教育（**直観教授**）を行いました。また、**母親学校**（0 ～ 6 歳）、**母国語学校**（7 ～ 12 歳）など統一的な学校体系を提案しました。

□ ロック（1632 ～ 1704）は、「体・徳・知」を備えた紳士（ジェントルマン）を目標とし、子どもは白紙のようにどのようなものにも変化し得るのだから（**白紙説**）、幼児期の正しい習慣形成こそ重要であると唱えました（**鍛錬主義**）。著書『**教育に関する考察**』では、精神と身体の関係の重要性を「**健全な身体に宿る健全な精神**」という言葉で表しました。

□ ルソー（1712 ～ 1778）は、子どもの発達を最も決定づけるのは受け継がれた天性であるとし、**性善説**に立ちました。また、著書『エミール』では「**万物をつくる者の手をはなれるときすべてはよいものである**」と述べ、人間の本性に依拠する**消極的教育**を唱えました。

□ ペスタロッチ（1746 ～ 1827）は、人間の根本的な能力を「**頭・心・手**」に分け、これらの調和を理想として「**生活が陶《とう》冶《や》する**」という教育原理を生み出しました（陶冶＝鍛え育てること）。教育の基礎を子どもの直観に置き（**直観教授**）、「**数・形・語**」を直観の構成要素としました。

□ ヘルバルト（1776 ～ 1841）は、**道徳的品性の陶冶**を教育の課題と考え、子どもに多方面への興味を喚起することが重要であるとして、**教育的教授**という概念を提唱しました。また著書『**一般教育学**』では、明瞭・連合・系統・方法という**４段階教授説**を唱えました。

□ フレーベル（1782 ～ 1852）は、子どもの活動は**神的**なものの自己表現であり、創造的なものであると考えました。また、「あらゆる善の源泉は遊戯の中にある」として**遊戯**（**遊び**）の重要性を説き、遊戯を通して子どもの**神性**を発現させるために「**恩物**《おんぶつ》（Gabe ＝神からの贈り物）」と呼ばれる**遊具**を考案しました。

□ モンテッソーリ（1870 ～ 1952）は、**整えられた環境**、3種類の円柱さしを代表とする**教具**、**控えめな教師**を特徴とした**モンテッソーリ・メソッド**と呼ばれる教育方法を実践しました。また、著書『**幼児の秘密**』では、運動・感覚・話し言葉・数など、さまざまな能力の獲得にはそれぞれに最適な時期があるとして、これを「**敏感期**」と名付けました。

⧓ 日本の教育思想

聖徳太子 （574 ～ 622）	「一時」（＝教育の具体的場面）に「機」（＝学習者の状態）に応じた教育を行うことや、**教化次第**（具体から抽象へと進む）という教育方法を著書『三経《さんきょう》義疏《ぎしょ》』の中で示した
空海 （弘法大師） （774 ～ 835）	庶民教化のための教育機関綜芸種智院《しゅげいしゅちいん》を創設し、広範な知識を獲得する「綜芸」を通して自己を取り巻く世界を把握する「種智」へと至る道筋を示した
中江藤樹《なかえとうじゅ》 （1608 ～ 1648）	日本の**陽明学の祖**とされ、**知行合一**《ちこうごういつ》（知識と行為は一体であり、真の知は行為を伴わなければならないという考え）を唱えた。著書『翁問答』では、孝を道徳の根本とした
貝原益軒《かいばらえきけん》 （1630 ～ 1714）	著書『和俗童子訓《わぞくどうじくん》』の中で「**小児の教は早くすべし**」と述べ、幼児期のしつけを重視。早い時期からの習慣形成の必要性を説いた。また、年齢に応じて教授法と教材（教科書）を配列する**随年教法**を提唱。イギリスのロックと同時代の人であり、**鍛錬**《たんれん》**主義**や**しつけ**を強調するなど共通点が多いため、「日本のロック」とも呼ばれる
福沢諭吉 （1835 ～ 1901）	主著『学問のすゝめ』の中で「天は人の上に人を造らず、人の下に人を造らずと言えり … されども今広くこの人間世界を見渡すに、… 貧しきもあり、富めるものもあり、… 」と述べ、**学問の機会平等**の必要性を唱えた
鈴木三重吉《みえきち》 （1882 ～ 1936）	夏目漱石門下の小説家であったが児童文学に転向し、1918（大正7）年児童雑誌『赤い鳥』を創刊。芸術性の高い**童話**や**童謡**などを提供した。また、投書欄で綴《つづ》り方や自由画などの新分野を開拓し、**自由教育運動**を全国に巻き起こした
倉橋惣三《そうぞう》 （1882 ～ 1955）	東京女子高等師範学校教授となり、1917（大正6）年からは附属幼稚園主事として活躍した。1934（昭和9）年『幼稚園保育法真諦』を著し、「**生活を、生活で、生活へ**」と導くことが重要であるとして、**児童中心**の進歩的な「**誘導保育**」を提唱した

書いて覚えよう！

諸外国の教育思想

1 ［1　　　　　　　　］は、世界最古の絵入り教科書『［2　　　　　　　　］』などを用いて、子どもの感覚に直接訴えかける直観教授を行った。

♪ヒント
3には○○説、4には○○主義という語句が入る。

2 ロックは、子どもというのは白紙のようなものであり、どのような形にも変化し得るものであるとする［3　　　　　　　　］を唱えた。また、幼児期から正しい習慣形成をすることが教育の基本であるとして、［4　　　　　　　　］の教育を主張した。

3 ［5　　　　　　　　］は、性善説に立ち、著書『エミール』では「万物をつくる者の手をはなれるときすべてはよいものである」と述べ、人間の本性に依拠する［6　　　　　　　　］を唱えた。

♪ヒント
ペスタロッチは、「頭と心と手」に象徴される精神力、心情力、技術力という3つの能力を調和的に発達させることが教育の課題であるとした。

4 ペスタロッチは、人間の根本的能力を「頭・心・［7　　　　］」に分けて、これらの調和を理想とした「生活が［8　　　　　　　　］」という教育原理を生み出した。

5 ［9　　　　　　　　］は、教授とは、新しい概念を子どもに確実に伝えて、子どもがすでに内面化している概念と結びつけることであるとし、明瞭・連合・系統・方法という［10　　　　　　　　］を唱えた。

6 フレーベルは、［11　　　　　　］の重要性を説き、これを通して子どもの神性を発現させるために、「恩物」と呼ばれる遊具を考案した。

♪注意
ルソー、ペスタロッチ、フレーベル、モンテッソーリについては、「保育原理」のPoint 1でも学習している(→P.10)。

7 モンテッソーリは、運動・感覚・話し言葉などさまざまな能力の獲得にはそれぞれに最適な時期があるとし、これを「［12　　　　　　］」と名付けた。また、整えられた環境、独自の［13　　　　　　］、控えめな教師を特徴とする教育を実践した。

日本の教育思想

8 [[14]　　　　　] は、学習者の状態に応じた教育や、具体から抽象へと進む教育方法について、著書『三経義疏』の中で述べている。

9 [[15]　　　　] は、貴族階級だけでなく、庶民にも教育の門戸を開くため、京都に綜芸種智院を創設した。

10 [[16]　　　　　] は、知識と行為は一体であって、真の知は行為を伴わなければならないとする「[[17]　　　　　]」の考え方を唱え、日本の陽明学の祖と呼ばれている。

11 [[18]　　　　　] の教育理論は、著書『和俗童子訓』を中心に展開されており、「小児の教は [[19]　　　　　]」として、幼児期からの教育の必要性を説いている。

12 [[20]　　　　　] は、主著『学問のすゝめ』において、「天は人の上に人を造らず、人の下に人を造らず…」と述べ、身分社会を否定して学問の機会平等の必要性を唱えた。

13 [[21]　　　　　] は、「生活を、生活で、生活へ」と導くことが重要であるとして、児童中心の「[[22]　　　　　]」を提唱した。

情報
江戸時代には林羅山によって朱子学が確立され、幕府の官学として保護されたが、これに対抗したのが陽明学派の中江藤樹、古学派の伊藤仁斎《じんさい》、荻生徂徠《おぎゅうそらい》などであった。

注意
倉橋惣三については、「保育原理」の Point 1 でも学習している (→P.11)。

チャレンジ○×問題

解答・解説は別冊 P.4

Q1 ルソーは、「健全な身体に宿る健全な精神、これはこの世における幸福な状態というものを、簡潔ではあるが十分に言い表している」と述べた。

Q2 ヘルバルトは、教育の目的は道徳的品性の陶冶にあると考え、「生活が陶冶する」という有名な言葉を残した。

Q3 貝原益軒が説いた「随年教法」は、子どもの年齢に応じた教授法と教材（教科書）の配列を示した教育課程論である。

Point 8 教育の実践

DATE ／ ／

暗記しよう！要点解説

教育の方法

助教法	優秀な生徒を助教として任用し、教師の指示を助教を通してほかの生徒に伝えるという教育方法。多数の生徒を一律的・効率的に教育できる。ベルとランカスターが考案したので、**ベル・ランカスター法**ともいう
問題解決学習	子ども自身が生活の中から**問題**を見つけ出し、それを自らの思考に基づいて**解決**することを通して**学習**を成立させる学習法。デューイによって考案された。彼は教育を経験の**再構成**としてとらえ、自ら内面的に取り組んでつくり上げた思考（**反省的思考**）こそ本物の思考であると考えた
プロジェクト・メソッド	問題解決学習の一種で、キルパトリックが提唱した。①**目標**の設定→②目標実現のための**計画**の立案→③計画の**遂行**（計画の修正も伴う）→④結果の**評価**、という４段階の学習活動が生徒自身によって行われる
プログラム学習	学習内容を綿密にプログラムした**ティーチング・マシーン**（印刷された教材でも可能）を用いて行う個別学習。学習者のペースに応じた指導ができる。**スキナー**が**動物実験**に基づく学習理論を体系化し、開発した
発見学習	でき上がった知識体系の結果だけを学ぶのではなく、それが生成されるまでのプロセスに参加し、規則性・法則性などを自ら**発見**していくという学習法。ブルーナーが提唱した

□ **カリキュラム（教育課程）**を、**教科ごと**に系統的に編成したものを**教科カリキュラム**といい、**子どもの興味関心**に基づいて編成したものを**経験カリキュラム**といいます。経験カリキュラムでは、体験学習や問題解決学習が多く取り入れられます。

教育の評価

□ 学習の成果を評価するにあたり、教育の目標に対してその学習者が**どこまで到達したか**をみるものを**絶対評価**といいます。これに対し、その学習者の**集団内における位置**を明らかにするものを**相対評価**といいます。

□ 学習進度に応じて**カリキュラムを修正**するための評価を**形成的評価**といいます。**ブルーム**は、形成的評価などに基づいて学習条件を整備していくことにより、子どもが学習を完全に習得できるとする「**完全習得学習**」の理論を提唱しました。

生涯教育とキャリア教育

生涯教育	1965年ユネスコの成人教育推進国際委員会でラングランが提唱した。人々が生涯にわたって行う学習を援助し推進するものであり、**家庭教育・学校教育・社会教育**を有機的に統合するものとされる。ラングランは著書『生涯教育入門』の中で、学習の機会が人生の各段階で継続的に生活のあらゆる場で確保されることが大切であるとしている
学習社会	人々が生涯のいつでも、学習する機会を選択して学ぶことができ、その成果を適切に評価されるような社会であり、そうした生涯にわたる学習活動を促進する学習の機会や資源が整備された社会をいう。ハッチンスは著書『学習社会論』の中で、**学習社会の構築**を提唱している
リカレント教育	**生涯教育**の一形態。フォーマルな学校教育を終えて社会活動に従事した後、個人の必要に応じて教育機関に戻るなど、交互に行き交う教育をいう。経済協力開発機構（OECD）が提言した教育構想で、「リカレント」とは「回帰」という意味
キャリア教育	一人ひとりの**社会的・職業的自立**に向け、必要な基盤となる能力や態度を育てることを通してキャリア発達を促す教育（キャリア＝職務経験）。特定の活動や指導方法に限定されるものではなく、さまざまな教育活動を通して実践される

□ 中央教育審議会の答申「**今後の学校におけるキャリア教育・職業教育の在り方について**」（平成23年1月31日）では、キャリア教育は、キャリアが子どもの発達段階やその発達課題の達成とかかわりながら発達していくことを踏まえ、**幼児期の教育**から高等教育まで体系的に進めることが必要であり、その中心として、**基礎的・汎用的能力**を確実に育成することが求められるとしています。特に幼児期の教育においては、**遊び**を中心とした生活を通して**体験**を重ねるように、一人ひとりに応じた総合的な指導を通して**自発的・主体的**な活動を促すことが必要であるとしています。

書いて覚えよう！

教育の方法

1 [1　　　　] とランカスターが考案した「助教法」は、教師の指示を伝える助教を生徒の中から任用するという教育方法である。

♪ヒント
デューイは「為すことによって学ぶ」という経験主義の立場から、問題解決学習を重視してアメリカの進歩主義教育を推進した。

2 [2　　　　] は、自ら内面的に取り組んでつくり上げた思考こそ本物の思考であると考えた。そこで、子ども自身が生活の中から問題や疑問を見つけ出し、それを自らの思考に基づいて解決することを通して学習を成立させる [3　　　　] を提唱した。

3 [4　　　　] とは、目標→計画→遂行→評価という4段階を経て子どもが自主的に問題解決に取り組む学習方法をいう。デューイの後継者 [5　　　　] が提唱した。

✤ 情報
プログラム学習の教材は論理に従って細分化され（スモールステップ）、順序よく配列されている。

4 [6　　　　] とは、学習内容が綿密にプログラムされた機器（ティーチング・マシーン）などを用いて行う個別学習をいう。動物実験に基づいて [7　　　　] が開発した。

✧ ポイント
問題解決学習では子ども自ら解決する問題を見つけ出すのに対し、発見学習は学習内容が学問や文化の基本構造に関するものである。このため発見学習は、カリキュラム論的には教科カリキュラムに属するものといえる。

5 [8　　　　] が提唱した [9　　　　] とは、知識体系が生成されるまでのプロセスに学習者が参加し、規則性や法則性などを自ら発見していく学習法をいう。

6 教科ごとに系統的に編成された [10　　　　] に対し、[11　　　　] は子どもの興味関心に基づいて編成されたカリキュラムである。

教育の評価

7 教育の目標に対してその学習者がどこまで到達したかをみる評価の仕方を [12　　　　] といい、その学習者の集団内における位置を明らかにする評価の仕方を［13　　　　　　　　］という。

8 ［14　　　　　　　　］は、形成的評価などに基づいて学習条件を整備することによって学習を完全に習得する［15　　　　　　　　］の理論を提唱した。

生涯教育とキャリア教育

9 生涯教育は、1965年［16　　　　　　　　］の成人教育推進国際委員会において、［17　　　　　　　　］によって提唱された。

10 ［18　　　　　　　　］は、その著書『［19　　　　　　　　］』の中で、学習社会の構築を主張した。

11 ［20　　　　　　　　］とは、経済協力開発機構（OECD）が提言した教育構想であり、学校教育を修了した成人が、労働などの諸活動と教育とを交互に生涯にわたって行えることをいう。

12 中央教育審議会の答申「今後の学校におけるキャリア教育・職業教育の在り方について」（平成23年1月31日）の中で、キャリア教育は［21　　　　　　　　］の教育から高等教育まで体系的に進めることが必要であり、その中心として、基礎的・［22　　　　　　　　］能力の確実な育成が求められるとされている。

✚ 情報

児童の学習記録や作品、感想などを時間経過に沿ってファイルなどに整理保管して評価に利用する手法をポートフォリオ評価といい、今後の評価手法の1つとして注目されている。

✚ 情報

中央教育審議会の答申「今後の学校におけるキャリア教育・職業教育の在り方について」は、何度も出題されているので注意しよう。

チャレンジ○×問題

解答・解説は別冊 P.4

Q1 デューイは、教育を経験の再構成としてとらえ、自ら内面的に取り組んでつくり上げた思考が本物の思考であると考えて、発見学習を提唱した。

Q2 絶対評価は、集団内における個人の位置を明示するものであり、評価者の主観が入る余地がないため、入学試験などで採用される。

Point 9

教育に関する規定

DATE ／ ／

暗記しよう！要点解説

日本国憲法の規定

個人の尊重 （第13条）	すべて国民は、個人として尊重される。**生命**、**自由**及び**幸福追求**に対する国民の権利については、**公共の福祉**に反しない限り、立法その他の国政の上で、最大の尊重を必要とする
教育を受ける権利 （第26条第1項）	すべて国民は、法律の定めるところにより、その**能力に応じて**、ひとしく教育を受ける権利を有する

教育基本法の規定

教育の目的 （第1条）	教育は、人格の完成を目指し、平和で民主的な国家及び社会の形成者として必要な資質を備えた**心身ともに健康な国民の育成**を期して行われなければならない
教育の目標 （第2条）	教育は、（中略）次に掲げる目標を達成するよう行われるものとする 1　幅広い知識と教養を身に付け、**真理を求める態度**を養い、豊かな情操と道徳心を培うとともに、**健やかな身体**を養うこと 2　個人の価値を尊重して、その能力を伸ばし、創造性を培い、**自主及び自律の精神**を養うとともに、職業及び生活との関連を重視し、**勤労**を重んずる態度を養うこと 3　正義と責任、男女の平等、**自他の敬愛と協力**を重んずるとともに、**公共の精神**に基づき、主体的に社会の形成に参画し、その発展に寄与する態度を養うこと 4　生命を尊び、自然を大切にし、**環境の保全**に寄与する態度を養うこと 5　伝統と文化を尊重し、（中略）**我が国**と**郷土**を愛するとともに、**他国**を尊重し、国際社会の平和と発展に寄与する態度を養うこと

家庭教育 （第10条）	1 父母**その他の保護者**は、**子の教育**について第一義的責任を有するものであって、生活のために必要な**習慣**を身に付けさせるとともに、自立**心**を育成し、心身の調和のとれた発達を図るよう努めるものとする 2 **国**及び**地方公共団体**は、家庭教育の自主性を尊重しつつ、保護者に対する学習の機会及び**情報の提供**その他の家庭教育を支援するために必要な施策を講ずるよう努めなければならない
幼児期の教育 （第11条）	幼児期の教育は、**生涯にわたる**人格形成**の基礎**を培う重要なものであることにかんがみ、**国**及び**地方公共団体**は、幼児の健やかな成長に資する良好な環境の整備その他適当な方法によって、その振興に努めなければならない

⧓ 特別支援教育

- □ **学校教育法**は第１条で「**学校**とは、幼稚園、小学校、中学校、義務教育学校、高等学校、中等教育学校、**特別支援学校**、大学及び高等専門学校とする」と定めています。
- □ **学校教育法**第72条では、**特別支援学校の目的**を「視覚障害者、聴覚障害者、知的障害者、肢体不自由者又は病弱者（身体虚弱者を含む）に対して、幼稚園、小学校、中学校又は高等学校に準ずる**教育**を施すとともに、**障害による学習上又は生活上の困難**を克服し**自立を図る**ために必要な**知識技能**を授けること」としています。
- □ 「**特別支援教育の推進について**（文部科学省通知）」（平成19年４月１日）は、**特別支援教育の理念**を、次のように述べています。

> 特別支援教育は、**障害のある幼児児童生徒**の自立や社会参加に向けた主体的な取組を支援するという視点に立ち、幼児児童生徒一人一人の教育的ニーズを把握し、その持てる力を高め、**生活や学習上の困難**を改善又は克服するため、適切な指導及び必要な支援を行うものである
> また、特別支援教育は、これまでの特殊教育の対象の障害だけでなく、**知的な遅れのない**発達障害も含めて、特別な支援を必要とする幼児児童生徒が在籍する全ての学校において実施されるものである
> さらに、特別支援教育は、障害のある幼児児童生徒への教育にとどまらず、障害の有無やその他の個々の違いを認識しつつ様々な人々が生き生きと活躍できる共生社会**の形成**の基礎となるものであり、我が国の現在及び将来の社会にとって重要な意味を持っている

書いて覚えよう！

日本国憲法の規定

1 すべて国民は、［1　　　　　］として尊重される。生命、自由及び幸福追求に対する国民の権利については、［2　　　　　　　　］に反しない限り、立法その他の国政の上で、最大の尊重を必要とする。

2 すべて国民は、法律の定めるところにより、その［3　　　　　　］に応じて、ひとしく［4　　　　　　　　　］権利を有する。

教育基本法の規定

3 教育は、［5　　　　　　　　　］を目指し、平和で民主的な国家及び社会の形成者として必要な資質を備えた［6　　　　　　　　　］な国民の育成を期して行われなければならない。

4 教育は、次に掲げる目標を達成するよう行われるものとする。

1　幅広い知識と教養を身に付け、［7　　　　　］を求める態度を養い、豊かな情操と［8　　　　　］を培うとともに、健やかな身体を養うこと

2　個人の価値を尊重して、その能力を伸ばし、［9　　　　　　］を培い、自主及び自律の精神を養うとともに、職業及び生活との関連を重視し、［10　　　　］を重んずる態度を養うこと

3　正義と責任、［11　　　　　　　　］、自他の敬愛と協力を重んずるとともに、［12　　　　　　　　］に基づき、主体的に社会の形成に参画し、その発展に寄与する態度を養うこと

4　［13　　　　］を尊び、［14　　　　　］を大切にし、環境の保全に寄与する態度を養うこと

5 ［15　　　　　］その他の保護者は、子の教育について第一義的責任を有するものであって、生活のために必要な習慣を身に付けさせるとと

ポイント

教育に関する規定は、日本国憲法の第26条を頂点として、教育基本法、学校教育法があり、さらに教育課程の基準となる学習指導要領、幼稚園教育要領が定められている。

出題傾向

教育基本法（1947〔昭和22〕年制定）は2006（平成18）年に大幅に改正されたため、改正法の条文の内容がほぼ毎年、空所補充の形式で出題されている。

もに、[16　　　　　　　] を育成し、心身の調和のとれた発達を図るよう努めるものとする。

6 国及び地方公共団体は、家庭教育の [17　　　　　　　] を尊重しつつ、保護者に対する学習の機会及び [18　　　　　　　] その他の家庭教育を支援するために必要な施策を講ずるよう努めなければならない。

7 幼児期の教育は、生涯にわたる [19　　　　　　　] の基礎を培う重要なものであることにかんがみ、国及び地方公共団体は、幼児の健やかな成長に資する良好な [20　　　　　　　] の整備その他適当な方法によって、その振興に努めなければならない。

特別支援教育

8 学校教育法第 72 条では [21　　　　　　　　　　] の目的を、「視覚障害者、聴覚障害者、知的障害者、肢体不自由者又は病弱者（中略）に対して、幼稚園、小学校、中学校又は高等学校に準ずる [22　　　　　　] を施すとともに、（中略）自立を図るために必要な [23　　　　　　　] を授けること」と定めている。

9 「特別支援教育の推進について（通知）」（平成 19 年 4 月 1 日）は、特別支援教育の理念を、「障害のある幼児児童生徒の [24　　　　　　　] や社会参加に向けた主体的な取組を支援するという視点に立ち、幼児児童生徒一人一人の [25　　　　　　　　] を把握し、その持てる力を高め、（中略）必要な支援を行うものである」などとしている。

情報

改正教育基本法では、教育の目的・目標について従来規定されていた「人格の完成」などのほかに「公共の精神」「伝統と文化の尊重」といった概念が加えられ、「生涯学習の理念」（第 3 条）、「家庭教育」（第 10 条）、「幼児期の教育」（第 11 条）などの規定が新設された。

ポイント

学校教育法等の改正により、従来の盲・聾・養護学校は複数の障害種別を対象とする特別支援学校に転換され、小・中学校等においても特別支援教育を推進することとなった（平成 19 年 4 月施行）。

チャレンジ○×問題

解答・解説は別冊 P.4

Q1 教育基本法では、子の教育について第一義的責任を有するものは、学校であるとしている。

Q2 特別支援教育は、従来の盲学校、聾学校、養護学校における教育を統合し、再編したものなので、知的な遅れのない発達障害はその対象に含まれない。

Point 10

幼稚園に関する規定

DATE ／ ／

暗記しよう！要点解説

学校教育法の幼稚園に関する規定

幼稚園の目的 （第22条）	幼稚園は、義務教育及びその後の**教育の基礎**を培うものとして、幼児を保育し、幼児の健やかな成長のために適当な**環境**を与えて、その心身の発達を助長することを目的とする
幼稚園教育の目標 （第23条）	1　健康、安全で幸福な生活のために必要な基本的な習慣を養い、**身体諸機能の調和的発達**を図ること 2　集団生活を通じて、喜んでこれに参加する態度を養うとともに家族や身近な人への**信頼感**を深め、自主、自律及び協同の精神並びに**規範意識の芽生え**を養うこと 3　身近な社会生活、生命及び自然に対する興味を養い、それらに対する正しい理解と態度及び思考力**の芽生え**を養うこと 4　日常の会話や、絵本、童話等に親しむことを通じて、言葉**の使い方**を正しく導くとともに、相手の話を理解しようとする態度を養うこと 5　音楽、身体による表現、造形等に親しむことを通じて、豊かな**感性**と表現力**の芽生え**を養うこと
幼稚園の役割 （第24条）	幼稚園においては、第22条に規定する目的を実現するための教育を行うほか、幼児期の教育に関する各般の問題につき、**保護者**及び**地域住民**その他の関係者からの**相談**に応じ、必要な情報の提供及び**助言**を行うなど、家庭及び地域における**幼児期の教育の支援**に努めるものとする

幼稚園教育要領「第１章 総則」「第１ 幼稚園教育の基本」

幼児期の教育は、生涯にわたる人格形成**の基礎**を培う重要なものであり、幼稚園教育は、学校教育法に規定する目的及び目標を達成するため、**幼児期の特性**を踏まえ、環境**を通して**行うものであることを基本とする。

このため**教師**は、幼児との信頼関係を十分に築き、幼児が**身近な環境**に**主体的**に関わり、環境との関わり方や意味に気付き、これらを取り込もうとして、**試行錯誤**したり、**考えたり**するようになる幼児期の教育における見方・考え方を生かし、幼児と共によりよい教育環境**を創造する**ように努めるものとする。これらを踏まえ、次に示す事項を重視して教育を行わなければならない

1　幼児は安定した情緒の下で自己を十分に発揮することにより発達に必要な体験を得ていくものであることを考慮して、幼児の**主体的な活動**を促し、**幼児期にふさわしい生活**が展開されるようにすること

2　幼児の**自発的な活動としての**遊びは、心身の調和のとれた**発達の基礎を培う重要な学習**であることを考慮して、遊びを通しての指導を中心として第２章に示すねらいが総合的に達成されるようにすること

3　幼児の発達は、心身の諸側面が相互に関連し合い、多様な経過をたどって成し遂げられていくものであること、また、幼児の生活経験**がそれぞれ異なる**ことなどを考慮して、幼児一人一人の特性に応じ、**発達の課題に即した指導**を行うようにすること

その際、**教師**は、幼児の**主体的な活動**が確保されるよう幼児一人一人の行動の理解と予想に基づき、計画的に環境を構成しなければならない。この場合において、教師は、幼児と**人やものとの関わり**が重要であることを踏まえ、教材を工夫し、**物的・空間的環境**を構成しなければならない。また、幼児一人一人の活動の場面に応じて、様々な役割**を果たし**、その活動を豊かにしなければならない

⧓ 幼稚園教育要領 第１章の第３の「３ 教育課程の編成上の基本的事項」（抜粋）

（1）　幼稚園生活の全体を通して第２章に示す**ねらい**が総合的に達成されるよう、教育課程に係る**教育期間**や幼児の**生活経験**や**発達の過程**などを考慮して具体的なねらいと内容を組織するものとする。この場合においては、特に、自我が芽生え、他者の存在を意識し、自己を抑制しようとする気持ちが生まれる**幼児期の発達の特性**を踏まえ、入園から修了に至るまでの長期的**な視野**をもって充実した生活が展開できるように配慮するものとする
（2）　幼稚園の**毎学年**の教育課程に係る**教育週数**は、特別の事情のある場合を除き、39週**を下ってはならない**
（3）　幼稚園の１日の教育課程に係る**教育時間**は、４時間を標準とする。ただし、幼児の**心身の発達**の程度や**季節**などに適切に配慮するものとする

幼稚園教育要領の第２章には、５領域（健康・人間関係・環境・言葉・表現）のそれぞれについて、保育指針の「３歳以上児の保育に関するねらい及び内容」と同様のねらいと内容が記されている。

書いて覚えよう！

ポイント
保育所が主に乳幼児を対象として養護と教育を一体として提供する児童福祉施設であるのに対して、幼稚園は、満３歳からの就学前の幼児を対象として教育を体系的かつ組織的に行う学校である。

ヒント
学校教育法第23条には、「○○の芽生え」という語句が３か所登場する。
- 「規範意識の芽生え」
- 「思考力の芽生え」
- 「表現力の芽生え」

情報
1963（昭和38）年に、当時の文部省と厚生省による連名通知として「幼稚園と保育所との関係について」が出され、「保育所のもつ機能のうち教育に関するものは、幼稚園教育要領に準ずることが望ましいこと。このことは、保育所に収容する幼児のうち幼稚園該当年齢の幼児のみを対象とする」とされた。

学校教育法の幼稚園に関する規定

1 幼稚園は、義務教育及びその後の［1　　　　　］の基礎を培うものとして、幼児を［2　　　　　］し、幼児の健やかな成長のために適当な環境を与えて、その心身の発達を助長することを目的とする。

2 幼稚園における教育は、次に掲げる目標を達成するよう行われる。

1　健康、安全で幸福な生活のために必要な基本的な［3　　　　　］を養い、身体諸機能の調和的発達を図ること

2　［4　　　　　］を通じて、喜んでこれに参加する態度を養うとともに家族や身近な人への信頼感を深め、自主、自律及び協同の精神並びに［5　　　　　］の芽生えを養うこと

3　身近な社会生活、生命及び自然に対する興味を養い、それらに対する正しい理解と態度及び［6　　　　　］の芽生えを養うこと

4　［7　　　　　］や、絵本、［8　　　　　］等に親しむことを通じて、［9　　　　　］の使い方を正しく導くとともに、相手の話を理解しようとする態度を養うこと

5　［10　　　　　］、身体による表現、造形等に親しむことを通じて、豊かな感性と［11　　　　　］の芽生えを養うこと

3 幼稚園においては、学校教育法第22条に規定する目的を実現するための［12　　　　　］を行うほか、幼児期の教育に関する各般の問題につき、［13　　　　　］及び地域住民など関係者からの相談に応じ、必要な［14　　　　　］及び助言を行うなど、家庭及び地域における幼児期の教育の支援に努めるものとする。

幼稚園教育要領「第１章 総則」「第１ 幼稚園教育の基本」

4 幼児期の教育は、生涯にわたる［15　　　　　］の基礎を培う重要なものであり、（中略）教師は、幼児との［16　　　　　］を十分に

築き、（中略）幼児と共によりよい教育環境を創造するように努めるものとする。これらを踏まえ、次に示す事項を重視して教育を行わなければならない。

1　幼児は安定した［17　　　　］の下で自己を十分に発揮することにより発達に必要な体験を得ていくものであることを考慮して、幼児の［18　　　　］な活動を促し、幼児期にふさわしい生活が展開されるようにすること

2　（前略）［19　　　　］を通しての指導を中心として第２章に示すねらいが総合的に達成されるようにすること

3　（前略）幼児の［20　　　　］がそれぞれ異なることなどを考慮して、幼児一人一人の特性に応じ、発達の課題に即した指導を行うようにすること

✚ 情報

幼稚園教育要領（1956〔昭和31〕年制定）は1964（昭和39）年改定で大臣告知となり、さらに1989（平成元）年改定で「健康・人間関係・環境・言葉・表現」の５領域となった。最新の幼稚園教育要領は2017（平成29）年改訂（平成30年4月施行）のものである。

幼稚園教育要領 第１章の「3 教育課程の編成上の基本的事項」

5　1　（前略）自我が芽生え、他者の存在を意識し、自己を抑制しようとする気持ちが生まれる幼児期の［21　　　　］の特性を踏まえ、入園から修了に至るまでの［22　　　　］な視野をもって充実した生活が展開できるように配慮するものとする

2　幼稚園の毎学年の教育課程に係る教育週数は、特別の事情のある場合を除き、［23　　　　］を下ってはならない

3　幼稚園の１日の教育課程に係る教育時間は、［24　　　　］を標準とする。ただし、幼児の心身の発達の程度や季節などに適切に配慮するものとする

出題傾向

幼稚園と保育所の違いを問うような問題は、保育原理で出題されることがある。

チャレンジ○×問題

解答・解説は別冊 P.4

Q1 幼稚園教育の目標に関する学校教育法第23条には、「読書に親しませ、生活に必要な国語を正しく理解し、使用する基礎的な能力を養うこと」という項目がある。

Q2 幼稚園教育要領の「第１章 総則」「第１ 幼稚園教育の基本」には、「教師は、幼児一人一人の活動の場面に応じて、様々な役割を果たし、その活動を豊かにしなければならない」と述べられている。

Point 11 社会的養護の基本

DATE ／ ／

暗記しよう！要点解説

「社会的養育の推進に向けて」（平成31年4月）（抜粋）

〔社会的養護の基本理念〕

①子どもの最善の利益**のために**：児童福祉法第1条、児童の権利に関する条約第3条（→P.73）

②社会全体**で子どもを育む**：社会的養護は、**保護者の適切な養育を受けられない子ども**を公的責任で社会的に保護養育するとともに、**養育に困難を抱える家庭**への支援を行うもの

〔社会的養護の原理〕

①家庭養育と個別化：すべての子どもは、適切な養育環境で、安心して自分をゆだねられる養育者によって養育されるべき。「あたりまえの生活」を保障していくことが重要

②発達の保障と自立支援：未来の人生を作り出す基礎となるよう、子ども期の健全な心身の発達の保障を目指す。**愛着関係**や基本的な**信頼関係**の形成が重要。自立した社会生活に必要な基礎的な力を形成していく

③回復をめざした支援：**虐待**や**分離体験**などによる悪影響からの**癒し**や**回復**をめざした**専門的ケア**や**心理的ケア**が必要。安心感を持てる場所で、大切にされる体験を積み重ね、**信頼関係**や**自己肯定感**（自尊心）を取り戻す

④家族との連携・協働：親と共に、親を支えながら、あるいは親に代わって、子どもの発達や養育を保障していく取り組み

⑤継続的支援と連携アプローチ：**アフターケア**までの継続した支援と、できる限り特定の養育者による**一貫性**のある養育。様々な社会的養護の担い手の連携によりトータルなプロセスを確保する

⑥ライフサイクルを見通した支援：入所や委託を終えた後も長くかかわりを持ち続ける。虐待や貧困の**世代間連鎖を断ち切っていける**ような支援

〔社会的養護の基盤づくり〕

- 家庭養育優先原則に基づき、家庭での養育が困難または適当でない場合は、養育者の家庭に子どもを迎え入れて養育を行う**里親**や**ファミリーホーム**（家庭養護）を優先するとともに、児童養護

施設、乳児院等の施設についても、できる限り**小規模かつ地域分散化された家庭的な養育環境の形態**（家庭的養護）に変えていく

- 大規模な施設での養育を中心とした形態から、**一人一人の子どもをきめ細かく育み、親子を総合的に支援**していけるよう、ハード・ソフトともに変革していく
- **施設**は、**社会的養護の地域の拠点**として、家庭に戻った子どもへの継続的なフォロー、里親支援、自立支援やアフターケア、地域の子育て家庭への支援など**高機能化**と**多機能化・機能転換**を図る

「児童養護施設運営指針」第Ⅱ部各論「4 権利擁護」（抜粋）

子ども尊重と最善の利益の考慮	①子どもを尊重した養育・支援についての基本姿勢を明示し、施設内で共通の理解を持つための取組を行う ・**施設長**や**職員**が子どもの権利擁護に関する施設内外の**研修**に参加し、**人権感覚**を磨くことで、施設全体が**権利擁護の姿勢**を持つ ②社会的養護が子どもの**最善の利益**を目指して行われることを職員が共通して**理解**し、日々の養育・支援において**実践**する ・人権に配慮した養育・支援を行うために、職員一人一人の倫理観、人間性並びに**職員としての職務及び責任の理解と自覚**を持つ
子どもの意向への配慮	①子どもの意向を把握する具体的な仕組みを整備し、その結果を踏まえて、養育・支援の内容の**改善に向けた取組**を行う ・**日常的な会話**のなかで発せられる**子どもの意向**をくみ取り、また、子どもの**意向調査**、**個別の聴取**等を行い、改善課題の発見に努める
入所時の説明等	②入所時に、施設で定めた様式に基づき養育・支援の内容や施設での約束ごとについて、**子ども**や**保護者**等にわかりやすく説明する
権利についての説明	①（前略）**権利**について正しく理解できるよう、わかりやすく説明する ・権利ノートやそれに代わる資料を使用して**施設生活の中で守られる権利**について**随時**わかりやすく説明する
子どもが意見や苦情を述べやすい環境	①子どもが**相談**したり**意見**を述べたりしたい時に**相談方法**や**相談相手**を選択できる環境を整備し、子どもに伝えるための取組を行う ②苦情解決の仕組みを確立し、子どもや保護者等に周知する取組を行うとともに、苦情解決の仕組みを機能させる

書いて覚えよう！

「社会的養育の推進に向けて」（平成 31 年 4 月）

1 社会的養護は、［1　　　　　］の適切な養育を受けられない子どもを［2　　　　　］で社会的に保護養育するとともに、養育に困難を抱える家庭への支援を行うものである。

2 社会的養護は、「子どもの［3　　　　　］のために」という考え方と、「［4　　　　　］で子どもを育む」という考え方を基本理念としている。

3 社会的養護においては、虐待や分離体験などによる悪影響からの癒しや［5　　　　　］を目指した専門的ケアと［6　　　　　］が必要とされる。

4 社会的養護においては、［7　　　　　］を見通した支援、つまり入所や委託を終えた後も長くかかわりを持ち続け、虐待や貧困の［8　　　　　］を断ち切っていけるような支援が求められる。

5 家庭での養育が困難または適当でない場合は、里親やファミリーホームといった［9　　　　　］を優先するとともに、児童養護施設等の施設も、できる限り［10　　　　　］かつ地域分散化された家庭的な養育環境の形態である［11　　　　　］に変えていく。

6 施設は、社会的養護の［12　　　　　］の拠点として、高機能化および［13　　　　　］・機能転換を図る。

「児童養護施設運営指針」第Ⅱ部各論「4 権利擁護」

7 子どもを尊重した養育・支援の基本姿勢について施設内で共通の理解を持つ取り組みとして、施設長や職員が子どもの権利擁護に関する施

✚ 情報

「社会的養育の推進に向けて」は、平成 23 年 7 月に示された「社会的養護の課題と将来像」に基づいて作成された資料集であり、その中に「社会的養護の基本理念と原理」がまとめられている。

@ 出題傾向

試験では社会的養護の基本的な考え方についてよく出題される。このため、「社会的養護の課題と将来像」「社会的養育の推進に向けて」の内容を理解しておく必要がある。

@ 出題傾向

子どもの権利擁護については「児童養護施設運営指針」から出題されている。「社会的養護の課題と将来像」にも同様の記述があるので注意する。

設内外の [14　　　　　] に参加し、[15　　　　　　　] を磨くことにより、施設全体が権利擁護の姿勢を持つことが必要である。

8 社会的養護が子どもの [16　　　　　　　　] を目指して行われることを職員が共通して理解し、日々の養育・支援において実践するために、職員は自分の [17　　　　　　　]、人間性並びに職員としての職務および [18　　　　　] の理解と自覚を持たなければならない。

9 日常的な会話のなかで発せられる [19　　　　　　　　　] をくみ取り、また、子どもの意向調査、個別の聴取等を行い、[20　　　　　　] の発見に努める。

10 入所時には、施設で定めた様式に基づき養育・支援の内容や施設での [21　　　　　　　] について、子どもや保護者等にわかりやすく説明する。

11 [22　　　　　　　　] やそれに代わる資料を使用して施設生活の中で守られる権利について随時わかりやすく説明する。

12 子どもが相談したり [23　　　　　] を述べたりしたいとき相談の方法や相手を選択できる環境を整備するとともに、[24　　　　　　　] の仕組みを確立し、子どもや保護者等に周知する取り組みを行う。

✚ 情報

児童養護施設のほか、乳児院、児童心理治療施設、児童自立支援施設、母子生活支援施設、自立援助ホームには「運営指針」が示されている。また、里親・ファミリーホームには「養育指針」が示されている。

@ 出題傾向

児童養護施設運営指針の記述もそのままの形で出題されるとは限らないので注意しよう。

♪ヒント

児童養護施設等で生活している子どもに権利の内容を伝え、権利が侵害されたときの解決方法を説明する小冊子のことを「権利ノート」という。

チャレンジ○×問題

解答・解説は別冊 P.5

Q1 社会的養護の原理として、①家庭養育と個別化、②発達の保障と自立支援、③回復をめざした支援、④家族との連携・協働、⑤継続的支援と連携アプローチ、⑥ライフサイクルを見通した支援が挙げられる。

Q2 「児童養護施設運営指針」の第Ⅱ部各論「4 権利擁護」では、「子どもの基本的人権の保障は、自己責任が前提であることを十分に理解できるように説明する。」と述べられている。

Point 12 児童福祉施設設備運営基準

DATE ／ ／

暗記しよう！要点解説

児童養護施設（施設数605か所、現員25,282人：平成30年3月末現在）

役　割	保護者のない児童や保護者に監護させることが適当でない児童に対し、**安定した生活環境を整える**とともに、**生活指導**、**学習指導**、**家庭環境の調整**等を行いつつ養育を行い、心身の健やかな成長とその自立を支援する
対象児童	**保護者のない児童**、虐待されている児童その他**環境上養護を要する児童**（ただし、**乳児**は、安定した生活環境の確保その他の理由により特に必要のある場合のみ対象とする）
設　備	児童の居室、**相談室**、調理室、浴室および便所を設ける ● 児童の居室：１室の定員：４人以下（乳幼児のみの居室* **6人以下**） １室の面積：１人につき4.95㎡以上（* **3.3㎡以上**）
職　員	児童指導員、嘱託医、保育士、個別対応職員、家庭支援専門相談員、栄養士、調理員（乳児が入所している施設には看護師も配置）

乳児院（施設数140か所、現員2,706人：平成30年3月末現在）

役　割	保護者の養育を受けられない**乳幼児**を養育する基本的機能のほか、**被虐待児**・**病児**・**障害児**などに対応できる専門的養育機能をもつ
対象児童	**乳児**（保健上、安定した生活環境の確保その他の理由により特に必要な場合は、**幼児**を含む）
設　備	寝室、**観察室**、**診察室**、**病室**、ほふく室、**相談室**、調理室、浴室、便所を設ける（乳幼児10人未満の施設の場合は、**養育のための専用の室**と相談室） ● 寝室の面積：乳幼児１人につき2.47㎡以上
職　員*	**小児科**の診療に相当の経験を有する医師または嘱託医、**看護師**、**個別対応職員**、**家庭支援専門相談員**、栄養士、調理員（＊乳幼児**10人以上**の施設の場合）

児童心理治療施設（施設数46か所、現員1,280人：平成30年3月末現在）

「情緒障害児短期治療施設」から名称変更されました（平成29年4月1日より）

役　割	**心理的・精神的な問題**を抱えている児童に、生活支援を基盤とした**心理治療**を行う。通所も認められている
対象児童	家庭環境、学校における交友関係その他の**環境上の理由により**社会生活への適応が困難となった児童
設　備	児童の居室、**医務室**、**静養室**、**遊戯室**、**観察室**、心理検査室、**相談室**、**工作室**、調理室、浴室、便所を設ける ● 児童の居室：1室の定員：4人以下　1室の面積：1人につき4.95㎡以上
職　員	**精神科**または**小児科**の診療に相当の経験を有する医師、心理療法担当職員（おおむね児童**10人**につき1人以上配置）、**児童指導員**、保育士、**看護師**、個別対応職員、家庭支援専門相談員、栄養士、調理員

児童自立支援施設（施設数58か所、現員1,309人：平成29年10月1日現在）

役　割	非行問題を中心に対応するほか、ほかの施設では対応が難しくなったケースの受け皿としての役割も果たす
対象児童	不良行為をなし、またはなす**おそれ**のある児童および**家庭環境その他の環境上の理由により生活指導等を要する**児童
設　備	学科指導に関しては学校教育法、それ以外の設備は**児童養護施設**の規定を準用
職　員	児童自立支援専門員と児童生活支援員（両者の総数をおおむね児童**4.5人**につき1人以上とする）、嘱託医、**精神科**の診療に相当の経験を有する医師（嘱託医でも可）、個別対応職員、家庭支援専門相談員、栄養士、調理員

母子生活支援施設（施設数227か所、現員3,789世帯：平成30年3月末現在）

役　割	生活に困窮する母子家庭に対し、住む場所を提供するとともに、自立の促進のためにその生活を支援する
対象児童	**配偶者のない女子**またはこれに準ずる事情にある女子およびその者の**監護すべき児童**
設　備	母子室（調理設備・浴室・便所を設ける）、**集会・学習等を行う室**、**相談室**を設ける。母子室は1世帯につき1室以上とする（面積は1室30㎡以上）
職　員	母子支援員（母子10～19世帯の施設では**2人**以上、20世帯以上では**3人**以上配置）、嘱託医、少年を指導する職員および調理員またはこれに代わるべき者

書いて覚えよう！

児童養護施設

1 児童養護施設には、児童の居室、相談室、調理室、浴室および便所を設ける。児童の居室1室の定員は［1　　　　　］（乳幼児のみの居室は6人以下）で、1室の面積は1人につき［2　　　　　］（乳幼児のみの居室は3.3㎡以上）とされている。

2 児童養護施設には、児童指導員（児童の生活指導を行う）、嘱託医、保育士、［3　　　　　］、家庭支援専門相談員、栄養士、調理員を配置する。また、乳児が入所している施設には［4　　　　　］も配置する。

乳児院

3 乳児院には、寝室（面積は乳幼児1人につき［5　　　　　］）、観察室、診察室、病室、［6　　　　　］、相談室、調理室、浴室、便所を設ける。乳幼児10人未満を入所させる施設には、養育のための専用の室と相談室を設ける。

4 乳幼児10人以上の乳児院には、小児科の診療に相当の経験を有する［7　　　　　］または嘱託医、看護師、個別対応職員、家庭支援専門相談員、栄養士、調理員を配置する。

児童心理治療施設

5 児童心理治療施設には、児童の居室、医務室、静養室、遊戯室、観察室、［8　　　　　］、相談室、工作室、調理室、浴室、便所を設ける。児童の居室1室の定員は［9　　　　　］、1室の面積は1人につき［10　　　　　］とされている。

情報

従来、児童福祉施設の設備・運営の最低基準は厚生労働省令「児童福祉施設最低基準」で定めていたが、これを「児童福祉施設の設備及び運営に関する基準（略称「児童福祉施設設備運営基準」）と改め（平成24年4月施行）、最低基準は条例に委任することとなった。

情報

「個別対応職員」は、問題行動の多い子どもと1対1の関係をつくり、生活場面における個別対応や保護者へのケア等を行う。

注意

乳幼児10人未満の乳児院には、嘱託医、看護師、家庭支援専門相談員、調理員またはこれに代わるべき者を配置する。

6 児童心理治療施設には、精神科または小児科の診療に相当の経験を有する医師、[11　]、児童指導員、保育士、看護師、個別対応職員、[12　]、栄養士、調理員を配置する。

児童自立支援施設

7 児童自立支援施設の設備の基準は、学科指導に関しては学校教育法、それ以外の設備は [13　] の規定を準用する。

8 児童自立支援施設には、[14　] と児童生活支援員（両者の総数をおおむね児童 [15　] につき１人以上とする）、嘱託医、精神科の診療に相当の経験を有する医師、個別対応職員、家庭支援専門相談員、栄養士、調理員を配置する。

母子生活支援施設

9 母子生活支援施設には、[16　]（１世帯につき１室以上とし、面積は [17　] とする）、集会・学習等を行う室、相談室を設ける。

10 母子生活支援施設には、[18　]（母子 10 ～ 19 世帯入所させる施設では [19　] 以上、20 世帯以上入所させる施設では３人以上とする）、嘱託医、少年を指導する職員および調理員またはこれに代わるべき者を配置する。

注意

「心理療法担当職員」は、乳児院、母子生活支援施設、児童養護施設、児童自立支援施設においても、10 人以上の対象者に心理療法を行う場合には、配置が義務づけられている。

情報

「家庭支援専門相談員（ファミリーソーシャルワーカー）」は、早期退所に関わる支援のほか、里親への委託促進、養子縁組の推進、児童相談所との連絡調整、地域の子育て家庭に対する育児不安解消のための相談援助等を業務内容とする。

チャレンジ〇×問題

解答・解説は別冊 P.5

Q1 児童福祉施設設備運営基準によると、児童心理治療施設に配置する心理療法担当職員の数は、おおむね児童５人につき１人以上としなければならない。

Q2 児童福祉施設設備運営基準によると、児童自立支援施設に設ける児童の居室の１室の定員は４人以下とし、その面積は１人につき 4.95㎡以上としなければならない。

Point 13 社会的養護の現状

DATE ／ ／

暗記しよう！要点解説

児童養護施設入所児童等調査結果（平成25年2月1日現在）

□ 児童の状況

	平均年齢	入所（委託）時の平均年齢	平均在所（委託）期間
乳児院	1.2歳	0.3歳	1.2年
児童養護施設	11.2歳	6.2歳	4.9年
児童心理治療施設	12.7歳	10.6歳	2.1年
児童自立支援施設	14.1歳	13.1歳	1.0年
里親委託	9.9歳	6.3歳	3.9年

□ 養護問題発生理由（構成割合%）

	第1位	第2位
乳児院	母の精神疾患等（21.8%）	その他（17.4%）
児童養護施設	母の放任・怠だ（12.9%）	その他（12.1%）
児童心理治療施設	母の虐待・酷使（17.3%）	母の精神疾患等（14.5%）
児童自立支援施設	母の放任・怠だ（16.0%）	特になし（12.1%）
里親委託	養育拒否（16.5%）	母の放任・怠だ（9.5%）

□ 入所経路（里親委託では**委託経路**）は、「家庭から」が**乳児院**で76.1%、**児童養護施設**で68.2%、**児童心理治療施設**で76.0%、**児童自立支援施設**で61.0%、**里親委託**で47.0%と最も多くなっています（なお、児童養護施設、里親委託ともに第2位は「**乳児院から**」）。

□ **母子生活支援施設**の入所理由は、「**配偶者からの暴力**」が45.7%と最も多くなっています。

□ 就学状況については、**里親委託**および**母子生活支援施設**では「就学前」が最も多く、また**児童養護施設**では「**就学前**」18.1%、「**小学校低学年**」17.1%、「**小学校高学年**」21.1%、「**中学校**」23.7%です。「**中学校**」は**児童心理治療施設**、**児童自立支援施設**でも最多です。

施設の小規模化と家庭的養護

児童養護施設
大舎（20 人以上）
中舎（13～19 人）
小舎（12 人以下）

乳児院

小規模グループケア
本体施設において、小規模なグループで家庭的養護を行う。１グループ6～8人（乳児院は4～6人）
（平成29年10月現在1,620か所）

児童自立生活援助事業（自立援助ホーム）
義務教育を終了し、児童養護施設や児童自立支援施設などを退所した児童等が共同生活を営む住居。定員5～20人
（平成29年10月現在154か所）

地域小規模児童養護施設（グループホーム）
本体施設の支援のもと、地域の民間住宅などを活用して家庭的養護を行う。定員6人
（平成29年10月現在391か所）

小規模住居型児童養育事業（ファミリーホーム）
要保護児童の養育に関して相当の経験を有する養育者の住居で養育を行う家庭養護。定員5～6人
（平成30年3月末現在347か所）

より家庭的な養育環境

里親制度
家庭における養育を里親に委託する家庭養護。委託児童4人まで

児童養護施設の小規模化の意義と課題

「児童養護施設等の小規模化及び家庭的養護の推進について」（平成24年11月）より

◆小規模化することの意義
- 一般家庭に近い生活体験を持ちやすい
- 子どもの生活に目が届きやすく、個別の状況にあわせた対応をとりやすい
- 集団生活によるストレスが少なく、子どもの生活が落ち着きやすい
- 日課や規則など管理的になりやすい大舎制と異なり、柔軟に運営できる
- 家庭や我が家のイメージを持ち、将来家庭を持ったときのイメージができる

◆小規模化に当たっての課題
- 職員が１人で多様な役割をこなすため、職員の力量が問われる。新人の育成が難しい
- ホーム内のできごとが周囲に伝わりにくく、閉鎖的、独善的なかかわりになる危険性がある
- 人間関係が濃密となり、子どもと深くかかわれる分、やりがいもあるが、職員の心労も多い
- 家庭的養護のため、職員に調理や家事の力を求められる
- 従来の配置方法では、宿直回数が多くなりがちで、勤務時間が長くなりがち

書いて覚えよう！

出題傾向

「児童養護施設入所児童等調査」は厚生労働省が要保護児童の福祉増進のために5年ごとに実施している調査で（平成25年2月1日現在の調査結果が最新）、その内容を問う出題がほぼ毎回みられる。

情報

「虐待経験あり」
- 乳児院　…35.5%
- 児童養護施設　…59.5%
- 児童心理治療施設　…71.2%
- 児童自立支援施設　…58.5%
- 里親委託　…31.1%

「障害等あり」
- 乳児院　…35.5%
- 児童養護施設　…28.5%
- 児童心理治療施設　…72.9%
- 児童自立支援施設　…46.7%
- 里親委託　…20.6%

（平成25年2月1日現在の調査結果より）

児童養護施設入所児童等調査結果（平成25年2月1日現在）

1 乳児院、児童養護施設、児童心理治療施設、児童自立支援施設および里親委託の児童の状況を見ると、平均年齢、入所（委託）時の平均年齢ともに最も高いのは［1　　　　　　］の入所児であり、最も低いのは［2　　　　］の入所児である。また、平均在所（委託）期間が最も長いのは、［3　　　　　　］の入所児である。

2 施設の入所児童・里親委託児童の養護問題発生理由として最も多いのは、乳児院では［4　　　　　　］、児童養護施設と児童自立支援施設ではともに［5　　　　　　］、児童心理治療施設では［6　　　　　　］、里親委託では［7　　　　　］となっている。

3 入所（委託）経路は、乳児院、児童養護施設、児童心理治療施設、児童自立支援施設、里親委託のいずれも「［8　　　　　］」が最も多い。

4 母子生活支援施設の入所理由は「［9　　　　　　］」が最も多い。

5 就学状況は、里親委託、母子生活支援施設では「［10　　　　］」が最も多く、児童養護施設、児童心理治療施設、児童自立支援施設では「［11　　　　］」が最も多い。

施設の小規模化と家庭的養護

6「大舎」とは、定員数［12　　　　］以上の施設をいい、なかには定員100人を超える大規模な施設もある。定員数13～19人の施設は「中舎」、定員数［13　　　　］以下の施設は「小舎」という。

7 施設の小規模化の形態として、本体施設において小規模なグループで家庭的養護を行う［14　　　　　　　　　　］と、本体施設の支援のもと、地域の民間住宅などを活用して家庭的養護を行う地域小規模児童養護施設（別称「［15　　　　　　　　　　］」）がある。

8 要保護児童の養育に関し相当の経験を有する養育者の住居において定員5～6人で養育を行う家庭的養護を、小規模住居型児童養育事業（別称「［16　　　　　　　　　　］」）という。

9 児童自立生活援助事業に基づき、義務教育を終了した児童等であって児童養護施設や児童自立支援施設などを退所したものが共同生活を営む住居を［17　　　　　　　　　　］という。

児童養護施設の小規模化の意義と課題

10 施設を小規模化することには、「［18　　　　　　　　　　］に近い生活体験を持ちやすい」「［19　　　　　　　　　　］によるストレスが少なく、子どもの生活が落ち着きやすい」などの意義がある反面、「ホーム内のできごとが周囲に伝わりにくく、［20　　　　　　　　　　］、独善的なかかわりになる危険性がある」「家庭的養護のため、職員に調理や［21　　　　　　　　　　］の力を求められる」などといった課題がある。

✚ 情報

平成24年3月現在で、児童養護施設の50.4%が「大舎」形態をとっている。平成20年3月には75.8%だったので小規模化が進んでいるといえる。

✚ 情報

児童福祉法において、「家庭」とは実父母や親族等を養育者とする環境をいう。「家庭における養育環境と同様の養育環境」とは養子縁組による家庭、里親家庭、ファミリーホーム（小規模住居型児童養育事業）を、「良好な家庭的環境」とは施設のうち小規模で家庭に近い環境（小規模グループケアやグループホーム等）を指す。

注意

「社会的養育の推進に向けて」（平成31年4月）でも、家庭的養護の推進について述べられている（→P.52～53）。

チャレンジ○×問題

解答・解説は別冊 P.5

Q1 児童養護施設入所児童等調査結果（平成25年2月1日現在）によると、児童養護施設入所児の平均在所期間は、児童自立支援施設入所児の平均在所期間よりも長い。

Q2 大舎制の施設に勤務する職員と比較して、地域小規模児童養護施設に勤務する職員は、宿直の回数や超過勤務が少なくなる。

Point 14 里親制度

DATE ／ ／

暗記しよう！要点解説

里親の種類および資格要件

(1) 養育里親	**要保護児童**(保護者のない児童または保護者に監護させることが不適当であると認められる児童)の養育を希望し、かつ、法令が定める一定の資格要件を満たす者であって、**養育里親名簿**に登録されたもの 〈資格要件〉 ①要保護児童の養育についての理解、熱意および要保護児童に対する豊かな愛情を有していること ②経済的に困窮していないこと(親族である場合を除く) ③**養育里親研修を修了**したこと ④里親本人または同居人が**欠格事由に該当していない**こと
(2) 専門里親	次の1)～3)の児童のうち、都道府県知事がその養育に関し特に支援が必要と認めたものを養育する養育里親 1) 児童虐待等の行為により**心身に有害な影響**を受けた児童 2) 非行がある、または**非行に結び付くおそれ**のある行動をする児童 3) 身体障害、知的障害または精神障害がある児童 〈資格要件〉 ①(1)の①～④**のすべて**に該当すること ②一定の**経験**があること(養育里親として3年以上の養育等) ③**専門里親研修を修了**していること ④委託児童の**養育に専念できる**こと
(3) 養子縁組を希望する里親(養子縁組里親)	要保護児童の養育および養子縁組によって**養親**となることを希望し、かつ、法令が定める一定の資格要件を満たす者であって、養子縁組里親名簿に登録されたもの 〈資格要件〉 ①**(1)の**①②④に該当すること ②**養子縁組里親研修を修了**したこと

(4) 親族里親	要保護児童の親族のうち、法令が定める一定の資格要件を満たす者であって、**都道府県知事**が適当と認めるもの 〈資格要件〉 ①要保護児童の扶養義務者・その配偶者である親族であること ②要保護児童の両親など要保護児童を現に監護する者が**死亡**、**行方不明**、**拘禁**、**疾病による入院**等の状態になったため養育が期待できない要保護児童の養育を希望する者であること

親族里親は、研修受講義務がなく、名簿登録も任意です。

「里親委託ガイドライン」（平成30年3月30日一部改正）（抜粋）

3．里親委託する子ども

里親に養育を委託する子どもは、**新生児から高年齢児まで**すべての子どもが検討の対象とされるべきであり、社会的養護を必要としている子どもの多様さを重視し、**子どもと最も適合した里親へ委託**する

(3) 施設入所が**長期化**している子どもの措置変更

①乳児院から**措置変更する子ども**

できるだけ早い時期に家庭における養育環境と同様の養育環境で、特定の大人との愛着関係の下で養育されることが子どもの心身の成長や発達には不可欠であることから、原則として、**里親委託への措置変更**を検討する

(6) 里親へ委託することが難しい子ども ⇒ **施設入所**を行いながら、**家庭養護**への移行を検討する

例）
- 情緒行動上の問題が大きく、施設での**専門的なケア**が望ましい場合
- 保護者が**里親委託に明確に反対**している場合（児童福祉法28条措置を除く）
- 子どもが**里親委託に対して明確に反対**の意向を示している場合

5．里親への委託

すべての子どもについて里親委託を優先して検討することを、**里親委託優先の原則**という。

(1) 里親委託の共通事項

③子どもと里親の面会等

（中略）**里親と委託する児童との適合**を調整することが重要であり、丁寧に準備を進めることが大切である。里親委託のための**調整期間**は、（中略）できるだけ長期にならないよう努め、長い場合でも概ね2、3か月程度を目安とする

7．里親家庭への支援

(8) 社会的養護を必要とする障害のある子どもの支援

里親に委託されている子どもが**障害**を有している場合（中略）、障害児通所支援を受けさせ、又は児童心理治療施設に通所させることができることとされている

書いて覚えよう！

里親の種類および資格要件

1 「養育里親」とは、要保護児童の養育を希望し、下記①～④の資格要件を満たす者であって、養育里親名簿に登録されたものをいう。

①要保護児童の養育についての理解、熱意および要保護児童に対する［1　　　　　　　］を有していること

②［2　　　　　　　　］していないこと

③［3　　　　　　　　］を修了したこと

④里親本人または同居人が欠格事由に該当していないこと

2 「専門里親」とは、［4　　　　　　　］等の行為により心身に有害な影響を受けた児童、［5　　　　　］等の問題を有する児童、身体障害や知的障害、精神障害がある児童のうち、都道府県知事がその養育に関し特に支援が必要と認めたものを養育する養育里親をいう。

3 「専門里親」は、養育里親の①～④の資格要件のほかに、次の要件を満たす必要がある。

・一定の経験があること（養育里親として３年以上の養育等）

・［6　　　　　　　　］を修了していること

・委託児童の養育に［7　　　　　］できること

4 「養子縁組里親」とは、要保護児童の養育および［8　　　　　　　］によって養親となることを希望し、かつ、養育里親の資格要件①②④を満たし、養子縁組里親研修を修了して［9　　　　　　　　　］に登録された者をいう。

5 「親族里親」とは、要保護児童の［10　　　　　　　　］およびその配偶者である親族であって、要保護児童の両親その他要保護児童を現に監護する者が死亡、［11　　　　　　　］、拘禁、疾病による入院等の状態

ポイント
里親とは、要保護児童の養育を、都道府県（指定都市・児童相談所設置市を含む）が里親に委託する制度をいう。

情報
里親の欠格事由とは、児童福祉法等の法律に違反して刑に処せられたり、児童虐待を行ったりした者などであることをいう。

注意
2017（平成29）年4月から養子縁組里親について、次の3点が法定化された。
- 研修の義務付け
- 名簿登録
- 欠格要件

となったことにより、これらの者による養育が期待できない要保護児童の養育を希望する者のうち、[12　　　　　　　　] が児童を委託する者として適当と認めるものをいう。研修の受講は、義務付けられていない。

「里親委託ガイドライン」（平成30年3月30日一部改正）

6 里親に養育を委託する子どもは、新生児から [13　　　　　　] まですべての子どもが検討の対象とされるべきであり、社会的養護を必要としている子どもの多様さを重視し、子どもと最も [14　　　　] した里親へ委託する。

7 すべての子どもは里親委託を優先して検討するが、[15　　　　] が里親委託に明確に反対している場合（児童福祉法28条措置を除く）や、[16　　　　] が里親委託に対して明確に反対の意向を示している場合などは、当面、施設入所措置により子どものケアや保護者対応を行いながら、家庭養護への移行を検討する。

8 里親委託のための調整期間は、できるだけ長期にならないよう努め、おおむね [17　　　　　　] 程度を目安とする。

9 里親に委託されている子どもが障害を有している場合は、障害児通所支援を受けさせたり、[18　　　　　　　　] に通所させたりすることができる。

出題傾向

里親制度の内容について毎回のように出題されている。社会的養護だけでなく、子ども家庭福祉でも出題されることがある。

注意

児童を里親に委託したり、施設に入所させたりする措置には、原則として保護者の同意が必要であるが、保護者が虐待等を行い、措置に反対している場合には、児童福祉法28条により家庭裁判所の承認を得て強制的に措置をとることができる。

情報

2017（平成29）年4月から、里親の普及啓発、里親の選定および児童との間の調整、児童の養育に関する計画作成までの一貫した里親支援が、都道府県（児童相談所）の業務として位置付けられることとなった。

チャレンジ○×問題

解答・解説は別冊 P.6

Q1 「養子縁組を希望する里親」（養子縁組里親）については、資格要件として「里親本人または同居人が欠格事由に該当していないこと」は含まれていない。

Q2 入所施設が長期化している乳児院入所児童の措置変更を行う場合は、原則として、里親委託への措置変更を検討する。

Point 15 児童家庭福祉の歴史

DATE ／ ／

暗記しよう！要点解説

イギリスの児童家庭福祉の歴史

1601年	エリザベス救貧法が制定される
1802年	最初の工場法（「徒弟の健康と徳性を守るための法律」）が制定される
1870年	バーナードホーム（**孤児収容施設**）が開設される
1946年	要養護児童に関して、カーティス委員会が報告をまとめる

□ イギリスでは、**1601年**に制定された**エリザベス救貧法**によって要保護児童の救護制度が始まりましたが、実際には不良児童を隔離収容し、社会防衛を図ろうとするものにすぎませんでした。1834年の改正でも、公費で救済を受ける者の生活水準を、働いて賃金を得ている者の最低水準より低く抑えること（**劣等処遇**）を原則としていました。

□ 最初の**工場法**（1802年）は、**児童労働に反対する運動**を契機として制定され、児童徒弟の労働時間を1日12時間までとしました。その後、1819年の改正で木綿工業での9歳以下の雇用を禁止、1833年にはすべての織物工場で9歳未満の雇用を禁止し、13歳未満の最長労働時間を1日9時間までとするなど、改正を重ねました。**オーエン**（→ P.10）は、児童への労働強制を制限するよう、**工場法の改正**に力を尽くしました。

□ **バーナード**がイギリスのロンドンに開設した**バーナードホーム**は、小さな家屋に少人数の児童と職員が入居し生活をともにする**小舎制**や、**里親制度**などを採り入れた**孤児収容施設**であり、日本の**石井十《じゅう》次《じ》**（→ P.69）にも大きな影響を与えました。

□ **カーティス委員会**（カーティスを委員長とする「児童の保護に関する委員会」）は、多くの施設や里親家庭を訪問調査し、1946年に報告書をまとめました。これに基づき、児童養護における保護は第一義的に**養子縁組**か**里親制度**で行うべきであるとする考え方が導入され、特に乳児については、集団養護をできるだけ避けるという方向が明確となりました。

日本の児童家庭福祉の歴史

- □ **1874（明治７）年**、明治維新後最初の一般的救済立法として**恤救《じっきゅう》規則**が制定されました。ただし、貧困者の**恤救**（救い恵むこと）は人民相互の**情誼《じょうぎ》**（人情や義理）によるものとし、**無告《むこく》の窮民《きゅうみん》**（頼る者のいない困窮者）のみを例外的に公費で救済するという内容にすぎず、**国に救済の義務はない**とされました。
- □ **1929（昭和４）年**には恤救規則を廃止し、公的救済を国家の義務とする**救護法**が制定されました（昭和７年から実施）。ただし、扶養可能な扶養義務者がいる者は救護対象とせず、労働能力のない困窮者のみを救護するとしたほか、被救護者には選挙権を認めないなど、制限的な内容でした。
- □ **日本の児童家庭福祉の先駆者たち**

石井十次（1865〜1914）	22歳のとき日本初の孤児院（現在の**児童養護施設**）である「岡山孤児院」を開設し、濃尾《のうび》地震、日露戦争、東北大飢饉の孤児を収容。**バーナードホーム**にならい、**小舎制**を採用した。その後、宮崎県茶臼原《ちゃうすばる》に施設を移転。3,000名以上の孤児の救済と教育に生涯を捧げ、48歳でこの世を去った
石井亮一《りょういち》（1867〜1937）	濃尾地震の被災孤児（女子）が人身売買の被害を受けていることを知り、21名を保護。明治24年「聖三一《せいさんいち》孤女学院」を設立した。孤女のなかに知的障害の子どもがいたことから、障害児教育を学ぶためアメリカに渡る。明治30年、孤女学園を知的障害児の専門施設「滝乃川学園」（日本初の**知的障害児施設**）とした
留岡幸助《とめおかこうすけ》（1864〜1934）	18歳で洗礼を受け、北海道空知集治監の教誨師《きょうかいし》となる。その後アメリカに留学し、**感化教育**（人に影響を与えて考え方を変えさせる教育）を学ぶ。明治32年、東京の巣鴨に非行少年のための**感化院**（現在の**児童自立支援施設**）として「家庭学校」を創設。夫婦が数名の児童とともに生活する**夫婦小舎制**を採用した
高木憲次《たかぎけんじ》（1889〜1963）	東京帝国大学の整形外科教授。「不具」に代えて「**肢体不自由**」という名称を提案。近代的なリハビリテーション理論の導入を訴え、肢体不自由児の巡回診療相談にあたる。昭和17年、**肢体不自由児施設**の基礎となる「整肢療護園」を開設
糸賀一雄《いとがかずお》（1914〜1968）	戦争孤児や知的障害児たちと寝食をともにする教育施設を目指して、昭和21年に「近江学園」、昭和38年に重症心身障害児施設「びわこ学園」を設立。重い障害があっても、生まれながらの**人格発達の権利**を徹底的に保障する発達保障の考えを提唱。「この子らに世の光を」という哀れみではなく、「**この子らを世の光に**」と訴え続けた

書いて覚えよう！

✧ ポイント
エリザベス救貧法は、エリザベス１世の治世下で制定された救貧法の総称。その集大成といえる 1601 年救貧法は、救貧行政を国家の役割とした。

注意
オーエンについては、「保育原理」の Point １でも学習している（→ P.10）。

出題傾向
児童家庭福祉の歴史については海外と日本の歴史が合わせて出題されることもある。海外についてはイギリスを中心に学習しておくとよい。

イギリスの児童家庭福祉の歴史

1. イギリスでは、1601 年に制定された［ 1 　　　　　　］によって要保護児童の救護制度が始まったが、実際には社会防衛を図ろうとするものにすぎなかった。1834 年の法改正でも、公費で救済を受ける者の生活水準を、働いて賃金を得ている者の最低水準より低く抑える［ 2 　　　　　　］が原則とされた。

2. 当時のイギリスの悲惨な児童労働の状況に対し、［ 3 　　　　　　］は、児童への労働強制を制限するよう［ 4 　　　　　　］の改正に力を尽くした。

3. 1870 年、ロンドンに開設した［ 5 　　　　　　］は、小さな家屋で少人数の児童と職員が生活をともにする［ 6 　　　　　　］や里親制度などを採り入れた孤児収容施設であった。

4. 1946 年の［ 7 　　　　　　］の報告に基づき、児童養護における保護は、第一義的に養子縁組または［ 8 　　　　　　］で行うべきであるとする考え方が導入された。

日本の児童家庭福祉の歴史

5. 日本では、明治維新後初の一般的救済立法として、1874（明治７）年に［ 9 　　　　　　］が制定されたが、国家に救済義務を課すものではなかった。

6. 1929（昭和４）年、公的救済を国家の義務とする［ 10 　　　　　　］が制定されたが、［ 11 　　　　　　］のいる困窮者は対象とせず、被救護者に選挙権を認めないなど、制限的な内容であった。

7 [12　　　　　　　] は、日本初の孤児院（現在の児童養護施設）である「[13　　　　　　　]」を開設。濃尾地震、日露戦争、東北大飢饉の孤児たちを収容した。

8 [14　　　　　　　] は、濃尾地震の被災孤児（女子）21 名を保護して「聖三一孤女学院」を設立。その後、孤女学園を知的障害児専門施設である「[15　　　　　　　]」（日本初の知的障害児施設）とした。

9 [16　　　　　　　] は、北海道空知集治監の教誨師となり、アメリカに留学して感化教育を学んだ後、東京巣鴨に非行少年のための施設「[17　　　　　　　]」（現在の児童自立支援施設）を創設した。

10 [18　　　　　　　] は、近代的リハビリテーション理論の導入を訴えて肢体不自由児の巡回診療相談にあたり、肢体不自由児施設の基礎となる「[19　　　　　　　]」を開設した。

11 [20　　　　　　　] は、戦争孤児や知的障害児たちと寝食をともにする教育施設を目指し、「[21　　　　　　　]」を設立。その後、重症心身障害児施設「びわこ学園」を設立した。たとえ重い障害があっても、生まれながらの人格発達の権利を徹底的に保障する [22　　　　　　　] の考えを提唱し、「この子らを世の光に」と訴え続けた。

✧ ポイント

1874（明治 7）年「恤救規則」制定
1887（明治 20）年「岡山孤児院」開設
1891（明治 24）年「聖三一孤女学院」（のちの滝乃川学園）開設
1899（明治 32）年「家庭学校」開設
1929（昭和 4）年「救護法」制定
1942（昭和 17）年「整肢療護園」開設
1946（昭和 21）年「近江学園」開設
1947（昭和 22）年「児童福祉法」制定

チャレンジ○×問題

解答・解説は別冊 P.6

Q1 オーエンは、児童への労働強制を制限するよう、救貧法の改正に力を尽くした。

Q2 バーナードは、ロンドンに孤児収容施設を開設し、日本の石井十次にも影響を与えた。

Q3 石井亮一は、「家庭学校」を設立し、現在の児童自立支援施設の原型をつくった。

Q4 糸賀一雄は、明治時代に知的障害児や重症心身障害児のための施設を設立した。

Point 16 児童家庭福祉の展開

DATE

暗記しよう！要点解説

児童の権利保障の歴史

1924年　ジュネーブ宣言
第1次世界大戦で被害を受けた児童の救済を目的として、**国際連盟**で採択された

↓

1948年　世界人権宣言
第2次世界大戦後、**国際連合**で採択。すべての人間は生れながらにして自由であり、尊厳と権利について平等であると規定した

↓

1959年　児童の権利に関する宣言
子どもの権利を「**人権**」として規定したが、宣言にすぎず、法的拘束力はなかった

↓

1966年　国際人権規約
A規約（社会権）および**B規約**（自由権）からなる人権に関する基本的かつ包括的な**条約**。児童の権利に特化した条文も置かれている

↓

1989年　児童の権利に関する条約
国際連合が**コルチャック**生誕100周年の**1979年**を国際児童年としたことを受け、ポーランドが制定を提案した

→

1994（平成6）年
日本は158番目の批准《ひじゅん》国となった（アメリカは批准していない）

1947（昭和22）年
- **日本国憲法**の施行
- **児童福祉法**の公布（翌年施行）

↓

1951（昭和26）年
児童憲章の制定
わが国における児童福祉の理念を明文化した憲章

■「児童憲章」前文
われらは、日本国憲法の精神にしたがい、児童に対する正しい観念を確立し、すべての児童の幸福をはかるために、この憲章を定める。
- 児童は、**人として**尊ばれる
- 児童は、**社会の一員**として重んぜられる
- 児童は、**よい環境**のなかで育てられる

↓

1994（平成6）年（左記参照）

□ ジュネーブ宣言において、「人類が**児童**に対して**最善のもの**を与えるべき**義務**を負う」ということが初めて宣言されました（前文）。

□ 世界人権宣言では、「**母と子**は**特別の保護**及び**援助**を受ける**権利**を有する」と明記されました（第25条）。

□ 児童の権利に関する宣言では、**ジュネーブ宣言**、**世界人権宣言**の精神のもと、児童のために法律を制定する場合には、**児童の最善の利益**に考慮を払わなければならないとされました（第２条）。

□ コルチャックは、ユダヤ人などの孤児の施設を設立したポーランド人医師であり、ナチス弾圧下の1942年、助命の特赦《とくしゃ》を拒否して孤児200名とともに収容所で最期を遂げました。**子どもの権利**を生涯主張し続けた彼の願いは、**児童の権利に関する条約**に結実しました。

「児童の権利に関する条約」の内容（抜粋）

児童に対する措置（第３条）	児童に関するすべての**措置**をとるに当たっては、**公的**若《も》しくは**私的**な社会福祉施設、裁判所、行政当局又は立法機関のいずれによって行われるものであっても、**児童の最善の利益**が主として考慮されるものとする
生命への権利（第６条）	締約国は、すべての児童が生命に対する固有の権利を有することを認める。締約国は、児童の**生存**及び**発達**を可能な最大限の範囲において確保する
親の第一義的責任（第18条）	締約国は、児童の養育及び発達について父母が**共同の責任**を有するという原則についての認識を確保するために最善の努力を払う。父母又は（中略）**法定保護者**は、**児童の養育及び発達**についての第一義的な責任を有する

児童福祉法が定める「児童福祉を保障するための原理」

第１条	全て児童は、児童の権利に関する条約**の精神**にのっとり、**適切に養育される**こと、その**生活を保障される**こと、愛され、保護されること、その心身の健やかな成長及び発達並びにその**自立**が図られることその他の福祉を等しく保障される権利を有する
第２条	①全て国民は、児童が良好な環境において生まれ、かつ、社会のあらゆる分野において、児童の年齢及び発達の程度に応じて、その意見が**尊重され**、その**最善の利益**が**優先して考慮され**、心身ともに健やかに育成されるよう努めなければならない ②児童の**保護者**は、児童を心身ともに健やかに育成することについて第一義的責任を負う

児童福祉法の第１条、第２条は、2016（平成28）年改正により一新されました。

書いて覚えよう！

児童の権利保障の歴史

1 ［1　　　　　　　　　］は、第1次世界大戦で被害を受けた児童の救済を目的として、［2　　　　　　］年に国際連盟で採択された。

2 第2次世界大戦後の［3　　　　　　］年、人間は生れながらにして自由であり､尊厳と権利について平等であると定めた［4　　　　　　　　　］が国際連合で採択された。

✚ 情報
ジュネーブ宣言は正式には「児童の権利に関するジュネーブ宣言」といい、セーブ・ザ・チルドレンの創設者エグランタイン・ジェブによる世界児童憲章草案の提示を受けて採択された。

3 ［5　　　　　　］年には［6　　　　　　　　　　　　　　］が国際連合で採択され、子どもの権利を「人権」として規定したが、宣言にすぎず、法的拘束力はなかった。

出題傾向
宣言や条約については採択された年や採択の前後関係がよく出題されている。

4 ［7　　　　　　　　　　］は、A規約（社会権）とB規約（自由権）からなる人権に関する基本的かつ包括的な条約であり、国際連合において［8　　　　　　］年に採択された。

✚ 情報
世界人権宣言を基礎として、これを条約化したものが国際人権規約である。日本は1979年に批准した。

5 国際連合が［9　　　　　　　　　　］の生誕100周年にあたる1979年を［10　　　　　　　　　］としたことを受けて、彼の母国ポーランドが［11　　　　　　　　　　　　　］の制定を提案。［12　　　　　　］年に国際連合で採択された。日本は［13　　　　　　］年に批准した。

6 ［14　　　　　　　　　］は、わが国における児童福祉の理念を明文化した憲章であり、［15　　　　　　］年に制定された。その前文に「われらは、［16　　　　　　　　　］の精神にしたがい、児童に対する正しい観念を確立し、すべての児童の幸福をはかるために、この憲章を定める」として、「児童は［17　　　　　］として尊ばれる。児童は、社会の一員として重んぜられる。児童は、［18　　　　　　　　　　］のなかで育てられる」と記されている。

注意
児童憲章は日本国内で制定されたものであって、国連で採択された条約ではない。また、法律でもない。

「児童の権利に関する条約」の内容

7 第３条で、「児童に関するすべての［19　　　　　　］をとるに当たっては、公的若しくは私的な社会福祉施設、（中略）立法機関のいずれによって行われるものであっても、児童の［20　　　　　　］が主として考慮されるものとする」と述べている。

8 第18条では、「［21　　　　　　］又は場合により法定保護者は、児童の養育及び発達についての［22　　　　　　］を有する」と述べている。

児童福祉法が定める「児童福祉を保障するための原理」

9 「全て児童は、［23　　　　　　］の精神にのっとり、適切に養育されること、その生活を保障されること、［24　　　　　　］、保護されること、（中略）その他の福祉を等しく保障される権利を有する」（第１条）

10 「全て国民は、児童が［25　　　　　　］において生まれ、かつ、社会のあらゆる分野において、児童の年齢及び発達の程度に応じて、その意見が尊重され、その［26　　　　　　］が優先して考慮され、心身ともに健やかに育成されるよう努めなければならない」（第２条）

出題傾向

「児童の権利に関する条約」については、子ども家庭福祉だけでなく保育原理などでも出題がみられる。

情報

「児童の権利に関する条約」には、意見表明権（12条）、表現の自由（13条）、思想・良心・宗教の自由（14条）なども、児童に認められる権利として明記されている。

注意

児童福祉法では、国と地方公共団体に対し、児童が家庭で健やかに養育されるよう保護者を支援すること、家庭における養育が適当でない場合には、児童が家庭における養育環境と同様の養育環境において継続的に養育されるよう必要な措置を講じることを義務付けている。

チャレンジ○×問題

解答・解説は別冊 P.6

Q1 「人類が児童に対して最善のものを与えるべき義務を負う」と初めて宣言したのは、1924年のジュネーブ宣言であり、その後、「児童の権利に関する宣言」において、「児童のために法律を制定する場合には、児童の最善の利益に考慮を払わなければならない」とされた。

Q2 国際連合は、1959年に「児童の権利に関する宣言」を採択し、その20年後を国際児童年とし、さらにその10年後の1989年に「児童の権利に関する条約」を採択した。

Q3 国際連合は、「児童の権利に関する宣言」を採択する８年前に「児童憲章」を採択した。

Q4 「児童福祉法」は、児童を心身ともに健やかに育成することについて、国や地方公共団体が第一義的責任を負うと定めている。

Point 17 児童福祉施設

DATE ／　／

暗記しよう！要点解説

児童福祉法が定める児童福祉施設（12施設）

乳児院 ◎	障害児入所施設 ◎	保育所
児童養護施設 ◎	児童発達支援センター	幼保連携型認定こども園
児童心理治療施設 ◎	助産施設	児童厚生施設
児童自立支援施設 ◎	母子生活支援施設	児童家庭支援センター

□ 上の◎印のついた施設は、児童について相談・通告等を受けた**児童相談所**がその施設への入所または通所を必要と判断した場合に、**行政措置**によって利用する施設です。いずれも**措置権者**は**都道府県知事**（政令指定都市・児童相談所設置市の市長を含む）です。

□ **主な施設の児童福祉法上の定義など**

乳児院	乳児（保健上、安定した生活環境の確保等の理由により特に必要のある場合は**幼児**を含む）を**入院**させて、これを養育し、あわせて退院した者について相談その他の援助を行うことを目的とする施設 ● **養育の内容**は、授乳、食事、排泄、入浴、睡眠、遊び、運動等のほか、健康状態の把握、**健康診断**、必要に応じ行う**感染症等の予防処置**を含む。また、親子関係の再構築等が図られるよう、**家庭環境の調整**を行う
児童養護施設	保護者のない児童（乳児を除く。ただし、安定した生活環境の確保その他の理由により特に必要のある場合には、乳児を含む）、虐待されている児童その他**環境上養護を要する児童**を**入所**させて、これを養護し、あわせて退所した者に対する相談その他の**自立のための援助**を行うことを目的とする施設
児童自立支援施設	不良行為をなし、又はなすおそれのある児童及び**家庭環境**その他の環境上の理由により**生活指導**等を要する児童を**入所**させ、又は**保護者の下から通わせて**、

	個々の児童の状況に応じて必要な指導を行い、その自立を支援し、あわせて退所した者について相談その他の援助を行うことを目的とする施設
障害児入所施設	障害児を入所させて、次の区分に応じて支援を行うことを目的とする施設 ①福祉型障害児入所施設 保護、日常生活の指導及び独立自活に必要な知識技能の付与 ②医療型障害児入所施設 保護、日常生活の指導、独立自活に必要な知識技能の付与及び治療
児童発達支援センター	障害児を日々保護者の下から通わせて、次の区分に応じて支援を提供することを目的とする施設 ①福祉型児童発達支援センター 日常生活における基本的動作の指導、独立自活に必要な知識技能の付与又は集団生活への適応のための訓練 ②医療型児童発達支援センター 日常生活における基本的動作の指導、独立自活に必要な知識技能の付与又は集団生活への適応のための訓練及び治療
児童家庭支援センター	地域の児童福祉に関する問題につき、児童に関する家庭その他からの相談のうち、専門的な知識及び技術を要するものに応じ、必要な助言を行うとともに、市町村の求めに応じ、技術的助言その他の援助を行うほか、保護を要する児童やその保護者に対する指導を行い、あわせて児童相談所、児童福祉施設等との連絡調整等を総合的に行うことを目的とする施設

⧓ 児童福祉施設の職員

家庭支援専門相談員	児童養護施設、乳児院、児童心理治療施設、児童自立支援施設に配置され、対象児童の早期家庭復帰のための保護者等に対する相談援助その他の業務を行う。ファミリーソーシャルワーカーとも呼ばれる（→P.59）
児童指導員	児童養護施設、児童心理治療施設、障害児入所施設、児童発達支援センター、乳児院*に配置され、児童の生活指導を行う（＊乳児院では、配置する看護師の一部を保育士または児童指導員に代えることが認められている）
児童自立支援専門員	児童自立支援施設に配置され、児童生活支援員（児童自立支援施設に配置され児童の生活支援を行う者）と協力して個別の児童自立支援計画に基づいて児童の生活指導、職業指導、学科指導、家庭環境調整を担う

書いて覚えよう！

児童福祉法が定める児童福祉施設（12 施設）

1. 乳児院、[1]、児童心理治療施設、児童自立支援施設および障害児入所施設は、児童について相談・通告等を受けた [2] がその施設への入所等を必要と判断した場合に行政措置によって利用する施設であり、措置権者は都道府県知事（政令指定都市・児童相談所設置市の市長を含む）である。

2. 乳児院の養育の内容には、授乳、食事、排泄、入浴、睡眠、運動等のほかに、健康診断や必要に応じて行う [3] 等の予防処置なども含む。また、[4] の再構築等が図られるよう、家庭環境の調整も行う。

3. 児童養護施設は、[5] のない児童（乳児は特に必要のある場合のみ対象とする）、[6] されている児童その他環境上養護を要する児童を入所させ、これを養護し、あわせて退所した者に対する相談その他の自立のための援助を行う。

4. 児童自立支援施設は、[7] をなし、またはなすおそれのある児童および家庭環境その他の環境上の理由により生活指導等を要する児童を入所させ、または保護者の下から [8]、個々の児童の状況に応じて必要な指導を行い、その [9] を支援し、あわせて退所した者について相談その他の援助を行う。

5. 障害児入所施設は、「福祉型」と「[10]」に区分される。このうち福祉型障害児入所施設は、障害児を入所させて、保護、日常生活の指導および独立自活に必要な [11] の付与を目的とする。

注意

障害児入所施設については、保護者が不在であったり児童を虐待したりするなど利用契約の締結が困難な事情にある場合に都道府県の措置によって入所することとされている。

ポイント

「児童」
満 18 歳に満たない者
「乳児」
満 1 歳に満たない者
「幼児」
満 1 歳～小学校就学の始期に達するまでの者
「少年」
小学校就学の始期～満 18 歳に達するまでの者

出題傾向

児童福祉法に規定されている各児童福祉施設の定義の内容が、そのまま出題されることが多い。

6 児童発達支援センターは、「[12　]」と「医療型」に区分される。このうち医療型児童発達支援センターは、障害児を日々保護者の下から [13　]、日常生活における基本的動作の指導、独立自活に必要な知識技能の付与または集団生活への適応のための訓練および [14　] を行うことを目的とする。

7 [15　] は、地域の児童福祉に関する問題につき、家庭その他からの相談のうち専門的な知識・技術を要するものに応じて助言を行ったり、[16　] の求めに応じて技術的助言その他の援助を行ったりする児童福祉施設である。

情報

障害児の施設は従来、知的障害児施設、肢体不自由児施設、重症心身障害児施設など障害の種別ごとに分かれていたが、平成 22 年児童福祉法改正（平成 24 年 4 月 1 日施行）により、入所支援は障害児入所施設、通所支援は児童発達支援センターへと一元化された。

児童福祉施設の職員

8 [17　] は、ファミリーソーシャルワーカーともいい、児童の早期家庭復帰のための保護者等に対する相談援助などの業務を行う。

注意

児童福祉施設については、「社会的養護」の Point12 でも学習した（→ P.56）。

9 児童養護施設、児童心理治療施設、障害児入所施設、児童発達支援センターには、[18　] と保育士を必ず配置する。

注意

9に列挙した施設には保育士も必ず配置することとされている。

10 児童自立支援専門員は、[19　] に配置する。

チャレンジ○×問題

解答・解説は別冊 P.6 ～ 7

Q1 医療型児童発達支援センターでは、障害児を入所させて、保護、日常生活の指導、独立自活に必要な知識技能の付与および治療を行う。

Q2 児童家庭支援センターでは、障害児を保護者の下から通わせて、日常生活における基本的動作の指導、独立自活に必要な知識技能の付与または集団生活への適応のための訓練を行う。

Q3 家庭支援専門相談員は、児童養護施設、乳児院、児童心理治療施設および児童自立支援施設に配置される。

Q4 児童生活支援員は、児童の生活支援を行うため、児童養護施設に配置される職員である。

Point 18 児童家庭福祉の実施体制

DATE

暗記しよう！要点解説

都道府県と市町村の主な事務分担

	都道府県・政令指定都市	市町村
福祉事務所	設置義務	**市**は設置義務、**町村**は任意
児童相談所	設置義務	政令で定める市（特別区含む）のみ設置
児童福祉施設	● 認可・指導監督 ● **措置により入所する施設**（→P.76）**への入所措置** ● **里親または小規模住居型児童養育事業への委託　里親の支援** ● 障害児入所支援	● 母子健康手帳の交付 ● 幼児に対する健康診査の実施 ● **各種の子育て支援事業の実施** ● **保育の実施** ● 障害児通所支援

□ 児童福祉に関して、**市町村**は、保育所をはじめとする児童福祉施設（市町村立）の設置、**保育の実施**、幼児の健康診査、各種の**子育て支援事業**などを行います。また、**児童相談**における第一義的な窓口として位置づけられ、児童相談所や福祉事務所と並んで**要保護児童**を発見した場合の**通告先**として児童福祉法に規定されています。

福祉事務所

□ **福祉事務所**は、社会福祉法に基づき、**都道府県**および**市**（特別区含む）に設置が義務づけられています（町村は任意設置。設置しない町村の事務は、都道府県福祉事務所が行う）。住民に身近な窓口機関として、児童や妊産婦などの各種相談に応じます。

□ **福祉事務所**には、家庭児童福祉に関する専門的な相談指導を行うために**家庭児童相談室**を設置することができます（**任意設置**）。家庭児童相談室の職員として、家庭児童福祉業務に従事する**社会福祉主事**と、相談指導業務に従事する**家庭相談員**が配置されます。

児童相談所

□ 児童相談所は、**都道府県**、**政令指定都市**および**児童相談所設置市**（中核市程度の人口規模で政令が定める市・特別区）に設置される行政機関であり、主に次の業務を行います。

- 児童に関する家庭等からの**相談**のうち、**専門的**な知識・技術を要するものに応じる
- 必要な調査および医学的・心理学的・教育学的・社会学的・精神保健上の判定を行い、これに基づいて児童および保護者に必要な指導を行う
- 児童の一時保護（虐待等により家庭から一時的に引き離す必要がある場合などに行う）
- **施設入所等の措置**を行う（都道府県知事・政令指定都市市長等からの権限の委任）
- 里親の開拓から児童の自立支援までの一貫した里親支援

□ 2017（平成 29）年度中に**児童相談所が対応した相談件数**は 466,880 件。種類別にみると**養護相談**（児童虐待の相談を含む）が 41.9％と最も多く、次いで**障害相談**の 39.6％です。

□ **児童福祉司**（児童の福祉に関する事項について**相談**に応じ、専門的技術に基づいて**指導**を行う）のほか、**児童心理司**、**医師**（または**保健師**）などが所員として配置されます。

児童委員

□ 児童委員は、**民生委員**が兼任する**民間ボランティア**です。**児童**と**妊産婦**につき、その生活や取り巻く環境の状況を適切に把握し、福祉サービスを利用するために必要な援助・指導を行うほか、児童福祉司や福祉事務所の社会福祉主事が行う職務への協力等を職務とします。職務に関しては**都道府県知事**の指揮監督を受けますが、**市町村長**も児童委員に対して状況の通報や資料提供を求め、必要な指示をすることができるとされています。

要保護児童対策地域協議会

□ **地方公共団体**は、関係機関等によって構成される**要保護児童対策地域協議会**を設置するように努めなければなりません（平成 29 年 4 月 1 日現在、全国 1,741 市区町村の **99.7%**が設置済み）。協議会では、**要保護児童・要支援児童**とその**保護者**、**特定妊婦**（出産後の養育について出産前に支援を行うことが特に必要と認められる妊婦）について、適切な保護・支援を図るため、必要な情報交換を行うほか、支援内容に関する協議を行います。また、協議会を効果的に機能させるため、関係機関等のうちから**要保護児童対策調整機関**を 1 つ指定します（最も多く指定されているのは市町村の**児童福祉主管課**で、約 6 割を占める）。

書いて覚えよう！

✚ 情報
一部の児童福祉行政については、中核市においても都道府県・政令指定都市と同様の事務を行っている。

都道府県と市町村の主な事務分担

1 児童福祉に関して、[1 　　　　　　　] は、児童福祉施設の認可および指導監督のほか、措置により入所する施設への入所措置、里親等への委託などを行っている。また、[2 　　　　　　　] においてもほぼ同様の権限をもって児童福祉に関する事務を行っている。

注意
「子育て支援事業」について→ P.89

2 児童福祉に関して、[3 　　　　　] は、保育の実施、幼児に対する健康診査、各種の [4 　　　　　　　] などを行うほか、要保護児童を発見した場合の通告先として児童福祉法に規定されている。

福祉事務所

3 福祉事務所は、[5 　　　　　　] および [6 　　　] （特別区含む）に設置が義務づけられており（町村は任意設置）、住民に身近な窓口機関として、児童や妊産婦などの各種相談に応じる。

4 福祉事務所には家庭児童福祉に関する専門的な相談指導を行うために [7 　　　　　　　] を設置することができる（任意設置）。職員として、家庭児童福祉業務に従事する [8 　　　　　　　] と相談指導業務に従事する [9 　　　　　　] が配置される。

✚ 情報
児童相談所は平成31年4月1日現在、全国に215か所ある。児童福祉法改正で東京都の特別区も政令で「児童相談所設置市」とすることができるようになったが、現在のところ「児童相談所設置市」に定められているのは、横須賀市、金沢市、明石市のみ（いずれも中核市）。

児童相談所

5 児童相談所は、児童の福祉と権利擁護を目的とする行政機関として [10 　　　　　] と政令指定都市に設置が義務づけられているほか、政令が定める市（[11 　　　　　　　　]）にも設置されている。

6 児童相談所では、調査および [12 　　　　] に基づいて児童や保護者に必要な指導を行うほか、虐待等により児童を家庭から引き離す必要がある場合などには [13 　　　　　　] も行う。

7 2017（平成29）年度中に児童相談所が対応した相談件数を種類別にみると、[14　　　　　] が最も多く、次いで [15　　　　　] が多くなっている。

8 児童相談所には、相談や指導を行う [16　　　　　] のほかに、心理に関する専門的な知識等を必要とする指導をつかさどる所員として [17　　　　　]、児童の健康や心理の発達に関する専門的知識等を必要とする指導をつかさどる所員として医師または保健師が配置される。

児童委員

9 児童委員は [18　　　　　] が兼任する民間ボランティアであり、児童および [19　　　　　] について、必要な援助や指導等を行う。職務に関しては [20　　　　　] の指揮監督を受けるが、市町村長も児童委員に対して必要な指示をすることができる。

要保護児童対策地域協議会

10 [21　　　　　] は、要保護児童・[22　　　　　] とその保護者、特定妊婦について適切な保護・支援を図るため、関係機関等により構成される要保護児童対策地域協議会を置くように努めなければならない。また、協議会を効果的に機能させるため、関係機関等のうちから [23　　　　　] を1つ指定することとされている。

注意

養護相談のうち、児童虐待相談の対応件数は133,778件（前年度比9％増）。種類別では「心理的虐待」が最も多く、主な虐待者別では「実母」が最も多い。また被虐待者を年齢別にみると「小学生」が最も多い。

情報

主任児童委員が児童委員の中から指名され、自ら児童委員の職務を行うほか、関係機関と児童委員との連絡調整や、ほかの児童委員の活動の援助を行う。

ヒント

要保護児童以外で、保護者の養育を支援することが特に必要と認められる児童を「要支援児童」という。

チャレンジ〇×問題

解答・解説は別冊 P.7

Q1 児童相談所が設置されているのは、都道府県と政令指定都市に限られる。

Q2 家庭相談員は、都道府県または市町村が設置する福祉事務所の家庭児童相談室に配置される職員である。

Q3 要保護児童対策地域協議会における支援の対象者には、保護者の養育を支援することが特に必要と認められる児童である要支援児童およびその保護者が含まれる。

Point 19 障害児への支援と児童虐待の防止

DATE　／　／

暗記しよう！要点解説

児童福祉法に基づく障害児支援制度

□ **児童福祉法**では、**身体障害児**、**知的障害児**、**精神障害児**（**発達障害児**を含む）または治療方法が確立していない特殊な疾病《しっぺい》（いわゆる**難病**等）により一定程度の障害をもった児童を、「**障害児**」として定義しています。

□ 児童福祉法では、次の①～④を**障害児通所支援**としています。

①児童発達支援	障害児を児童発達支援センター等に通わせて、日常生活における基本的動作の指導、知識技能の付与、集団生活への適応訓練等の便宜を供与する
②医療型児童発達支援	肢体不自由児を**医療型児童発達支援センター**等に通わせて、児童発達支援および**治療**を行う
③放課後等デイサービス	**学校（幼稚園と大学を除く）**に就学している障害児を、**授業終了後**や**休業日**に**児童発達支援センター**等に通わせて、生活能力の向上のために必要な訓練や社会との交流促進等の便宜を供与する
④保育所等訪問支援	保育所等の施設に通う障害児について、その施設に**訪問して**、障害児以外の児童との集団生活への適応のための専門的支援等の便宜を供与する

障害児の保護者は、**市町村**に申請して**障害児通所給付費**の支給決定を受けた後、指定された事業者から障害児通所支援を受けたときは、障害児通所給付費を**市町村**から支給されます（**食事の提供**に要する費用など日常生活に要する費用のうち一定のものを除く）。

□ 児童福祉法では、**福祉型障害児入所施設**または**医療型障害児入所施設**に障害児を入所させて行う支援（→ P.77）を**障害児入所支援**としています。障害児の保護者は**都道府県**に申請して**障害児入所給付費**の支給決定を受けた後、指定された施設等から障害児入所支援を受けたときは、障害児入所給付費を**都道府県**から支給されます（**食事の提供**、**居住**、**滞在**に要する費用など日常生活に要する費用のうち一定のものおよび**治療**に要する費用を除く）。

発達障害者支援法（2004〔平成16〕年制定）

□ **発達障害者支援法**では、発達障害を「**自閉症、アスペルガー症候群**その他の**広汎性発達障害**、学習障害、注意欠陥多動性障害その他これに類する**脳機能の障害**であってその症状が通常**低年齢において発現する**ものとして政令で定めるもの」と定義しています。

□ 市町村は、母子保健法に規定する**健康診査**を行う際は、発達障害の**早期発見**に十分留意しなければならず、また、保育の実施に当たっては、発達障害児の健全な発達が他の児童と共に生活することを通じて図られるよう適切な配慮をすることとされています。

児童虐待の防止等に関する法律（2000〔平成12〕年制定）

目　的 （第１条）	児童虐待の防止等に関する施策を促進し、もって**児童の権利利益の擁護**に資することを目的とする
「児童虐待」の定義 （第２条）	①身体的虐待 児童の**身体に外傷が生じ、または生じるおそれのある暴行**を加えること ②性的虐待 児童に**わいせつな行為**をし、または児童にわいせつな行為をさせること ③心理的虐待 児童に対する**著しい暴言**、**拒絶的対応**、児童が同居する家庭における**配偶者に対する暴力**（心身に有害な影響を及ぼす言動を含む）など、児童に著しい**心理的外傷を与える言動**を行うこと（「配偶者」には事実上婚姻関係と同様の事情にある者を含む） ④ネグレクト（保護の怠慢・拒否） 児童の心身の正常な発達を妨げるような**著しい減食**や**長時間の放置**、または**保護者以外の同居人**による上記①～③の行為を放置するなど、保護者としての監護を著しく怠ること
早期発見 （第５条）	学校、児童福祉施設、病院など**児童福祉に業務上関係のある団体**、学校の教職員、児童福祉施設の職員、**医師**、保健師、**弁護士**など児童福祉に職務上関係のある者は、児童虐待の早期発見に努めなければならない
通　告 （第６条）	**児童虐待**を受けたと思われる**児童**（受けたという確証は不要）を**発見**した者は、守秘義務にかかわらず、速やかに**市町村**、都道府県が設置する**福祉事務所**または**児童相談所**に通告しなければならない（児童委員を介して通告してもよい）

書いて覚えよう！

児童福祉法に基づく障害児支援制度

1 児童福祉法では、「障害児」を、身体障害児、[1　　　　　　]、精神障害児（[2　　　　　　]を含む）または治療方法が確立していない特殊な疾病により一定程度の障害をもった児童としている。

情報
特殊な疾病＝「難病等」は、障害者総合支援法（正式名称「障害者の日常生活及び社会生活を総合的に支援するための法律」）に基づいて定められている。

2 児童発達支援、[3　　　　　　　　]、放課後等デイサービスおよび[4　　　　　　　　]の4つを障害児通所支援という。

3 [5　　　　　　　　]とは、学校に就学している障害児を授業終了後または休業日に[6　　　　　　　　]等の施設に通わせて、生活能力向上のために必要な訓練や、社会との交流促進その他の便宜を供与する支援をいう。

ポイント
障害児支援を強化するため、平成22年児童福祉法改正（平成24年4月1日施行）により、従来の障害種別ごとに分かれていた施設体系を通所支援・入所支援という利用形態別支援に一元化した。

4 児童福祉法は、[7　　　　　　　　]または医療型障害児入所施設に障害児を入所させて行う支援を[8　　　　　　　　]としている。

5 児童が障害児通所支援を受けたときは、[9　　　　　　]から障害児通所給付費が支給される。また、児童が障害児入所支援を受けたときは、[10　　　　　　]から障害児入所給付費が支給される。

発達障害者支援法（2004〔平成16〕年制定）

注意
「発達障害者」とは、発達障害を有するために日常生活または社会生活に制限を受ける者をいい、発達障害者のうち18歳未満のものを「発達障害児」という。

6 発達障害者支援法では、[11　　　　　　]、アスペルガー症候群その他の広汎性発達障害、[12　　　　　　]、注意欠陥多動性障害その他これに類する脳機能の障害であってその症状が通常低年齢において発現するものとして政令で定めるものを「発達障害」としている。

7 市町村は、母子保健法に規定する[13　　　　　　　　]を行う際には、発達障害の早期発見に十分留意しなければならない。

児童虐待の防止等に関する法律（2000〔平成12〕年制定）

8 児童虐待の防止等に関する法律では、保護者（親権を行う者、未成年後見人その他の者で、児童を現に監護するもの）がその監護する児童について行う［14　　　　　］、［15　　　　　］、心理的虐待、ネグレクト（保護の怠慢・拒否）の4つを「児童虐待」としている。

9 心理的虐待とは、児童に対する著しい［16　　　　　］、拒絶的対応、児童の同居する家庭における［17　　　　　］に対する暴力（心身に有害な影響を及ぼす言動を含む）など児童に著しい心理的外傷を与える言動を行うことをいう。

10 ネグレクト（保護の怠慢・拒否）とは、児童の心身の正常な発達を妨げるような著しい［18　　　　　］や長時間の［19　　　　　］、または保護者以外の［20　　　　　］による身体的・性的・心理的虐待行為を放置するなど、保護者としての監護を著しく怠ることをいう。

11 児童虐待を受けたと思われる児童を発見した者は、速やかに市町村、都道府県が設置する福祉事務所または児童相談所に［21　　　　　］しなければならない（［22　　　　　］を介してもよい）。

✚ 情報
身体障害者には「身体障害者手帳」、知的障害者には「療育手帳」、精神障害者には「精神障害者保健福祉手帳」の制度があるが、法令上、発達障害者には独自の手帳制度がない。

✚ 情報
児童虐待防止法には、児童のしつけに際して監護および教育に必要な範囲を超えて児童を懲戒してはならないこと（しつけを名目とする児童虐待の禁止）が定められている。

注意
「保護者」の定義は、「児童虐待の防止等に関する法律（略称「児童虐待防止法」）」でも「児童福祉法」でも同じである。

ポイント
刑法の秘密漏示罪など守秘義務に関する法律の規定は、児童虐待について通告する義務の遵守《じゅんしゅ》を妨げないとされている。

チャレンジ○×問題

解答・解説は別冊 P.7

Q1 児童福祉法による「障害児」の定義には、難病等により障害をもった児童は含まれない。

Q2 「保育所等訪問支援」とは、児童が集団生活を営む保育所等の施設において、障害児の保護者に対して、障害児の家庭養育に必要な専門的支援を供与することをいう。

Q3 教職員や保育士、保健師など業務上子どもに深く関わる専門職は、「児童虐待を受けたと思われる児童」を発見しても、虐待の事実の確認ができていない段階では秘密漏示罪やその他の守秘義務に関する法律の規定があることから通告はできない。

Point 20 少子化対策と子育て支援

DATE ／ ／

暗記しよう！要点解説

少子化問題とその対策

□ 出生率が低下して子どもの数が減少することを**少子化**といいます。日本の**合計特殊出生率**（**15～49歳**までの女性の年齢別出生率を合計したもの）は、**2005（平成17）年**に最低の**1.26**を記録して以来、上昇傾向を示していますが、先進国の中では低い水準にあります。

□ **主な少子化対策**

1994（平成6）年 エンゼルプラン	「**今後の子育て支援のための施策の基本的方向について**」の通称。子育てと仕事の両立支援の推進などを掲げた
1999（平成11）年 新エンゼルプラン	「**重点的に推進すべき少子化対策の具体的実施計画について**」の通称。母子保健医療体制の整備などを掲げた
2003（平成15）年 次世代育成支援対策推進法	次代の社会を担う子どもの育成支援対策推進のため、**基本理念**を定め、国に**行動計画策定指針**、**地方公共団体**と**事業主**に**行動計画**の策定を義務づけた（現在、地方公共団体の行動計画策定は任意）
2004（平成16）年 子ども・子育て応援プラン	「**少子化社会対策大綱に基づく重点施策の具体的実施計画について**」の通称。少子化社会対策大綱*が掲げる４つの重点課題に沿い、平成17～21年度に講じる施策内容と目標を掲げた ＊**少子化社会対策基本法**に基づいて国が策定した基本施策
2010（平成22）年 子ども・子育てビジョン	「**子どもが主人公（チルドレン・ファースト）**」を掲げ、すべての子どもの**生きる権利**、**育つ権利**、**学ぶ権利**が等しく確実に保障されることを目指す。地域子育て支援拠点の設置、男性の育児休業の取得促進のほか、家庭的養護の推進なども施策に含まれる
2015（平成27）年 子ども・子育て支援新制度	**2012（平成24）年**に制定された子ども・子育て支援法を含めた**子ども・子育て関連３法**に基づく新しい制度

□ **次世代育成支援対策推進法**に基づく行動計画は、**地方公共団体（自治体）**が策定するもの（**市町村行動計画・都道府県行動計画**）と、**事業主**が策定するもの（**一般事業主行動計画・特定事業主行動計画**）に分けられます。いずれも**行動計画策定指針**に即して策定します。

地方公共団体	市町村、都道府県ともに5年を1期として行動計画を策定（任意）
一般事業主 （民間企業等）	常時雇用の労働者数100人超*の**一般事業主**は、行動計画を策定して厚生労働大臣に届け出る**義務あり** ＊**100人以下**の場合は、厚生労働大臣に届け出るよう**努める**
特定事業主 （国・自治体の機関等）	職員の人数に関係なく行動計画を策定する義務あり。厚生労働大臣への届出は特に定められていない

児童福祉法が定める子育て支援事業

□ 児童福祉法では、**子育て支援事業**が着実に実施されるよう、**市町村**が必要な措置の**実施**に努めなければならないとしています。子育て支援事業のうち、主なものは次の通りです。

乳児家庭全戸訪問事業	「こんにちは赤ちゃん事業」とも呼ばれる。原則としてすべての乳児**のいる家庭**を訪問することにより、子育てに関する情報提供や乳児とその保護者の心身の状況、養育環境の**把握**を行うほか、養育についての相談に応じ、助言その他の援助を行う
養育支援訪問事業	要支援児童（→P.83欄外）や**保護者に監護させることが不適当であると認められる児童**とその**保護者**または特定妊婦（→P.81）に対して、その養育が適切に行われるよう、これらの者の居宅において、養育に関する相談、指導、助言その他必要な支援を行う
子育て短期支援事業	保護者の疾病《しっぺい》その他の理由により家庭において養育を受けることが一時的に困難となった児童について、児童養護施設等の**施設に入所させて**、必要な保護を行う
地域子育て支援拠点事業	乳幼児とその保護者のために**相互交流を行える場所を開設**して、子育てについての相談、情報提供、助言その他の援助を行う
子育て援助活動支援事業	ファミリー・サポート・センター事業ともいい、乳幼児や小学生等の児童を有する子育て中の保護者からなる会員組織を設立して、**援助を受ける**ことを希望する者と**援助を行う**ことを希望する者との相互援助活動（児童の預かり、保育施設までの送迎等）に関する連絡、調整その他の支援を行う

書いて覚えよう！

注意

丙午（ひのえうま）のため出産が少なかった昭和41（1966）年の合計特殊出生率1.58を下回った平成元（1989）年は「1.57ショック」といわれ、このころから少子化が社会問題化していった。

ポイント

1994（平成6）年
「エンゼルプラン」
1999（平成11）年
「新エンゼルプラン」
2001（平成13）年
「健やか親子２１」
「待機児童ゼロ作戦」
2002（平成14）年
「少子化対策プラスワン」
2003（平成15）年
「次世代育成支援対策推進法」「少子化社会対策基本法」
2004（平成16）年
「少子化社会対策大綱」
「子ども・子育て応援プラン」
2008（平成20）年
「新待機児童ゼロ作戦」
2010（平成22）年
「子ども・子育てビジョン」

少子化問題とその対策

1 わが国の［[1]　　　　　　　　　　］は、2005（平成17）年に最低の1.26を記録して以来、上昇傾向にあるが、先進国の中では低い水準である。

2 1994（平成6）年策定の「今後の子育て支援のための施策の基本的方向について」を通称「［[2]　　　　　　　　　　］」、1999（平成11）年策定の「重点的に推進すべき少子化対策の具体的実施計画について」を通称「［[3]　　　　　　　　　　］」という。

3 2004（平成16）年策定の「少子化社会対策大綱に基づく重点施策の具体的実施計画について」を通称「［[4]　　　　　　　　　　］」という。さらに、2010（平成22）年には、すべての子どもの生きる権利、育つ権利、学ぶ権利が等しく確実に保障されることを目指すとして［[5]　　　　　　　　　　］が策定された。

4 ［[6]　　　　　　　　　　］に基づく行動計画は、自治体が策定するものと、［[7]　　　　　　］が策定するものとに分かれるが、いずれも国の行動計画策定指針に即して策定する。このうち、市町村と都道府県は、［[8]　　　　］を1期として行動計画を策定することができる（任意）。また、労働者数100人超の［[9]　　　　　　　　］は、行動計画を策定して厚生労働大臣に届け出る義務がある。

児童福祉法が定める子育て支援事業

5 ［[10]　　　　　　　　　　］は「こんにちは赤ちゃん事業」とも呼ばれ、原則としてすべての乳児のいる家庭を［[11]　　　　　］することにより、乳児と保護者の心身の状況や養育環境の把握等を行う。

6 [12　　　　　　　　] とは、要支援児童もしくは保護者に監護させることが不適当であると認められる児童およびその保護者または[13　　　　　　] に対して、これらの者の居宅において、養育に関する相談、指導、助言その他必要な支援を行う事業をいう。

7 [14　　　　　　　　　　] とは、保護者の疾病その他の理由により家庭において養育を受けることが一時的に困難となった児童について、[15　　　　　　　] 等の施設に入所させて、必要な保護を行う事業をいう。

✚ 情報
子育て短期支援事業には、短期入所生活援助事業(ショートステイ)と夜間養護等事業(トワイライトステイ)の２種類がある。

8 [16　　　　　　　　　　] とは、乳幼児とその保護者のために相互交流を行う場所を開設し、子育てについての相談、情報提供、助言等の援助を行う事業をいう。

✚ 情報
地域子育て支援拠点事業は、一般型(公共施設の空きスペース等に子育て親子が集まる)と連携型(児童福祉施設等に子育て親子が集まる場所を設ける)に分けられる。

9 [17　　　　　　　　　　] (ファミリー・サポート・センター事業)では、乳幼児や小学生等の児童を有する子育て中の保護者からなる [18　　　　　] を設立し、援助を受けることを希望する者と援助を行うことを希望する者との相互援助活動に関する連絡、調整等を行う。相互援助活動の具体的な内容は、児童の [19　　　　　] や保育施設までの送迎などである。

チャレンジ○×問題

解答・解説は別冊 P.7 ～ 8

Q1 「子ども・子育てビジョン」は、夫婦出生力の低下という新たな現象を踏まえて、もう一段の少子化対策を推進するため、2002(平成 14)年にまとめられた。

Q2 次世代育成支援対策推進法では、労働者数が 100 人を超える一般事業主は、５年を１期として一般事業主行動計画を策定することができるとされている。

Q3 乳児家庭全戸訪問事業、養育支援訪問事業その他の子育て支援事業の実施主体は、市町村とされている。

Point 21 ひとり親家庭の支援と児童の健全育成

DATE ／ ／

暗記しよう！要点解説

ひとり親家庭の支援

□「**母子及び父子並びに寡婦福祉法**」は、**母子家庭等**（母子家庭および父子家庭）と**寡婦**（配偶者のない女子であって、かつて配偶者のない女子として児童を扶養していた者）の福祉を図るための法律です。以前は「**母子及び寡婦福祉法**」といいましたが、2016（平成26）年10月から現在の名称に変わりました。

□「**平成28年度全国ひとり親世帯等調査結果報告**」によると、**母子世帯**となった理由は①**離婚**（79.5％）、②未婚の母（8.7％）、**父子世帯**の場合は①**離婚**（75.6％）、②死別（19.0％）となっています。**就業**しているのは、**母子世帯**の81.8％（うち43.8％がパート・アルバイト等）、**父子世帯**は85.4％（うち68.2％が正規の職員・従業員等）です。

□ **ひとり親家庭を支援するための主な制度**

ひとり親家庭等 日常生活支援事業	ひとり親家庭等（**母子家庭**・**父子家庭**・**寡婦**）が修学や疾病《しっぺい》等の理由で一時的に生活援助や保育サービスが必要となった場合などに、生活を支援する者（家庭生活支援員という）の派遣等を行う。実施主体は**都道府県**（指定都市・中核市含む）または**市町村**（特別区含む）
母子家庭等 就業・自立支援事業	母子家庭の母や父子家庭の父等に対し、就業相談、就業支援講習会、**就業情報の提供**など一貫した**就業支援サービス**その他を提供する
母子・父子自立支援員	**福祉事務所**に配置される職員。配偶者のない者で現に児童を扶養している者および寡婦の**相談**に応じ、**自立に必要な**情報提供や**指導**を行い、**職業能力の向上**や求職活動の支援等を行う
母子父子寡婦 福祉資金貸付金制度	配偶者のない者で現に児童を扶養している者や寡婦が**資金**を必要とするとき、都道府県（指定都市・中核市含む）から貸付けを受けられる制度

児童扶養手当	児童扶養手当法に基づき、経済的に困窮している母子家庭等（父母の一方が一定の**障害**にある場合や、**配偶者暴力**により裁判所の保護命令が出された場合等も含む）の生活安定・自立促進のために支給する。所得制限があるほか、児童の住所が日本にない場合は支給されない

児童の健全育成施策

- □ 児童福祉法では、**子育て支援事業**（→ P.89）の 1 つとして**放課後児童健全育成事業**を定めています。これは、**小学校に就学している児童**で、その**保護者が労働等により昼間家庭にいない者**に、授業の終了後に**児童厚生施設**等の施設を利用して適切な**遊びと生活の場**を与え、その健全な育成を図る事業をいいます。具体的には、**児童館**や**学校の空き教室**等を活用した**放課後児童クラブ**として実施されています（実施主体は**市町村**〔特別区含む〕）。
- □ 放課後児童健全育成事業（放課後児童クラブ）の平成 29 年（5 月 1 日現在）の実施状況をみると、全国の**放課後児童クラブ数**は 24,573 か所、**登録児童数** 1,171,162 人で、いずれも前年比増です（利用できなかった**待機児童数** 17,170 人）。また、**小学校内**（余裕教室または敷地内専用施設）で実施しているクラブが全体の 54.0%に及びます。
- □ 従来の**放課後児童クラブガイドライン**を見直して策定された**放課後児童クラブ運営指針**では、対象児童に特別支援学校小学部の子どもを含め、子ども集団の規模（支援単位）をおおむね **40 人以下**とし、職員として支援単位ごとに 2 人以上の**放課後児童支援員**を配置するものとしています。また開所時間について、学校の授業の休業日は 1 日 **8 時間**以上、休業日以外の日は 1 日 **3 時間**以上を原則としています。
- □ 児童厚生施設は、「**児童遊園**、**児童館**等児童に健全な遊びを与えて、その健康を増進し、又は情操をゆたかにすることを目的とする施設」と定義され、児童福祉施設設備運営基準では、職員として**児童の遊びを指導する者**を配置するよう定めています。

児童遊園	広場、遊具（ブランコ等）および**便所**を設けることとされている
児童館	市区町村や社会福祉法人等が設置運営する小型児童館および児童センター（体力増進機能を備える）のほか、主に都道府県が設置運営する大型児童館がある

- □ 児童館ガイドラインでは、児童館の機能・役割として、**子どもの発達の増進**や日常の生活の支援のほか、問題の発生予防・早期発見と対応、**子育て家庭への支援**、地域組織活動の育成を掲げています。

児童厚生施設は、児童福祉施設の 1 つです（→ P.76）。

書いて覚えよう！

ひとり親家庭の支援

1 「母子及び父子並びに寡婦福祉法」は、母子家庭等（母子家庭および［1　　　　　］）と寡婦（配偶者のない女子で、かつて配偶者のない女子として［2　　　　　］を扶養していた者）の福祉を図るための法律である。

注意

「児童」の定義

- 「児童福祉法」
  満18歳に満たない者
  →P.78 欄外
- 「母子及び父子並びに寡婦福祉法」
  20歳に満たない者
- 「児童扶養手当法」
  18歳に達する日以後の最初の3月31日までの間にある者または20歳未満で政令で定める程度の障害の状態にある者

2 「平成28年度全国ひとり親世帯等調査結果報告」によると、母子世帯となった理由、父子世帯となった理由ともに第1位は［3　　　　　］となっている。

3 ［4　　　　　　　　　　　　］とは、母子家庭、父子家庭および［5　　　　　］が、修学や疾病等の理由により一時的に生活援助や保育サービスが必要となった場合などに、生活を支援する者（［6　　　　　　　　］という）の派遣等を行う事業をいう。

4 ［7　　　　　　　　　　　　］とは、母子家庭の母や父子家庭の父等に対し、就業相談、就業支援講習会、就業情報の提供など一貫した就業支援サービスその他を提供する事業をいう。

情報

「母子家庭等就業・自立支援事業実施要綱」では、対象者を「母子家庭の母と父子家庭の父（配偶者の暴力により親と子で避難をしている事例等で、婚姻の実態は失われているが止むを得ない事情により離婚の届出をしていない者を含む）並びに寡婦」としている。

5 母子・父子自立支援員は、［8　　　　　　　　］に配置される職員であり、配偶者のない者で現に児童を扶養している者および寡婦に対して、相談に応じ、自立に必要な情報提供や指導を行うほか、職業能力の向上や［9　　　　　　］の支援等を行う。

6 ［10　　　　　　　　　　　　　　］とは、配偶者のない者で現に児童を扶養している者および寡婦が資金を必要とするとき、［11　　　　　　］（指定都市・中核市含む）から貸付けを受けられる制度をいう。

情報

貸付金には、事業開始資金、技能習得資金、修学資金など12種類がある。

7 児童扶養手当とは、経済的に困窮している母子家庭等の生活の安定と自立促進のために、[12 　　　　　　] に基づいて支給される手当をいう。

児童の健全育成施策

8 [13 　　　　　　] とは、小学校に就学している児童であって、その保護者が労働等により昼間家庭にいない者に、授業の終了後に [14 　　　　　　] 等の施設を利用して適切な遊びと生活の場を与えて、その健全な育成を図る事業をいう。具体的には、児童館や学校の空き教室等を活用した [15 　　　　　　] として実施されている。

9 放課後児童クラブ運営指針では、対象児童に特別支援学校の小学部の子どもを含め、支援単位をおおむね [16 　　　　　　] とし、職員として支援単位ごとに２人以上の [17 　　　　　　] を配置するものとしている。

10 児童厚生施設は、屋外の [18 　　　　　　] と屋内の児童館に分けられ、児童館は、市区町村や社会福祉法人等が設置運営する小型児童館と [19 　　　　　　]（体力の増進機能を備える）のほか、主に都道府県が設置運営する大型児童館に分類される。

ヒント

12には「○○法」という語句が入る。

注意

「児童扶養手当」とは異なり、「児童手当」は児童手当法に基づき、児童を養育している者に支給される。また、「特別児童扶養手当」は特別児童扶養手当等の支給に関する法律に基づき、精神・身体に障害をもつ児童について支給される。

情報

「放課後児童クラブ運営指針」は、「放課後児童健全育成事業の設備及び運営に関する基準」に基づき、放課後児童クラブにおける子どもの育成支援の内容等を定めている。

チャレンジ○×問題

解答・解説は別冊 P.8

Q1 児童扶養手当は、経済的に困窮している母子家庭に支給されており、「父母が婚姻を解消した児童を監護し、生計を同じくする父」に対しては支給されない。

Q2 「平成 29 年　放課後児童健全育成事業（放課後児童クラブ）の実施状況（５月１日現在）」によれば、放課後児童クラブの実施場所は、小学校内（余裕教室または敷地内専用施設）が過半数を占めている。

Point 22 社会福祉の歴史と理念

DATE ／ ／

暗記しよう！要点解説

社会福祉の歴史

慈善組織協会（COS）	都市に急増した貧困者に対する慈善の濫救《らんきゅう》・漏救《ろうきゅう》を防ぐため、慈善事業の組織化を目的として**1869年**イギリスのロンドンで設立。「施《ほどこ》しではなく友人を」を標語に友愛訪問員が貧困家庭を訪れ、家庭調査や生活改善の指導等を行った。1877年以降はアメリカで発展。ソーシャルワークのルーツとされる
セツルメント（隣保事業）	スラム街などで住民と生活をともにしながら環境改善や教育に取り組む社会改良運動。**1884年**S.バーネットが**ロンドン**に設立したトインビー・ホール、**1889年**J.アダムスがアメリカの**シカゴ**に設立したハル・ハウスなどが有名
貧困調査	19世紀末～20世紀初頭にかけて行われたC.ブースによるロンドン市の調査とS.ラウントリーによるヨーク市の調査により、**貧困**は、個人の責任よりも雇用問題など**社会経済的な原因**によるものがほとんどであることがわかった
ベヴァリッジ報告	**1942年**にW.H.ベヴァリッジが発表した「社会保険および関連サービス」と題する報告書。ナショナルミニマム（国民の最低限の生活の保障）を国家の責任とし、「5つの巨人悪（**窮乏**・**無知**・**疾病《しっぺい》**・**不潔**・**怠惰《たいだ》**）」を克服するための社会保障制度の整備を勧告。「**揺りかごから墓場まで**」と呼ばれるイギリスの福祉国家政策の指針となった

社会福祉の理念

□ **障害のある人**も**子ども**も**高齢者**も、**地域社会の中でともに生きるノーマルな社会づくり**を目指そうとする理念をノーマライゼーションといいます。**1950年代**、デンマークの知的障害者施設の改良運動にかかわる過程で、**バンク・ミケルセン**が初めて提唱しました。現在では障害者分野に限らず、すべての社会福祉に共通する基本理念となっています。

□ すべての人々を孤独や孤立、排除や摩擦から援護し、健康で文化的な生活の実現につなげるよう、社会の構成員として包み支え合う社会福祉をソーシャル・インクルージョンといいます。近年、**孤独死**や**単親世帯**、**ホームレス**、**外国人労働者**などの**社会的孤立**が問題化しており、その対策として、**相互扶助**（地域住民などによる支え合い）とともに重要視されるようになりました。

□ 食事、排泄、入浴、着替えなどの**日常生活動作**を ADL（activities of daily living）といいます。また、**自己実現**（自己の能力を可能な限り発揮して生きようとすること）のためには、**QOL**（quality of life「**生活の質**」などと訳す）が不可欠とされます。社会福祉の分野では、ADL はもちろんのこと、**QOL の向上**を目指すことが大切です。

⧓ わが国における第２次世界大戦後の社会福祉法制度の進展

終戦～ 昭和20年代	**日本国憲法**の制定。**生存権**（第25条）が初めて保障される
	生活保護法、**児童福祉法**、**身体障害者福祉法**の制定（福祉三法）
昭和30年代	福祉三法に加えて、**精神薄弱者福祉法**（のち知的障害者福祉法）、**老人福祉法**、**母子福祉法**（のち母子及び父子並びに寡婦福祉法）が制定され、福祉六法となる
平成２年	**社会福祉関係八法改正**。施設福祉から**在宅福祉**への転換
平成12年	**社会福祉基礎構造改革**。社会福祉事業法を社会福祉法に大改正

□ **日本国憲法第 25 条（生存権）**

第１項	すべて国民は、健康で文化的な最低限度の生活を営む権利を有する
第２項	国は、すべての生活部面について、**社会福祉**、**社会保障**及び**公衆衛生**の向上及び増進に努めなければならない

□ **社会福祉法の規定**

福祉サービスの基本的理念（第３条）	福祉サービスは、個人の尊厳の保持を旨とし、その内容は、福祉サービスの利用者が**心身ともに健やかに育成**され、又はその有する**能力に応じ**自立した日常生活**を営むことができるように支援**するものとして、良質かつ適切なものでなければならない
国・地方公共団体の責務（第６条）	国及び地方公共団体は、社会福祉を目的とする事業を経営する者と協力して、**社会福祉を目的とする事業の広範かつ計画的な実施**が図られるよう、福祉サービスを提供する体制の確保に関する施策、福祉サービスの適切な利用の推進に関する施策その他の必要な**各般の措置**を講じなければならない

書いて覚えよう！

社会福祉の歴史

1 1869年、都市に急増した貧困者に対する慈善の濫救・漏救を防ぐためにイギリスのロンドンに［1　　　　　　　　］（COS）が設立され、［2　　　　　　　］が貧困家庭を訪れて家庭調査や生活改善の指導等を行った。

@ 出題傾向
「子ども家庭福祉」で学習した「エリザベス救貧法」（→P.68）、「恤救規則」（→P.69）等も社会福祉で出題されることがある。

2 ［3　　　　　　　　］（隣保事業）として、1884年にS.バーネットがロンドンに設立したトインビー・ホール、1889年にJ.アダムスがアメリカのシカゴに設立した［4　　　　　　　　］などが有名。

3 19世紀末～20世紀初頭にかけてC.ブースやS.ラウントリーが行った［5　　　　　　］により、貧困は個人の責任よりも、社会経済的な原因によるものがほとんどであることが明らかになった。

4 1942年に発表された［6　　　　　　　　］は、「5つの巨人悪（窮乏・無知・疾病・不潔・怠惰）」を克服するための社会保障制度の整備を勧告し、［7　　　　　　　　］（国民の最低限の生活の保障）を国家の責任とした。

社会福祉の理念

注意
ノーマライゼーションは、障害者や高齢者の機能をノーマルな状態にするという意味ではない。

5 ［8　　　　　　　　］とは、障害者も子どもも高齢者も、地域社会の中でともに生きるノーマルな社会づくりを目指そうとする理念をいう。1950年代、デンマークの知的障害者施設の改良運動にかかわる過程で［9　　　　　　　　］が初めて提唱した。

6 ［10　　　　　　　　　　］とは、孤独死や単親世帯、ホームレスなどの［11　　　　　　］の問題に対し、すべての人々を孤独や孤立、排斥などから援護し、社会の構成員として包み支え合おうとする社会福祉をいう。［12　　　　　　　］（地域住民などによる支え合い）とともに重要視されるようになっている。

7 社会福祉の分野では、［13　　　　　　］（食事、排泄、入浴、着替えなどの日常生活動作）はもちろんのこと、［14　　　　　　］（クオリティ・オブ・ライフ〔生活の質〕）の向上を目指すことが大切である。

わが国における第２次世界大戦後の社会福祉法制度の進展

8 日本国憲法が制定され、第 25 条に［15　　　　　　　］が初めて保障された。その第 1 項には、「すべて国民は［16　　　　　　　　］な最低限度の生活を営む権利を有する」と規定されている。

9 昭和 20 年代制定の生活保護法、［17　　　　　　　　　］、身体障害者福祉法を「福祉三法」といい、これに昭和 30 年代制定の精神薄弱者福祉法（のち知的障害者福祉法）、［18　　　　　　　　　］、母子福祉法（のち母子及び父子並びに寡婦福祉法）を加えて「福祉六法」という。

10 社会福祉法の第 3 条では、福祉サービスの基本的理念として、「福祉サービスは、［19　　　　　　　　］の保持を旨とし、その内容は、福祉サービスの利用者が心身ともに健やかに育成され、又はその有する能力に応じ［20　　　　　　］日常生活を営むことができるように支援するものとして、良質かつ適切なものでなければならない」と定めている。

情報

社会福祉の歴史の中で人間の自発的な生活援助としての相互扶助が果たす意味は大きい。行政等による制度的な援助（公助）としての福祉サービスだけでは対応しきれない課題が増えた今日、相互扶助（共助）が改めて重視されている。

ポイント

日本国憲法第25条は、第１項で国民の生存権を保障し、第２項では最低限度の生活保障に関して国に積極的役割を求めている。これに基づき、社会保障制度や社会福祉立法の整備が図られてきた。

チャレンジ○×問題

解答・解説は別冊 P.8

Q1 ノーマライゼーションとは、ホームレスや外国人労働者などを排除せず、このような人たちも社会の構成員として包み支え合おうとする社会福祉のあり方をいう。

Q2 社会福祉法では、福祉サービスは、社会福祉事業の適正な実施の確保を図るため、最低限度の措置にとどめなければならないとしている。

Point 23 社会福祉の実施体制

DATE

暗記しよう！要点解説

社会福祉法人と社会福祉事業

- □ 社会福祉法人とは、**社会福祉事業**を行うことを目的として、**社会福祉法**に基づいて設立する法人をいいます。**日本国憲法（第89条）**は、「公の支配」に属さない民間社会福祉事業に対する公金の支出（助成）を禁止していますが、社会福祉法人は強い**公的規制・監督**のもと、助成を受けられる特別な法人として創設されました。
- □ 社会福祉法人は、社会福祉事業（**第１種・第２種**）のほかに、その経営する社会福祉事業に支障がない限り、**公益事業**または**収益事業**を行うことが認められています。
- □ **社会福祉事業**は、第１種**社会福祉事業**および第２種**社会福祉事業**に分かれます。

第１種社会福祉事業	第２種社会福祉事業
利用者への影響が大きく、経営の安定を通じた利用者保護の必要性が高い事業 ●経営主体 国、地方公共団体または社会福祉法人が原則（これ以外の者が経営する場合には、事業の**開始前**に都道府県知事等の**許可**が必要） ●第１種社会福祉事業の主なもの ・乳児院、母子生活支援施設、児童養護施設、障害児入所施設、児童心理治療施設、児童自立支援施設 ・特別養護老人ホーム、軽費老人ホーム ・障害者支援施設 ・婦人保護施設 ・共同募金	利用者への影響が比較的小さく、公的規制の必要性が低い事業（在宅サービスが多い） ●経営主体 制限はなく、**民間業者**を含むすべての主体が経営可能（国・都道府県以外の者は、事業の**開始後**に都道府県知事等に**届出**をする） ●第２種社会福祉事業の主なもの ・障害児通所支援事業、放課後児童健全育成事業、地域子育て支援拠点事業、助産施設、保育所、児童家庭支援センター ・障害福祉サービス事業、介助犬訓練事業 ・生計困難者のために無料または低額な料金で診療を行う事業、隣保事業 ・福祉サービス利用援助事業

⧓ 主な社会福祉従事者

社会福祉士	社会福祉士及び介護福祉士法に基づき、**社会福祉士試験合格者**が指定登録機関に**登録**すると、名称独占**の免許**が与えられる。業務は、高齢者や障害者等の相談や指導、福祉サービス関係者との連絡調整その他の援助。また一定規模の**地域包括支援センター**に保健師、主任介護支援専門員とともに職員として配置されることが**介護保険法**で定められている
介護福祉士	社会福祉士及び介護福祉士法に基づき、厚生労働大臣が指定した**養成施設を卒業した者**または３年以上**介護等の業務に従事するなどして介護福祉士試験に合格した者**が指定登録機関に**登録**すると、名称独占**の免許**が与えられる。業務は、身体上または精神上の障害により日常生活に支障のある者につき、**心身の状況に応じた介護**や介護に関する指導を行うこと
精神保健福祉士	精神保健福祉士法に基づき、**精神保健福祉士試験合格者**が指定登録機関に**登録**すると、名称独占**の免許**が与えられる。業務は、精神障害者の相談や指導、日常生活への適応のために必要な訓練その他の援助。業務を行う際には、精神障害者の**主治医の指導**を受けることとされている
介護支援専門員 ＝ケアマネジャー	**要介護者等の**ケアプラン**の作成**を主な業務とする。介護保険法に基づき、一定の実務経験を有する者が介護支援専門員実務研修受講試験に合格し、実務研修修了後、都道府県知事の**登録**を受けて**介護支援専門員証**の交付を申請する（５年**更新制**）。特別な研修を経て**主任介護支援専門員**となる
社会福祉主事	社会福祉法に基づき、都道府県知事や市町村長の**補助機関**である職員として、**社会福祉主事任用資格**を満たす者から任用される（年齢20歳以上、人格が高潔であることなども要件）。福祉事務所に配置され、職務として福祉六法に定める援護・育成等の措置に関する事務を行う
婦人相談員	売春防止法に基づき、都道府県知事または市長が委嘱する。**婦人相談所***や**福祉事務所**に配置され、**要保護女子**（性行や環境に照らして売春を行うおそれのある女子）の発見、相談、指導等のほか、DV 被害者の支援など一般女性に対する業務も行う ＊婦人相談所は、**売春防止法**に基づき都道府県に設置義務がある。また、DV 防止法により**配偶者暴力相談支援センター**としての機能も担う

書いて覚えよう！

♪ヒント
2、8、11、13、15、17、22には「○○法」という語句が入る。

社会福祉法人と社会福祉事業

1 社会福祉法人とは、[1] を行うことを目的として、[2] に基づいて設立する法人をいう。

2 社会福祉法人は、社会福祉事業のほかに、[3] または [4] を行うことができる。

✤情報
「収益事業」として、法人が所有する不動産を活用して行う貸ビルや駐車場の経営などが挙げられる。ただし、収益を社会福祉事業または一定の公益事業に充てることを目的としたものでなければならない。

3 第1種社会福祉事業の経営主体は、[5]、地方公共団体または [6] が原則とされており、これ以外の者が経営する場合は、都道府県知事等の許可を受けなければならない。

4 第2種社会福祉事業は経営主体に制限がなく、株式会社など民間業者であっても経営可能であり、国・都道府県以外の者は、事業の開始後に都道府県知事等に [7] をすることとされている。

主な社会福祉従事者

注意
国家資格のうち、資格や免許を取得した者にだけその名称を用いることが許されるものを「名称独占」という。医師等の「業務独占」とは異なり、資格や免許のない者であってもその業務自体を行うことはできる。保育士も「名称独占」である。

5 社会福祉士は [8] に基づき、社会福祉士試験合格者が指定登録機関に登録することにより、名称独占の免許が与えられる。

6 介護福祉士は、社会福祉士及び介護福祉士法に基づき、厚生労働大臣が指定した [9] の卒業者または [10] 以上の実務経験を経るなどして介護福祉士試験に合格した者が、指定登録機関に登録することにより、名称独占の免許が与えられる。

✤情報
介護福祉士試験の受験は、平成28年度試験から、実務経験3年以上に加えて実務者研修の修了が必須となった。

7 精神保健福祉士は、[11] に基づき、精神保健福祉士試験合格者が指定登録機関に登録することにより、名称独占の免許が与えられる。

8 介護支援専門員は、[12　　　　　　　　] と呼ばれ、要介護者等のケアプランの作成を主な業務とする。[13　　　　　　　　] に基づき、一定の実務経験者が介護支援専門員実務研修受講試験に合格し、実務研修修了後、都道府県知事の登録を受けて、介護支援専門員証の交付を申請する。介護支援専門員証は、[14　　　　] で更新の申請をする。

9 社会福祉主事は、[15　　　　　　　　] に基づき、社会福祉主事任用資格を満たす者から任用され、[16　　　　　　　　] に配置されて、福祉六法に定める援護・育成等の措置に関する事務を行う。

10 婦人相談員は、[17　　　　　　　　] に基づき、都道府県知事や市長によって委嘱される職員である。[18　　　　　　　　] や福祉事務所に配置され、[19　　　　　　　　] の発見、相談および指導等のほか、[20　　　　　　　　] の支援など一般女性に対する業務も行う。

11 婦人相談所は、[21　　　　　　　　　　　　　　] としての機能を果たすよう、[22　　　　　　] (正式名称「配偶者からの暴力の防止及び被害者の保護等に関する法律」)によって定められている。

✚ 情報

民間の協力者(地域ボランティア)として、身体障害者相談員や、知的障害者相談員も重要。それぞれ身体障害者福祉法、知的障害者福祉法に基づき、地方公共団体から委託されて、自宅を拠点として相談活動を行う。

注意

福祉事務所については「子ども家庭福祉」のPoint18で学習している(→P.80)。

チャレンジ○×問題

解答・解説は別冊 P.8 ～ 9

Q1 社会福祉法人は、日本国憲法(第 89 条)が定める「公の支配」に属しない民間社会福祉事業に対する公金支出禁止規定を回避することが可能である。

Q2 国は、第二種社会福祉事業の経営主体となることができない。

Q3 乳児院、児童養護施設、障害児入所施設、婦人保護施設を経営する事業は、第 1 種社会福祉事業に区分され、保育所を経営する事業、障害児通所支援事業、隣保事業、共同募金を行う事業は、第 2 種社会福祉事業に区分される。

Q4 婦人相談所は、「母子及び父子並びに寡婦福祉法」に基づき、都道府県と市に設置が義務づけられている。

Point 24 社会福祉の動向

DATE

暗記しよう！要点解説

社会福祉基礎構造改革

□ 社会福祉事業法制定以来、大きな改正のなかった社会福祉の構造そのものを見直す必要が生じたため、1998（平成10）年「**社会福祉基礎構造改革の実現に向けて（中間まとめ）**」が公表され、2000（平成12）年には「**社会福祉増進のための社会福祉事業法等の一部を改正する等の法律**」により社会福祉事業法が**社会福祉法**へと改正されました。これら一連の改革を、**社会福祉基礎構造改革**といいます。

□「**社会福祉基礎構造改革の実現に向けて（中間まとめ）**」の概要

改革の基本的方向（主なもの）
- 福祉サービスの**利用者**と**提供者**との間に対等な関係を確立する
- 福祉サービスを総合的・効率的に提供する体制を、利用者の最も身近な地域に構築する
- 利用者の幅広い需要に応えるため、**多様なサービス提供主体の参入**を促進する
- 増大する社会福祉のための費用を**公平かつ公正に負担**する

措置制度から契約制度へのサービス利用方法の転換

従来の措置制度では、行政機関の措置（行政処分）として福祉サービスが提供されるため、利用者には選択権・決定権がない。これに対し、契約制度では利用者が自らサービス事業者を選択し、契約を結んで福祉サービスを利用するため、利用者の**自由意思**や事業者との**対等性**が尊重される

地域福祉の推進

□ 上記2000（平成12）年法改正の主な内容として、**利用者の立場**に立った社会福祉制度の構築、**サービスの質の向上**、**地域福祉の推進**などが挙げられます。**地域福祉**とは、人々がそれぞれの地域で安心して暮らせるよう、その地域の住民や社会福祉関係者が互いに協力して福祉課題の解決に取り組む福祉をいいます。主な担い手をまとめておきましょう。

民生委員	民生委員法に基づき、地域社会の福祉増進を目的として**市町村の区域**に置かれる民間ボランティア（給与の支給なし）。**任期は３年**。都道府県知事の推薦により**厚生労働大臣が委嘱**する。住民の立場に立った相談・援助を行うほか、生活保護法では市町村長・福祉事務所長・社会福祉主事の事務の執行に協力するものとされている。**児童福祉法**に基づき**児童委員を兼任**する（→P.81）
社会福祉協議会	社会福祉法に基づき、**地域福祉の推進**を目的として地域内の社会福祉関係者が参加して組織する民間の団体。通称は「**社協**」。**市区町村社会福祉協議会、都道府県・政令指定都市社会福祉協議会、全国社会福祉協議会**などがある
共同募金	共同募金会（社会福祉法人）が、都道府県を区域として**毎年１回**行う募金のこと。通称「**赤い羽根募金**」。寄付者の自発的な協力を基礎とするものでなければならず、寄付金は**地域福祉の推進**を図るため、その区域内で**社会福祉を目的とする事業を経営する者**（国・地方公共団体を除く）に配分される

ボランティア活動の推進

□ 国民のボランティア活動への参加を促進するため、「**ボランティア・市民活動センター**」などが**社会福祉協議会**に設置され、相談や情報提供、活動先の紹介等を行っています。

□ ボランティア活動等の社会貢献を行っている**民間非営利組織**（NPO）に**法人格を付与**することにより、その活動の発展を促進するため、平成10（1998）年、**特定非営利活動促進法**（略称「**NPO法**」）が制定されました。NPOが一定の書類を所轄庁に提出し、設立の**認証**を受けて**登記**すれば、**NPO法人**（**特定非営利活動法人**）となることができます。

社会福祉の主な行政計画とその根拠となる法律（①は任意、②～⑥は義務づけ）

	根拠となる法律	市町村	都道府県
①	社会福祉法	地域福祉計画	**地域福祉支援計画**
②	老人福祉法	老人福祉計画	老人福祉計画
③	介護保険法	**介護保険事業計画**	**介護保険事業支援計画**
④	障害者基本法	障害者計画	障害者計画
⑤	障害者総合支援法	**障害福祉計画**	**障害福祉計画**
⑥	子ども・子育て支援法	子ども・子育て支援事業計画	子ども・子育て支援事業支援計画

書いて覚えよう！

社会福祉基礎構造改革

1 「社会福祉基礎構造改革の実現に向けて（中間まとめ）」（1998〔平成10〕年）では、改革の基本的方向として、福祉サービスの利用者と提供者の［1　　　　　　　　］の確立や、福祉サービスを総合的・効率的に提供する体制を利用者の最も［2　　　　　　　　］に構築することなどが掲げられた。

♪ヒント
3、4は「○○制度」という語句が入る。

2 従来の［3　　　　　　　　］では、行政機関の措置（行政処分）として福祉サービスが提供されるため、利用者に選択権・決定権がない。これに対し、［4　　　　　　　　］では、利用者自らサービス事業者を選択し、契約を結んでサービスを利用するため、利用者の自由意思や事業者との対等性が尊重される。

✧ポイント
契約は、当事者同士の意思表示の合致により成立する。その過程では、自由意思や双方の対等性が尊重される。

地域福祉の推進

♪ヒント
5、7、9、16、19は「○○法」という語句が入る。

3 民生委員は、［5　　　　　　　　］に基づき、［6　　　　　　　　］の区域に置かれる無給の民間ボランティアである。［7　　　　　　　　］では、市町村長、福祉事務所長または社会福祉主事の事務の執行に協力するものとされている。児童福祉法に基づき、［8　　　　　　　　］を兼任する。

注意
社会福祉法では、政令指定都市の区に設置する社協を「地区社会福祉協議会」というが、これとは別に市町村の区域内に住民の発意で小地域社会福祉協議会を組織しているところがあり、これも「地区社会福祉協議会」などと呼ぶ場合がある。

4 社会福祉協議会は、［9　　　　　　　　］に基づき、地域福祉の推進のために地域内の社会福祉関係者が参加して組織する民間団体である。［10　　　　　　　　］や、これを支援する都道府県社会福祉協議会、政令指定都市社会福祉協議会、全国社会福祉協議会などがある。

5 共同募金（通称「赤い羽根募金」）とは、［11　　　　　　　　］（社会福祉法人）が、［12　　　　　　　　］を区域として毎年１回行う募金のことをいう。寄付金は、［13　　　　　　　　］の推進を図るため、その区域内で社会福祉を目的とする事業を経営する者に配分される。

ボランティア活動の推進

6 国民のボランティア活動への参加促進のため、「ボランティア・市民活動センター」などが［14　　　　　　　　　　　］に設置され、相談や情報提供、活動先の紹介等を行っている。

7 民間非営利組織（NPO）に［15　　　　　　　　］を付与し、その活動の発展を促進するため、［16　　　　　　　　　　　　　　　　］（NPO法）が平成10（1998）年に制定された。

社会福祉の主な行政計画とその根拠となる法律

8 社会福祉法に基づき、市町村は地域福祉の推進に関する事項について「［17　　　　　　　　　］」を、都道府県は「［18　　　　　　　　　　］」を策定することができる。

9 ［19　　　　　　　　　　　　　　］に基づき、市町村は「子ども・子育て支援事業計画」、都道府県は「子ども・子育て支援事業支援計画」を策定しなければならない。

情報

共同募金は10月から12月までの3か月間行われる。特に12月は「歳末たすけあい」として運動を展開する。

注意

児童福祉法が定めていた「保育計画」の規定は削除された。一方、子ども・子育て支援法では、市町村、都道府県ともに国の基本指針に即して5年を1期として9の計画を策定するものとしている。

チャレンジ○×問題

解答・解説は別冊 P.9

Q1 民生委員の任期は5年で、都道府県知事の推薦によって厚生労働大臣が委嘱する。

Q2 市区町村、都道府県、政令指定都市に組織されている社会福祉協議会は、地域福祉の推進を目的とする専門の行政機関である。

Q3 共同募金は、社会福祉を目的とする事業活動を幅広く支援することを通じ、地域福祉の推進を図る活動として位置づけられている。

Q4 障害福祉計画は、障害者基本法を根拠法として、市町村や都道府県に策定が義務づけられている。

頻出度

Point 25 福祉サービス利用者の保護

DATE ／ ／

暗記しよう！要点解説

情報提供とサービスの評価

□ 利用者が**福祉サービスを適切に選択**するためには、事業者やサービス内容等について正確な**情報**を得る必要があります。また、**サービスの質の向上**のためには、**事業者**自ら、または**第三者**による**サービスの評価**が必要となります。情報の提供とサービスの評価に関する**社会福祉法**の主な規定をまとめておきましょう。

●情報の提供（第75条）
社会福祉事業経営者は、利用者が福祉サービスを**適切**かつ**円滑**に利用できるよう、情報提供に努めなければならない。**国および地方公共団体**は、利用者が必要な情報を**容易**に得られるよう、**必要な措置**を講じることに努めなければならない

●利用契約の申込み時の説明（第76条）
社会福祉事業経営者は、福祉サービスの利用希望者から契約の申込みがあった場合には、その者に対して**契約内容等**について説明するよう努めなければならない

●利用契約の成立時の書面の交付（第77条）
社会福祉事業経営者は、契約が成立したときは、その利用者に対し、**遅滞なく**、事業経営者の名称、主たる事務所の所在地、**福祉サービスの内容**、利用者の**支払い額**等の事項を記載した書面を交付しなければならない

●福祉サービスの質の向上のための措置等（第78条）
社会福祉事業経営者は、提供する福祉サービスの質の評価を自ら行うことなどにより、常に福祉サービスを受ける者の立場に立って**良質**かつ**適切**な福祉サービスを提供するよう努めなければならない。**国**は、社会福祉事業経営者が行う**福祉サービスの質の向上**のための措置を援助するため、福祉サービスの質の**公正**かつ**適切**な評価の実施に資するための措置を講じるよう努めなければならない

□ 上記社会福祉法第 78 条に基づき、国は**福祉サービス第三者評価事業**を制度化しています。

第三者評価の目的として、①個々の事業者が事業運営における**問題点を把握**し、サービスの質の向上に結びつけること、②評価の結果が**公表**されることによって、利用者の適切なサービス選択に資する**情報**となることが挙げられます。

⧓ 苦情解決の制度

- □ 利用者の**権利を擁護する**システムとして、**苦情解決**の制度が必要となります。**社会福祉法**が定める苦情解決に関する主な規定をまとめておきましょう。

> ●社会福祉事業の経営者による苦情の解決（第82条）
> **社会福祉事業経営者**は、常に、提供する福祉サービスについて、利用者等からの苦情の適切な解決**に努めなければならない**
>
> ●運営適正化委員会（第83条）
> 都道府県の区域内において、**福祉サービス利用援助事業**の適正な運営を確保するとともに、福祉サービスに関する**利用者等からの苦情を適切に解決**するため、都道府県社会福祉協議会に、運営適正化委員会を設置する
>
> ●運営適正化委員会の行う苦情の解決のための相談等（第85条）
> 運営適正化委員会は、苦情解決の**申出があった場合**には、その**相談に応じる**ほか、申出人への必要な**助言**や**事情の調査**を行う。また、その申出人およびサービス提供者の同意を得たうえで、**苦情解決のあっせん**を行うことができる

- □ 児童福祉施設設備運営基準にも、**苦情解決**に関する次のような規定があります。

> ●苦情への対応（第14条の3）
> - 児童福祉施設は、**入所者**または**保護者**等からの苦情に迅速かつ適切に対応するために、**苦情を受け付ける窓口**の設置など必要な措置を講じなければならない
> - 乳児院、児童養護施設、障害児入所施設、児童発達支援センター、児童心理治療施設および児童自立支援施設は、苦情の公正な解決を図るため、苦情解決に**施設職員以外の者**を関与させなければならない

- □「**社会福祉事業の経営者による福祉サービスに関する苦情解決の仕組みの指針**」（通知）では、事業所内に**苦情受付担当者**、**苦情解決責任者**を配置するほか、**第三者委員**を選任する（第三者委員が苦情を受け付けることもできる）とともに、**苦情解決の結果**については、利用者のサービス選択や事業者によるサービスの質と信頼性の向上を図るため、個人情報に関するものを除いて、事業報告書等に実績を**公表**することとしています。

書いて覚えよう！

情報提供とサービスの評価

1 情報提供に関する社会福祉法の主な規定は次の通り。

〈第 75 条〉

[1　　　　　　　　　　] は、利用者が福祉サービスを適切かつ円滑に利用できるよう、[2　　　　　　　　] に努めなければならない。国および [3　　　　　　　　　] は、利用者が必要な情報を容易に得られるよう、必要な措置を講じることに努めなければならない。

〈第 76 条〉

社会福祉事業経営者は、福祉サービスの利用希望者から契約の申込みがあった場合には、その者に対して、[4　　　　　　　　] 等について [5　　　　　] するよう努めなければならない。

〈第 77 条〉

社会福祉事業経営者は、契約が [6　　　　　] したときは、その利用者に対し、遅滞なく、サービスの内容や利用者の支払い額等の事項を記載した [7　　　　　] を交付しなければならない。

✚ 情報

国・地方公共団体は、独立行政法人福祉医療機構が運営する情報サイト（WAM NET）とも連携して情報提供を行っている。

注意

児童福祉法には保育所の情報提供等に関する規定があり（→ P.15）、保育指針第 1 章では、保育の内容を保護者や地域社会に適切に説明するよう努めることを保育所の社会的責任としている（→ P.23）。

2 社会福祉法では、社会福祉事業経営者に対し、提供する福祉サービスの質の [8　　　　　] を自ら行うことなどによって、良質かつ適切なサービスの提供に努めることを求めるとともに、国に対し、サービスの質の公正かつ適切な評価の実施に資するための措置を講じるよう求めている。これに基づき、[9　　　　　　　　　　　　　　　] が制度化されている。

✚ 情報

福祉サービス第三者評価事業は事業経営者が任意で受ける仕組みであるが、社会的養護関係施設（児童養護施設、乳児院、児童心理治療施設、児童自立支援施設、母子生活支援施設）は第三者評価の実施が義務づけとされている。

苦情解決の制度

3 利用者の権利を擁護するシステムとして、[10　　　　　　　　　] の制度が必要である。社会福祉法では、[11　　　　　　　　　　　　　] に対して、常に、提供する福祉サービスについて、利用者等からの苦情の適切な解決に努めることを求めている。

4 社会福祉法では、[12　　　　　　　　] の適正な運営を確保するとともに、サービス利用者等からの苦情を適切に解決するため、都道府県社会福祉協議会に [13　　　　　　　　] を設置することとしている。

5 運営適正化委員会は、苦情解決の [14　　　　　　] があった場合には、その相談に応じるほか、申出人への必要な助言や事情の調査を行う。また、その申出人とサービス提供者の同意を得たうえで、苦情解決の [15　　　　　　] を行うことができる。

6 児童福祉施設設備運営基準では、児童福祉施設は、[16　　　　　　] または [17　　　　　　] 等からの苦情に迅速かつ適切に対応するために、必要な措置を講じなければならないとしている。

7 「社会福祉事業の経営者による福祉サービスに関する苦情解決の仕組みの指針」(通知) では、苦情受付担当者と [18　　　　　　　　] を事業所内に配置するほか、[19　　　　　　　　] を選任することとしている。

✚ 情報

福祉サービス利用援助事業は、認知症や障害等で判断能力が不十分な人を対象に福祉サービスの利用の援助等を行う事業である。特に都道府県・指定都市社会福祉協議会が実施主体となるものを「日常生活自立支援事業」という。

注意

保育指針第１章では、保護者の苦情の解決に努めることを保育所の社会的責任としている(→P.23)。

チャレンジ○×問題

解答・解説は別冊 P.9

Q1 社会福祉事業経営者は、サービス利用希望者からの申込みがあった場合、説明を希望する者に対してのみ、契約内容等について説明を行うものとされている。

Q2 福祉サービス第三者評価事業は、サービス提供者が事業運営の問題点を把握して、サービスの質の向上に結びつけるとともに、利用者の適切なサービス選択に役立つ情報提供となることも目的とされている。

Q3 社会福祉法では、国、都道府県、市町村および社会福祉事業経営者が、福祉サービスについて、利用者等からの苦情の適切な解決に努めなければならないと定めている。

Q4 運営適正化委員会は、利用者等からの苦情の申出に対して、相談や助言、事情調査等を行うことになっている。

Point 26 社会福祉援助技術

DATE ／ ／

暗記しよう！要点解説

社会福祉援助技術の理論

□ 社会福祉援助技術（ソーシャルワーク）は、大きく**直接援助技術**（個別援助・集団援助）、**間接援助技術**、**関連援助技術**に分けられ、さまざまなアプローチ（**手法**）が唱えられていますが、今日では、利用者のニーズに応じて最適なものを活用することが重要と考えられています。代表的なアプローチをまとめておきましょう。

心理社会的アプローチ	**診断主義**（心理的側面を重視し、調査→診断→治療という過程を特徴とする）の流れをくみながら、「**状況**（個人を取り巻く人々）**の中にある人間**」という概念を中心として援助者と利用者の関係性を重視する。F.ホリスが提唱した
問題解決アプローチ	**心理社会的アプローチ**と**機能的アプローチ**を折衷《せっちゅう》した理論。相談援助の過程を通して利用者が対処能力を獲得していくと考える。H.パールマンが提唱した
課題中心アプローチ	「いま」「ここ」に焦点を当て、標的とする問題を確定し、**課題の抽出**と目標の設定を行い、計画的な援助によって**短期**に問題解決の目的を達成する
解決志向アプローチ	心理臨床の**短期療法**の影響を受けたアプローチ。課題中心アプローチと同様、短い期間での目的達成を目指す
ナラティブアプローチ	ナラティブ（narrative）とは「物語」という意味。利用者が語る**物語**を通して、新たな意味の世界を創り出すことにより、問題の解決へと導いていく

□ バイステックの７原則（**個別援助**〔ケースワーク〕の際に援助者がとるべき姿勢）

①個別化…利用者を個人としてとらえ、個別性を理解して援助を行う
②意図的な感情表現…**利用者が感情を表現**できるよう、援助者が意図的にはたらきかける
③統制された情緒関与…利用者の感情表出に対し、**援助者は自らの個人的感情を統制**する
④受容…利用者の言動や態度をあるがままに受け入れる

⑤非審判的態度…援助者の個人的な価値基準に基づいて利用者を批判したり裁いたりしない
⑥自己決定…利用者が自己決定できるように援助し、その決定を尊重する
⑦秘密保持…利用者に関する情報を、利用者の承諾なしに漏らさない

⧓ 社会福祉援助技術に関する専門用語

アドボカシー	利用者が障害や認知症あるいは子どもであるために自ら意思表示をすることが困難な場合に、**援助者がその**利用者に代わって**権利擁護を求めたり主張したりする**こと（アドボカシーとは「**代弁**」という意味）
スーパービジョン	経験の浅い援助者や学生を養成・訓練するために行う専門的指導のこと。指導する側をスーパーバイザー、指導を受ける側をスーパーバイジーという。**教育的機能**・**支持的機能**・**管理的機能**をもつ
ケアマネジメント	利用者のニーズを、適切かつ効率的に**福祉サービスに結びつける**ための援助技術のこと。初回面接（インテーク）→事前評価（アセスメント）→計画の立案→援助の実施→効果の測定（モニタリング）という過程を経て進行する
コンサルテーション	社会福祉援助技術に活用するため、医学、心理学、法律学など社会福祉以外の専門家（**コンサルタント**）から情報や助言を求めること
アウトリーチ	ソーシャルワーカー（援助者）が**利用者の住居などに積極的に出向き**、信頼関係を構築したりサービスを提供したりすること。**潜在的ニーズ**をもつ人々に接近して、そのニーズを顕在化させることを目的とする
ソーシャル・サポート・ネットワーク	利用者の家族・友人・近隣・ボランティアなどによるインフォーマルな援助（私的支援）と、公的機関や専門職によるフォーマルな援助（公的支援）との連携関係によって展開される活動
ジェノグラム	家族の全体像や相互関係を図にしたもの。家族関係図または世代関係図ともいう。家族関係だけでなく、周囲の人々や社会資源とのつながりも含めて図式化したものは、エコマップと呼ばれる
エンパワメント	社会的に抑圧され、自分らしい生き方ができなかった人の**能力を回復させる**ために、あらゆる社会資源を再検討し、条件整備を行っていこうとする考え方（エンパワメントとは、本来の**力を引き出す**という意味）
ストレングスモデル	利用者や地域のもつ**長所**や**強み**、**能力**、**可能性**に着目し、それを生かそうとする手法。個人の病理や欠陥のみに着目した従来の手法を批判し、エンパワメントとともに1980年代後半からアメリカで注目されてきた

書いて覚えよう！

社会福祉援助技術の理論

1 ［1　　　　　　　　　　　］は、診断主義の流れをくみながら、「状況の中にある人間」という概念を中心として、援助者と利用者の関係性を重視する手法である。

2 ［2　　　　　　　　　　　］は、H. パールマンが提唱した手法であり、心理社会的アプローチと［3　　　　　　　　　　　］を折衷した理論である。

3 ［4　　　　　　　　　　　］は、標的とする問題を確定し、課題の抽出と目標設定を行い、短期の計画的援助を行う手法である。

4 「バイステックの７原則」のうち、「［5　　　　　　　］」とは利用者の個別性を理解して援助を行うこと、「［6　　　　　　　　　　］」とは利用者が感情を表現できるように援助者が意図的にはたらきかけること、「［7　　　　　　　］」とは援助者の個人的な価値基準に基づいて利用者を批判したり裁いたりしないことをいう。

社会福祉援助技術に関する専門用語

5 利用者が障害や認知症あるいは子どもであるために自ら意思表示をすることが困難な場合に、援助者が利用者に代わって権利擁護を求めたり主張したりすることを、［8　　　　　　　　　　］という。

6 ［9　　　　　　　　　　］とは、経験の浅い援助者や学生を養成し訓練するために行う専門的な指導のことである。指導する側の者を［10　　　　　　　　　　］といい、指導を受ける側の者をスーパーバイジーという。

♪ヒント
1～4には、「○○アプローチ」という語句が入る。

ポイント
機能的アプローチは、利用者に問題を解決する潜在的可能性があると考え、社会的機能を高めることによって、問題の解決を図ろうとする手法である。

情報
そのほかのアプローチとして、「行動変容アプローチ（学習理論に基づき、条件反応の消去や強化によって特定の問題行動の変容をはたらきかける手法）」や、「危機介入アプローチ（利用者の心理的危機に介入し、社会的機能の回復または心理的危機の回避を行う手法）」なども重要。

7 [11　　　　　　　　] は、利用者のニーズを適切かつ効率的に福祉サービスに結びつける援助技術である。その過程は、初回面接（[12　　　　　　]）→事前評価（[13　　　　　　]）→計画の立案→援助の実施→効果の測定（モニタリング）の順に進行する。

8 社会福祉援助技術に活用するために、社会福祉以外の専門家から情報や助言を求めることを [14　　　　　　　　] という。

9 [15　　　　　　] とは、ソーシャルワーカーが利用者の住居等に積極的に出向いて、信頼関係を構築したりサービスを提供したりすることをいう。

10 家族の全体像や相互関係を表した図を [16　　　　　　　] （家族関係図）という。また、家族関係のほかに周囲の人々や社会資源とのつながりも含めて図式化したものを [17　　　　　　　] という。

11 [18　　　　　　　　] とは、社会的に抑圧されてきた人の能力を引き出し、回復させようとする考え方をいう。また、利用者や地域のもつ長所や強み、能力、可能性に着目し、それを生かそうとする手法を [19　　　　　　　　] という。

注意

ケアマネジメント過程における注意点
- インテーク
  信頼関係（ラポール）を構築するとともに主訴を明確化する
- アセスメント
  利用者のニーズと活用できる社会資源を把握して支援目標を明確化する
- 計画の立案
  利用者とその家族の参加が不可欠
- モニタリング
  援助が効果的であったかを吟味し、計画の修正等を検討する

情報

エンパワメントの考え方に基づいて問題解決を図る手法を、エンパワメントアプローチと呼ぶ。

チャレンジ○×問題

解答・解説は別冊 P.9 ～ 10

Q1 ナラティブアプローチは、短い期間に目的達成をめざすアプローチの１つであり、心理臨床のブリーフセラピー（短期療法）の影響を受けている。

Q2 「バイステックの７原則」のうち、「統制された情緒関与」とは、利用者に否定的感情を表出させないよう、援助者が統制することをいう。

Q3 ソーシャル・サポート・ネットワークは、公的な支援を重視する考え方であり、近隣やボランティア等の私的な支援を重視するものではない。

Point 27 社会保障制度

DATE ／ ／

暗記しよう！要点解説

生活保護制度

□ **生活保護制度**を定める**生活保護法**（第１条）では、「この法律は、**日本国憲法第25条**に規定する理念に基き、国が生活に困窮するすべての国民に対し、その困窮の程度に応じ、必要な**保護**を行い、その**最低限度の生活を保障**するとともに、その**自立を助長**することを**目的**とする」としています。

□ 保護は、**厚生労働大臣の定める基準**により測定した要保護者の需要を基とし、そのうち、その者の金銭や物品で満たすことのできない**不足分を補う**程度において行われます。また個人ではなく、世帯を単位として保護の**要否**および**程度**を決定するのが原則とされています（**世帯単位の原則**）。

□ **保護の種類**（保護は原則として**金銭給付**。ただし、④と⑤のみ**現物給付**が原則）

①生活扶助	日常生活に必要な費用（食費・被服費・光熱費など）
②教育扶助	**義務教育**を受けるために必要な学用品代、給食費など（**幼稚園の教育費**は×）
③住宅扶助	アパート等の家賃、**住宅の補修**などにかかる費用
④医療扶助	薬剤・医療処置・療養上の世話などにかかる費用
⑤介護扶助	介護保険法に基づく介護サービスにかかる費用
⑥出産扶助	出産にかかる費用
⑦生業扶助	就労に必要な**技能の修得にかかる費用**（**高等学校就学費**は○）
⑧葬祭扶助	葬祭にかかる費用

□ 保護は、**要保護者**、その**扶養義務者**または**同居の親族**の申請に基づいて開始するのが原則とされています（**申請保護の原則**）。実施機関は、**都道府県知事**、**市長**および**福祉事務所を管理する町村長**であり、それぞれの福祉事務所が事務に当たります。

⧓ 公的医療保険制度（社会保険としての医療保険）

□ 公的医療保険制度は、すべての国民を対象とする**国民皆保険体制**のもと、**被用者医療保険**と**国民健康保険**に大きく分かれます。また、2008（平成20）年度から75歳以上を対象とした**後期高齢者医療制度**が施行されています。

被用者医療保険	会社員など一般被用者を対象とする健康保険（保険者は**健康保険組合**または**全国健康保険協会**）のほか、公務員など特定の職種の被用者を対象とする共済組合などがある。保険料は、**被用者**と**事業主**で負担する
国民健康保険	自営業者など、被用者保険に加入しない者を対象とする**地域保険**。保険者は市区町村（または医師、薬剤師、建設業など職種別の**国民健康保険組合**）。保険料は、**全額自己負担**である

□ 健康保険および国民健康保険の保険給付のうち、**療養の給付**（診察、看護、治療、薬剤の支給等）、入院時食事療養費、高額療養費などは**現物給付**ですが、**出産育児一時金**のように**現金給付**のものもあります。

⧓ 公的年金保険制度（社会保険としての年金保険）

□ 公的年金保険制度もすべての国民を対象とする**国民皆年金体制**です。このうち、**国民年金**は国民共通の**基礎年金**であり、日本国内に住所を有する**20歳以上60歳未満**の者が加入することになっています。20歳～59歳までの全期間保険料を納付すると、**65歳**から満額の**老齢年金**（老齢基礎年金という）が支給されます。このほかに**障害年金**、**遺族年金**があります（それぞれ障害基礎年金、遺族基礎年金という）。

□ **国民年金の被保険者**

第１号被保険者	自営業者、学生など	自分自身で保険料を負担
第２号被保険者	会社員、公務員など	保険料は事業主と折半
第３号被保険者	**第２号被保険者の被扶養配偶者**	**保険料を負担しない**

□ 被用者（会社員、公務員等）は、国民年金のほかに**被用者年金**である**厚生年金**にも加入します。厚生年金は**基礎年金に上乗せ**して支給されます（「**２階部分**」と呼ばれる）。なお、公務員等を対象とした従来の**共済年金**は平成27年10月から厚生年金に統一されました。

□ 社会保険庁の廃止により2010（平成22年）から**日本年金機構**が管理運営を行っており、**年金事務所**（旧社会保険事務所）が年金制度の窓口となっています。

書いて覚えよう！

生活保護制度

1 生活保護法は、日本国憲法第25条に規定する理念に基いて、国が生活に困窮するすべての国民に対し、その困窮の程度に応じて必要な保護を行い、その［1　　　　　　］の生活を保障するとともに、その［2　　　　　　］を助長することを目的としている。

ポイント
市町村および都道府県が支弁する保護の実施に要する費用のうち、４分の３は国が負担することになっている。

2 保護は［3　　　　　　］の定める基準により測定した要保護者の需要を基とし、そのうち、その者の金銭や物品で満たすことのできない［4　　　　　　］を補う程度において行われる。

注意
生活保護の被保護者は能力に応じて勤労に励むことや、生活の状況を適切に把握して支出の節約を図るなど、生活の維持・向上に努めることが義務とされている。

3 保護は、要保護者、扶養義務者または同居の親族の［5　　　　　　］に基づいて開始するのが原則であり、また［6　　　　　　］を単位として保護の要否および程度を決定するのが原則とされている。

4 保護は８種類に区分され、このうち、生活扶助、［7　　　　　　］、住宅扶助、出産扶助、［8　　　　　　］および葬祭扶助は、原則として金銭給付であるが、［9　　　　　　］と介護扶助は現物給付が原則とされている。

情報
生活保護法は８種類の扶助のほかに、住居のない要保護者に対して住宅扶助を行うための宿所提供施設や、医療保護施設、救護施設、更生施設、授産施設といった「保護施設」についても定めている。

5 生活保護の実施機関は、都道府県知事、［10　　　　　　］および福祉事務所を管理する町村長とされており、それぞれの［11　　　　　　］が事務に当たっている。

公的医療保険制度（社会保険としての医療保険）

6 公的医療保険制度のうち被用者医療保険には、会社員など一般被用者を対象とする［12　　　　　　］のほかに、公務員など特定の職種の被用者を対象とする［13　　　　　　］などがある。保険料は被用者と事業主で負担する。

7 [14　　　　　　　　] は、自営業者など、被用者保険に加入しない者を対象とする地域保険である。保険者は [15　　　　　　] (または職種別の国民健康保険組合) であり、保険料を全額自己負担する。

8 健康保険と国民健康保険の給付のうち、療養の給付は現物給付であるが、[16　　　　　　　　] のように現金給付のものもある。

公的年金保険制度（社会保険としての年金保険）

9 公的年金保険制度のうち [17　　　　　　] は、国民共通の基礎年金であり、日本国内に住所を有する [18　　　　] 以上 [19　　　　] 未満のすべての者が加入することになっている。[20　　　　] から老齢年金が支給されるほか、障害年金、[21　　　　　] がある。

10 自営業者や学生は、国民年金の [22　　　　　] 被保険者として自分自身で保険料を負担する。これに対して、[23　　　　　] 被保険者（会社員、公務員等）の被扶養配偶者である [24　　　　　] 被保険者は、保険料を負担しない。

11 被用者（会社員、公務員等）は、国民年金のほかに、被用者年金である [25　　　　　　] にも加入し、基礎年金に上乗せして支給を受けられる。

✚ 情報

「介護保険」は、介護サービスを社会保険によって提供する制度。保険者は市区町村であり、65 歳以上の者が第 1 号被保険者、40 歳～ 64 歳の医療保険加入者が第 2 号被保険者となる。被保険者の申請により市区町村が要介護または要支援の認定をすることで保険給付の対象となる。

♪ヒント

18 ～ 20 には「○○歳」、22 ～ 24 には「第○号」という語句が入る。

チャレンジ〇×問題

解答・解説は別冊 P.10

Q1 生活保護の目的は、最低生活の保障と自立の助長であり、実施機関は国とされている。

Q2 高等学校の授業料は、生活保護制度においては支給されない。

Q3 公的医療保険制度のうち、健康保険の保険者は、市区町村とされている。

Q4 基本的に、国民年金は 20 歳以上 60 歳未満のすべての国民を被保険者とする社会保険制度であり、厚生年金の被保険者は、同時に国民年金の第 2 号被保険者となる。

Point 28 発達に関する理論（1）

DATE ／ ／

暗記しよう！要点解説

発達の基本理論とその提唱者

□ ワトソン（Watson, J.B.）は、発達を決めるのは**環境**であるとする立場（**環境説**）に立ち、人間は発育・発達を統制することができ、学習環境さえ整えれば、子どもは理想的な発達をすると考えました（**学習優位説**）。

□ ゲゼル（Gesell, A.L.）は、発達を決めるのは**遺伝**であるとする立場（**遺伝説**）に立ち、環境は発達を促進させるが、発達の基本的な態様や順序は環境で変わるものではなく、**成熟**（訓練や学習によらない発達的変化）によって決まると考えました（**成熟優位説**）。また、学習が成立するためにはレディネス（**心身の準備性**）が必要であると主張しました。

□ シュテルン（Stern, W.）は、**遺伝**と**環境**はどちらも発達を規定する要因であるとする説を提唱しました。ただし、遺伝と環境は相互に依存したり影響し合ったりするのではなく、独立して加算的に働くものと考えました。これを**輻輳**《ふくそう》**説**といいます。

□ ジェンセン（Jensen, A.R.）は、**遺伝**と**環境**は**相互に作用する**と考える立場（**相互作用説**）に立ち、遺伝的可能性が顕在化するために必要な環境要因の質や量は、その特性によってそれぞれ違いがあり、特性ごとに固有な一定の水準（**閾値**《いきち》）があるとする説（**環境閾値説**）を唱えました（例えば、顔立ちなどの身体的特性は、極度に不適な環境でない限り、ほぼ完全に発達するが、学業成績などは環境条件に比例して発達の可能性が顕在化する）。

□ ギブソン（Gibson, J.J.）は、環境の価値や意味は、人の心の働きによって生まれるのではなく、**環境自体がさまざまな意味を提供している**と考え、子どもが環境に関わることは、環境に埋め込まれた意味を見出しながら行為することであると主張しました。

□ ブロンフェンブレンナー（Bronfenbrenner, U.）は、人間を取り巻く環境を、**入れ子構造**になった**生態学的環境システム**としてとらえ、このシステムが複雑に関係しながら子どもの発達にさまざまな影響を及ぼすとする**生態学的モデル**を提唱しました。

⧓ ピアジェとヴィゴツキー

□ ピアジェ（Piaget, J.）は、人間は認知構造（**シェマ**）に依拠して外界を探索しようとするものであり、**外界から情報を取り込む**（同化）ために**認知構造自体を変容**（調節）しながら知能を体制化していくと考えました。これに基づき、次のような**子どもの認知**（思考）**の普遍的な発達段階**を提唱しました。

<table>
<tr><td colspan="2">感覚運動的知能の段階
（感覚運動期）</td><td>0～2歳</td><td>反射をもとに感覚運動的知能を発達させる
生後7～9か月で物の永続性を理解しはじめる
1歳6か月頃から象徴機能がはたらきはじめる</td></tr>
<tr><td rowspan="3">表象的知能の段階</td><td>前操作的段階
（前操作期）</td><td>2～7歳</td><td>時間の経過や見かけの変化にまどわされやすい
思考と行動が未分化で自己中心的である</td></tr>
<tr><td>具体的操作の段階
（具体的操作期）</td><td>7～12歳頃</td><td>目の前の具体的な事物を扱う限りは論理的操作が可能となり、保存の概念を獲得する</td></tr>
<tr><td>形式的操作の段階
（形式的操作期）</td><td>12～15歳頃</td><td>仮説による論理的操作、抽象的概念や知識の獲得が可能となる</td></tr>
</table>

□ **物の永続性**とは、物体が隠されて視界から消えても、その物体は空間内のどこかに存在しているはずであるという基本的な理解をいいます。また、**象徴機能**とは、目の前にない物を別の物で表現することをいい、**想像力**や**言葉**の発達の基礎をなすものと考えられます。

□ ヴィゴツキー（Vygotsky, L.S.）によると、子どもの認知発達は、①子どもが現在、他者の助力なしに**自力で遂行可能な能力のレベル**と、②大人や仲間の**援助を受けることによって問題解決が可能となる潜在的な発達レベル**の２つのレベルで行われると考え、①と②の間の領域を「**発達の最近接領域**」と呼びました。そして、この領域に的確に働きかける教育こそ意味があると唱えました。

□ **ピアジェ**は、**前操作期**の子どもが活動に熱中しているときに発する**ひとりごと**（**独語**）について、子どもの**自己中心性**（他者が自分と異なる視点をもっていることを理解できない）の現れに過ぎず（このため**自己中心語**と呼ぶ）、脱中心化が図られる学童期には消失するものと考えました。これに対して、**ヴィゴツキー**は、発達の初期にみられる言葉は、すべて**社会的コミュニケーションの手段**として用いられるもの（**外言**）であり、やがてその一部が**自分自身の行動を導くための言葉**（**内言**）として使われるようになると考え、子どものひとりごとは、**外言が内言として内在化する過程**において出現すると述べました。

書いて覚えよう！

出題傾向
保育の心理学の場合、人名はカタカナ表記のあとにアルファベット表記がカッコ内に示される。

注意
学習優位説を批判する立場からゲゼルの説は成熟優位説と呼ばれるが、単に成熟説と表記されることもある。

ヒント
2、4、6、7、8は「○○説」という語句が入る。

発達の基本理論とその提唱者

1 ワトソン（Watson, J.B.）は、発達を決めるのは［1　　　　　］であるとする立場に立ち、学習環境さえ整えれば、子どもは理想的な発達をすると考えた。これを［2　　　　　　　　］という。

2 ゲゼル（Gesell, A.L.）は、発達を決めるのは［3　　　　　］であるとする立場に立ち、発達の基本的な態様や順序は環境で変わるものではなく、成熟によって決まると考えた。これを［4　　　　　　　］といい、学習が成立するには［5　　　　　　　　］（心身の準備性）が必要であると主張した。

3 シュテルン（Stern, W.）は、遺伝と環境はともに発達を規定する要因であるとしつつ、両者は相互に依存したり影響し合ったりするのではなく、独立して加算的に働くとする［6　　　　　］を唱えた。

4 ジェンセン（Jensen, A.R.）は、遺伝と環境は相互に作用すると考える立場（［7　　　　　　　］）に立ち、遺伝的可能性が顕在化するために必要な環境要因の質や量は、その特性によって違いがあり、特性ごとに固有な一定の水準（閾値）があるとする［8　　　　　　　］を唱えた。

5 ブロンフェンブレンナー（Bronfenbrenner, U.）は、人間を取り巻く環境を、［9　　　　　　　］になった生態学的環境システムとして捉え、このシステムが複雑に関係しながら子どもの発達に影響を及ぼすとする［10　　　　　　　　］を提唱した。

ピアジェとヴィゴツキー

6 ピアジェ（Piaget, J.）は、人間は認知構造に依拠して外界を探索しようとするものであり、外界から情報を取り込む（[11　　　　　　]）ために認知構造自体を変容（[12　　　　　　]）しながら、知能を体制化していくと考えた。

✿ 情報
「同化」のことをアシミレーション、「調節」のことをアコモデーションともいう。

7 ピアジェによると、[13　　　　　　　　　]（0～2歳）は、感覚運動的知能の段階であり、生後7～9か月で［14　　　　　　　　　］（物体が隠されて視界から消えても空間内のどこかに存在しているはずだということ）を理解しはじめ、1歳6か月頃から［15　　　　　　　　］が働きはじめる。[16　　　　　　　　]（2～7歳）は、見かけの変化などにまどわされやすく、思考と行動が未分化で［17　　　　　　　　］である。[18　　　　　　　　　　]（7～12歳頃）は、目の前の具体的な事物を扱う限りは論理的操作が可能となり、[19　　　　　　　　] を獲得する。[20　　　　　　　　　　]（12～15歳頃）は、仮説による論理的操作、抽象的概念や知識の獲得が可能となる。

♪ヒント
13、16、18、20には、「○○期」という語句が入る。

✿ 情報
「保存の概念」とは、物体を変形したり配置を変えたりして見かけが変わったとしても、その物体の量は変わらないということを認識できることをいう。

8 ヴィゴツキー（Vygotsky, L.S.）は、子どもの認知発達は、①子どもが現在、他者の助力なしに自力で遂行可能な能力のレベルと、②大人や仲間の援助を受けることによって問題解決が可能となる潜在的な発達レベルの2つのレベルで行われると考え、①と②の間の領域を「[21　　　　　　　　　　　　]」と呼んだ。

チャレンジ○×問題

解答・解説は別冊 P.10

Q1 ジェンセン（Jensen, A.R.）は、環境の価値や意味は、人の心の働きによって生まれるのではなく、環境自体がさまざまな意味を提供していると考えた。

Q2 ピアジェ（Piaget, J.）によると、感覚運動期の子どもが活動に熱中するときにしばしば独語を発するのは自己中心性の表れであり、これを「自己中心語」と呼ぶ。

Q3 ヴィゴツキー（Vygotsky, L.S.）によると、子どものひとりごとは、社会的コミュニケーションの手段である「外言」が、自分自身の行動を導くための言葉である「内言」として内在化する過程において出現する。

Point 29 発達に関する理論（2）

DATE ／ ／

暗記しよう！要点解説

アタッチメント（愛着）の理論

□ アタッチメント（愛着）とは、ある**特定の対象**との間に形成される**親密な愛情の絆**《きずな》をいいます。ボウルビィ（Bowlby, J.）は、乳児について、母親（養育者）の養育行動を引き出す行動の型（泣く・笑う・抱きつき・後追い等）を生得的に備えていると仮定し、このような行動を**愛着行動**と呼びました。そして、乳幼児期に**アタッチメント**が形成される過程を次の4段階に区分しました。

第1段階（**誕生～12週**）	愛着は未形成で、だれに対しても泣いたり微笑したりする
第2段階（**12週～6か月**）	特定の人に対して、より多く凝視したり微笑したりする
第3段階（**6か月～2・3歳**）	特定の人を愛着対象として後追いしたり、他の者と区別して人見知りしたりするようになる。また、愛着対象となる人を安全基地（**探索活動**のよりどころ）とするようになる
第4段階（**2・3歳**）	愛着対象を永続的で、独立の存在と考えられるようになる

□ 子どもがもつ**愛着対象**についてのイメージを、**内的ワーキングモデル**といいます。

□ **愛着対象**と離れることに不安を感じ、抵抗を示す状態を**分離不安**といいます。

□ **生後8か月頃**の乳児は、ものの存在や働きを認識するようになり、**恐怖**や**不安**を感じるようになります。これを**8か月不安**といいます。また対人認識も発達し、**身近さの違い**を認めることができるので、**見知らぬ人**に不安を感じて**人見知り**するようになります。

□ **ローレンツ**（Lorenz, K.）は、孵化《ふか》後間もなく巣を離れる離巣性の鳥類において、孵化後一定の限定された時期に、目の前で動く対象に追従し、強い絆を形成する現象を**刻印づけ（インプリンティング）**と呼びました。この刻印づけが生じる限定された時期を**臨界期**といい、人の行動発達にも応用されました。

□ **ボウルビィ**は、**2歳半**を過ぎると、どんな**マザリング**（母性的な養育行動）も意味がないとして**臨界期**の存在を示唆しました。しかし、人間の発達には**可《か》塑《そ》性**（変化の可能性）があるため、発達初期の条件は決定的要因にはならないと指摘されており、臨界期よりも、発達への刺激が最も敏感に影響し、学習の成立や能力の発達が促進される**敏感期**のほうが重要視されるようになりました。

発達に関する用語

共同注意	乳児が養育者の指さしや視線の先を追い、何を指し、何を見ているのかを相互了解すること。ジョイント・アテンションともいい、**対人的自己**の確立に欠かせない能力とされている
社会的参照	**1歳前後**の子どもが、ある特定の行動をとろうとする際、それが正負いずれの価値をもつのか、どのように行動すべきかなどについて、親しい大人の感情的サイン（表情、声色、しぐさ等）から読み取ろうとすること
対人葛藤	自分の欲求や目標が他者により妨害されていることを知覚したときに生じる対人的過程。解決するには相互の欲求を調整する自己調整能力が必要となる
心の理論	他者が考えていることや感じていることは、自分とは異なるものだということがわかること。**4～5歳**にかけておおむね獲得され、他者の心や行動の理解の基本となる
役割取得	自己中心的な視点を離れ、**他者の視点（立場）に立つ**ことによって他者の認知を推論する能力のこと（役割取得能力ともいう）。3歳頃までは、自他の視点の区別がうまくできないため、役割取得は困難とされる
向社会的行動	外的報酬（ほうび、ほめ言葉等）を期待せず、**相手のため**になることを**自発的**に行う行動のこと。その基礎には、他者への**共感**や**役割取得**が関わっていると考えられている
環境移行	入園、入学、兄弟の誕生、転居、災害、事故など、その人を取り巻く出来事によって**環境が変化**することをいう。不安や混乱をもたらす危機的状況ともなるが、新たな行動様式を獲得するといったプラスの側面もある
レジリエンス	**弾力性**、**回復力**という意味。発達の過程において、大きな変化があっても適応し、乗り越え、立ち直る力をいう。子どもがレジリエンスを発揮するには周囲の大人のサポートが重要

書いて覚えよう！

アタッチメント（愛着）の理論

1 ボウルビィ（Bowlby, J.）は、乳児について、母親（養育者）の養育行動を引き出す行動の型を生得的に備えていると仮定し、このような行動を［1　　　　　　　　］と呼んだ。

2 ボウルビィは、乳幼児期に［2　　　　　　　　　　　　］が形成される過程を４段階に区分した。その第３段階（６か月～２・３歳）になると、特定の人を［3　　　　　　　　］として後追いしたり、他の者と区別して［4　　　　　　　　］したりするようになる。また、その特定の人を［5　　　　　　　　］として探索活動を行うようになる。

3 ［6　　　　　　　　　　　　］とは、子どもがもつ愛着対象についてのイメージをいう。また、愛着対象と離れることに不安を感じて、抵抗を示す状態を［7　　　　　　　　］という。

4 生後［8　　　　　　　　］頃の乳児が、ものの存在や働きを認識して恐怖や不安を感じるようになることを［9　　　　　　　　］という。

5 ローレンツ（Lorenz, K.）は、離巣性の鳥類において、孵化後一定の限定された時期に目の前で動く対象に追従して強い絆を形成する現象を、刻印づけ（［10　　　　　　　　　　　　］）と呼んだ。刻印づけが生じる限定された時期を［11　　　　　　　　］という。

6 発達への刺激が最も敏感に影響し、学習の成立や能力の発達が促進される時期を［12　　　　　　　　］という。

発達に関する用語

7 乳児が養育者の指さしや視線の先を追い、何を指し、何を見ているの

ポイント
乳児期から見る・触るといった探索活動を行うが、愛着対象となる人を安全基地とすることで不安や恐れを克服でき、探索活動を拡大して自分の世界を広げていけるようになる。

情報
人見知りは、アタッチメントが形成されている証拠である。

情報
ローレンツによると、大人は「赤ちゃんらしさ」をもつものに対して養育的な感情や行動が引き出されるようプログラムされており、このため子どもは養育を受けて生きていくことができるとされる。

注意
「敏感期」については、「教育原理」でも学習している（→P.37）。

かを相互了解することを［13　　　　　　　　］（ジョイント・アテンション）といい、対人的自己の確立に欠かせない能力とされる。

8 1歳前後の子どもが、ある特定の行動をとろうとする際、どのように行動すべきかなどについて、親しい大人の表情や声色、しぐさ等から読み取ろうとすることを［14　　　　　　　　］という。

9 自分の欲求や目標が他者によって妨害されていることを知覚したときに生じる［15　　　　　　　　］を解決するには、相互の欲求を調整する［16　　　　　　　　］が必要となる。

10 他者が考えていることや感じていることは自分とは異なるものだということがわかることを、［17　　　　　　　　］という。

11 ［18　　　　　　　　］とは、自己中心的視点を離れ、他者の立場に立つことによって他者の認知を推論する能力をいう。

12 外的報酬（ほうび、ほめ言葉等）を期待せず、相手のためになることを自発的に行う行動を、［19　　　　　　　　］という。

13 ［20　　　　　　　　］とは、入園、入学、兄弟の誕生、転居、災害等、その人を取り巻く出来事によって環境が変化することをいう。

情報
対人的自己とは、他者との社会的相互作用を通して確立される自己をいう。

情報
他者の感情をその表情などから推測し、その感情を共有することを「共感性」という。

注意
自閉症児は心の理論の獲得が困難であるとの指摘もある。

ポイント
4～5歳になると相手の立場に立って、自分と異なる相手の気持ちを徐々に理解できるようになっていく。

チャレンジ○×問題

解答・解説は別冊 P.10～11

Q1 生後2、3か月頃には、特定の愛着対象が明確になる。

Q2 役割取得能力は、3歳までには獲得される。

Q3 環境移行は、子どもに不安や混乱をもたらす危機ともなるが、新たな行動様式を獲得していくきっかけにもなる。

Point 30

乳幼児期の発達

DATE　／　／

暗記しよう！要点解説

乳児と他者との関わり

□ ポルトマン（Portmann, A.）は人の新生児について、他の哺乳類と比べて生後すぐ立ち上がれず（**直立二足歩行**まで1年以上かかる）、食事や排泄《はいせつ》行為さえ他者に頼らなければならない点に着目し、未熟な状態で産まれてくるという意味で「**生理的早産**」と呼びました。

□ **乳児**に特有の特徴をまとめておきましょう。

情動伝染	**生後数日の新生児**が、他の新生児の泣き声に**つられて泣き出す現象**。まだ**自分と他者との区別があいまい**であり、他者の感情に巻き込まれる形で情緒を経験している
エントレインメント（相互同期性）	新生児が、養育者の話しかけに反応するように、手足を動かしたり声を出したりする現象。養育者も子どもの動きや声に**同調**し、**相互作用**がみられるようになる
共鳴動作	目の前にいる人が舌を出したり口を開けたりすると、新生児も同じような顔の表情をする現象。**無意識的な模倣行動**であり、新生児模倣ともいう
生理的微笑と社会的微笑	風呂あがりや満腹時など生理的に快適な状態のときに新生児が見せる笑ったような表情を生理的微笑（**新生児微笑**）という。生後2か月を過ぎると、**人に向けて**ほほ笑むようになり、これを社会的微笑という。3か月頃には**だれにでも**ほほ笑みかける（**3か月微笑**）が、それ以降は**特定の人物**を認識して選択的にほほ笑むようになる
ハンドリガード	生後2～3か月頃、乳児が自分の手を目の前にかざし、その**手をじっと見つめる現象**。自分の見ている手が自分で動かしている手であることに気づき、身体的自己を発見する

言語活動の発達

□ 言語活動は**象徴的活動**のひとつであり、**１歳後半**から**２歳**にかけて象徴機能（→ P.121）が形成されるため、この時期に急激な言語発達が起こります。乳幼児期の**言葉の発達過程**をまとめておきましょう。

生後 １か月頃〜	クーイング	「アー」というような、話し言葉の基となる発声。目覚めて機嫌のよいとき、**のどの奥を鳴らす**ようにして発せられる
４か月頃	喃《なん》語《ご》	「アウア」といった、まだ**言葉にならない段階の声**
半年頃	規準喃語	「da、da、da」など子音＋母音を反復する。**反復喃語**ともいう
10か月 〜１歳頃	初語	初めて発せられる**意味のある言葉**
	一語文	「マンマ」など、**１単語**にすぎないが、身振りや表情、発話される状況などから「文」と同じような機能を果たす
１歳半頃	二語文	「マンマ、いる」のように、**２つの単語**を並べて発話する。単語のつながりによって文法構造をもつ
２歳頃〜	多語文	**３〜４語**からなり、文法構造が複雑となる。**名詞**や**動詞**に**形容詞**などが加わり、急激に語《ご》彙《い》数が増加する

子どもの遊びの発達

□ 表象（目の前にない事物や事象を**イメージ**として思い浮かべる作用）や**象徴機能**は、言葉だけでなく、**遊びの発達**とも深く関係しています。まず、乳児期の**感覚運動的**な認知から幼児期の**表象的知能**の段階（→ P.121）に入り、表象が発生すると、**見立て遊び**（例：積木を車に見立てる）などの**象徴行動**が開始されます。その後、子どもたちの間でイメージやシンボルが共有されるようになると、**ごっこ遊び**が発展していきます。

□ パーテン（Parten, M.B.）は、**２〜５歳頃**にかけての子どもの遊びを、**他者との関わり方**という観点から、次の５つの型に分類しています。

一人遊び	自分１人だけで遊ぶ
傍観	遊びに加わらず、仲間の遊ぶ様子を眺めたり、口を出したりする
平行遊び	他の子どもと同じ場所で同じような遊びをしているが、**互いにやりとりはしない**
連合遊び	他の子どもと一緒に遊び、**やりとりや会話がある**
協同遊び	他の子どもと共通の目的をもって、明確な**役割分担**や**協力**をしながら遊ぶ

書いて覚えよう！

乳児と他者との関わり

1 ポルトマン（Portmann, A.）は、人の新生児について、生後すぐに立ち上がれないことや、食事、排泄行為などを他者に頼らなければならない点に着目し、［1　　　　　　　　］と呼んだ。

情報
法律上の「新生児」の定義は「出生後28日を経過しない乳児」とされている（母子保健法第6条第5項）。なお「乳児」などの定義について→P.78

2 生後数日の新生児が、他の新生児の泣き声につられて泣き出す現象を［2　　　　　　　］という。自分と他者との区別があいまいで、他者の感情に巻き込まれる形で情緒を経験しているとされる。

3 ［3　　　　　　　　　　］とは、新生児が、養育者の話しかけに反応するように、手足を動かしたり、声を出したりする現象をいう。［4　　　　　　　　］ともいい、養育者も子どもの動きや声に同調して、相互作用がみられるようになる。

ポイント
新生児は、他者からの養護的な関わりがなければ生きていくことができないため、人の顔を選好的に見ることやエントレインメント、共鳴動作、生理的微笑といった他者から養護的な感情や養育行動を引き出すような能力が生まれつき備わっているとされる。

4 ［5　　　　　　　　］とは、目の前にいる人が舌を出したり口を開けたりすると、新生児も同じような顔の表情をする現象をいう。無意識的な模倣行動であり、［6　　　　　　　　］ともいう。

注意
乳児期後期になって、「まねしよう」とする意図的な模倣をはじめると、共鳴動作は消失する。

5 新生児が、風呂あがりや満腹時など生理的に快適な状態のときに見せる笑ったような表情を［7　　　　　　　　］（または新生児微笑）という。これに対して、生後2か月を過ぎ、人に向けてほほ笑むようになると、［8　　　　　　　　］と呼ばれる。

6 生後2～3か月頃、乳児が自分の目の前に手をかざし、その手をじっと見つめる現象を［9　　　　　　　　　］という。自分の見ている手が自分で動かしている手であることに気づき、［10　　　　　　　　］を発見する。

ポイント
乳児期における自己意識は、「身体的自己」および「対人的自己」（→P.127欄外）の両面によって成り立っている。

言語活動の発達

7 生後1か月頃から、［11　　　　］と呼ばれるのどの奥を鳴らすような発声がはじまり、4か月頃には、「アウア」といった［12　　　　］が出るようになる。生後半年頃になると、子音＋母音を反復する［13　　　　］（反復喃語ともいう）が聞かれる。

8 生後10か月～1歳頃になると、「マンマ」といった［14　　　　］が聞かれる（特に、初めて発した意味のある言葉を［15　　　　］という）。1歳半頃には、「マンマ、いる」のような［16　　　　］を話しはじめ、2歳頃から急激に語彙数が増加する。

子どもの遊びの発達

9 幼児期の［17　　　　］の段階に入ると、［18　　　　］などの象徴行動が開始され、子どもたちの間でイメージやシンボルが共有されるようになると、［19　　　　］が発展する。

10 パーテン（Parten, M.B.）の遊びの分類によると、他の子どもと同じ場所で同じような遊びをしながら、お互いにやりとりをしない場合を［20　　　　］、他の子どもと一緒に遊び、やりとりや会話がある場合を［21　　　　］という。また、共通の目的をもって明確な役割分担や協力をしながら遊ぶ場合を［22　　　　］という。

♪ ヒント
14、16には「○○文」という語句が入る。

✚ 情報
幼児が語彙（使用する単語）を獲得する過程には、①自分では発語できないが他人の言葉の意味がわかる段階、②模倣の段階、③理解している語を発語する段階がある。

♪ ヒント
18、19、20、21、22には「○○遊び」という語句が入る。

チャレンジ○×問題

解答・解説は別冊 P.11

Q1 生後数日の新生児が、他の新生児の泣き声につられて泣き出す現象を、共鳴動作という。

Q2 社会的微笑は、エントレインメントや共鳴動作などと同様、新生児が生存を維持するための生得的な仕組みのひとつである。

Q3 パーテン（Parten, M.B.）の遊びの分類によると、遊びに加わらず、仲間の遊ぶ様子を眺めたり、口を出したりする場合を「一人遊び」という。

Point 31 学童期・青年期以降の発達

DATE ／ ／

暗記しよう！要点解説

学童期～青年期の発達の特徴

□ 小学校の**低学年・中学年**では、実際に目の前にあるものについて見たり、動かしたりして変化を把握することが多いですが、**高学年**になると論理的思考ができるようになり、自らの思考活動をモニターしてコントロールする**メタ認知**も可能となります。また、親よりも仲間とのやりとりを通して、**向社会的行動**（→ P.125）や**道徳性**を獲得していきます。

□ **青年期**に特有の特徴をまとめておきましょう。

第二次性徴	**性ホルモン**の作用により、**女子**は**10～14歳頃**、**男子**は**12～14歳頃**に現れる身体的な変化。身体と心の変化のずれ、異性に対するあこがれと性に対する怖れなどの葛藤が生じてくる
反抗期	親などの大人に対して反抗的な行動をとる時期。**2、3歳頃**の第一次反抗期と、**思春期**の第二次反抗期があるが、いずれも自己が確立し心理的に自立しようとする現れである
心理的離乳	親への依存から離脱して、1人の人間として**精神的に自立**しようとする心の動き。親の忠告や意見を拒否する態度は、親からすれば**第二次反抗期**としてとらえられるが、自立のためには必要なプロセスである
モラトリアム	もとは「支払の猶予期間」という意味。経済的な自立や社会的責任について猶予が認められ、**アイデンティティ**を積極的に模索していける時期を指す

アイデンティティ

□ アイデンティティ（自己同一性）とは、**自分は何者であるか**という自己認識のことです。エリクソン（Erikson, E.H.）は、人生を8つの段階に分けて（→ P.133）各段階の**発達課題**と**心理社会的危機**を示し、**青年期**における発達課題をアイデンティティの**確立**としました

（具体的には、職業人、家族の一員として、どのように役割を果たし、自分を位置づけるかを明確にすること）。これがうまくいかないと、アイデンティティの拡散（**役割の混乱**）という**心理社会的危機**に直面するというわけです。

□ アイデンティティの確立の過程は、青年期だけにみられる1度きりのものではなく、生涯のうちに何度か**揺らぎ**、**組み替え**、**再構築**、**確立**を繰り返すものと考えられています。

□ マーシア（Marcia, J.E.）は、エリクソンの説を進展させ、①**アイデンティティの達成**、②**権威受容**（**早期完了**）、③**モラトリアム**、④**アイデンティティの拡散**というように、アイデンティティの状態（アイデンティティ・ステイタス）を4種類に分析しました。

生涯を通じての発達

□ **エリクソン**による発達段階ごとの**発達課題**と**心理社会的危機**をまとめておきましょう。

発達段階		発達課題と心理社会的危機
乳児期	0～1歳	「基本的信頼」 対 「不信」
幼児前期	1～3歳	「自律」 対 「恥」
幼児後期	3～6歳	「自主性」 対 「罪悪感」
学童期	6～12歳	「勤勉性」 対 「劣等感」
青年期	12～18歳	「アイデンティティの確立」 対 「アイデンティティの拡散」
成人初期	―	「親密性」 対 「孤独」
成人期	―	「生殖性（世代性）」 対 「停滞」
老年期	―	「統合」 対 「絶望」

□ バルテス（Baltes, P.B.）は、**生涯発達心理学**を提唱し、個体の発達は**生涯にわたる過程**であること、発達は全生涯を通じて常に**獲得**（**成長**）と**喪失**（**衰退**）が相互に関連し合って起こる過程であることなどを主張しました。また、人生において**否定的感情**を多く経験してきた者が、老年期に**英知**を備えるようになる傾向があり、英知は必ずしも高齢者に特有の心理的能力ではないことを明らかにしました。

□ 知能には、**流動性知能**（新しい環境や課題に適応する能力）と**結晶性知能**（経験に基づいて状況を処理する能力）があり、流動性知能が比較的早く減衰するのに対し、結晶性知能は**高齢期まで上昇**すると考えられています。また、知的能力の低下を防ぐには、日常生活の中で知的活動を行うことが有効とされています。

書いて覚えよう！

ポイント

メタ認知は学童期後半になると学校で求められることが多くなる。例えば、英単語を覚えるのは認知活動そのものだが、自分は記憶が苦手だからカード化しようとするのはメタ認知活動である。

注意

第一次性徴は、生まれてすぐ分かる男女性器の特徴をいう。一方、第二次性徴は、青年期のはじまりの指標とされている。

学童期〜青年期の発達の特徴

1 小学校の［1 ］になると論理的思考ができるようになり、自らの思考活動をモニターしてコントロールする［2 ］も可能となる。また、親よりも仲間とのやりとりを通して、向社会的行動や［3 ］を獲得していく。

2 ［4 ］の作用によって、女子は 10 〜 14 歳頃、男子は 12 〜 14 歳頃に現れる身体的変化を［5 ］という。

3 親などの大人に対して反抗的な行動をとる時期を［6 ］という。

4 親への依存から離脱し、1 人の人間として精神的に自立しようとする心の動きを［7 ］という。忠告や意見を拒否する態度は親からすれば［8 ］としてとらえられるが、子どもの自立のためには必要なプロセスである。

5 ［9 ］とは、経済的自立や社会的責任について猶予が認められ、［10 ］を積極的に模索していける時期を指す。もとは「支払の猶予期間」という意味。

アイデンティティ

6 アイデンティティとは、自分は何者かという自己認識のことをいい、「［11 ］」とも訳す。エリクソン（Erikson, E.H.）は、人生を 8 段階に分けて各段階の発達課題と［12 ］を示し、青年期における発達課題を［13 ］とした。そして、この課題が達成できなければ、アイデンティティの拡散（［14 ］）という危機に直面するとしている。

7 マーシア（Marcia, J.E.）は、エリクソンの説を進展させ、アイデンティティの状態（[15　　　　　　　　　　]）を、①アイデンティティの達成、②［16　　　　　　　］（早期完了）、③モラトリアム、④アイデンティティの拡散の4種類に分析した。

情報
権威受容とは、親など権威ある人の考え方を受け入れることで安心するタイプで、自分の目標と親の目標との間に不協和がない。

生涯を通じての発達

8 エリクソンによる発達段階ごとの発達課題と心理社会的危機のうち青年期以外のものは以下の通り。

- 乳児期（0～1歳）……………「［17　　　　　　　］」対「不信」
- 幼児前期（1～3歳）…………「［18　　　　　］」対「恥」
- 幼児後期（3～6歳）…………「自主性」対「［19　　　　　　］」
- 学童期（6～12歳）…………「勤勉性」対「［20　　　　　　］」
- 成人初期……………………………「親密性」対「［21　　　　　］」
- 成人期………………………………「［22　　　　　］（世代性）」対「停滞」
- 老年期………………………………「［23　　　　　］」対「絶望」

ヒント
19、20には「○○感」という語句が入る。

注意
発達課題と心理社会的危機の呼び名は、文献によって多少の違いがあり、試験でも本書と異なる名称で出題されることがあり得る。

9 バルテス（Baltes, P.B.）は［24　　　　　　　　　］を提唱し、発達について、全生涯を通じて常に獲得（成長）と喪失（衰退）が相互に関連し合って起こる過程であることなどを主張した。

10 知能には、［25　　　　　　　　　］（新しい環境や課題に適応する能力）と、［26　　　　　　　　　］（経験に基づいて状況を処理する能力）とがある。

チャレンジ○×問題

解答・解説は別冊 P.11

Q1 心理的離乳とは、青年が親から精神的に自立することを意味する。

Q2 アイデンティティの再構築は、老年期特有のものである。

Q3 流動性知能は青年期以降も上昇し、結晶性知能は成人期以降減衰する。

Point 32

保育指針第２章より

DATE ／ ／

暗記しよう！要点解説

保育指針「第２章 保育の内容」の「1 乳児保育に関わるねらい及び内容」「(1) 基本的事項」

ア	乳児期の発達については、視覚、聴覚などの感覚や、座る、はう、歩くなどの運動機能が著しく発達し、特定の大人との応答的な関わりを通じて、情緒的な絆《きずな》が形成されるといった特徴がある。これらの発達の特徴を踏まえて、乳児保育は、愛情豊かに、応答的に行われることが特に必要である
イ	本項においては、この時期の発達の特徴を踏まえ、乳児保育の「ねらい」及び「内容」については、身体的発達に関する視点「健やかに伸び伸びと育つ」、社会的発達に関する視点「身近な人と気持ちが通じ合う」及び精神的発達に関する視点「身近なものと関わり感性が育つ」としてまとめ、示している
ウ	本項の各視点において示す保育の内容は、第１章の２に示された養護における「生命の保持」及び「情緒の安定」に関わる保育の内容と、一体となって展開されるものであることに留意が必要である

「1 乳児保育に関わるねらい及び内容」の「(2) ねらい及び内容」（抜粋）

ア　健やかに伸び伸びと育つ

健康な心と体を育て、自ら健康で安全な生活をつくり出す力の基盤を培う

（ア）　ねらい　①身体感覚が育ち、快適な環境に心地よさを感じる
②伸び伸びと体を動かし、はう、歩くなどの運動をしようとする
③食事、睡眠等の生活のリズムの感覚が芽生える

イ　身近な人と気持ちが通じ合う

受容的・応答的な関わりの下で、何かを伝えようとする意欲や身近な大人との信頼関係を育て、人と関わる力の基盤を培う

（ア）　ねらい　①安心できる関係の下で、身近な人と共に過ごす喜びを感じる
②体の動きや表情、発声等により、保育士等と気持ちを通わせようとする
③身近な人と親しみ、関わりを深め、愛情や信頼感が芽生える

ウ　身近なものと関わり感性が育つ

身近な環境に興味や好奇心をもって関わり、感じたことや考えたことを表現する力の基盤を培う

（ア）　ねらい　①身の回りのものに親しみ、様々なものに興味や関心をもつ
②見る、触れる、探索するなど、身近な環境に自分から関わろうとする
③身体の諸感覚による認識が豊かになり、表情や手足、体の動き等で表現する

「2　1歳以上3歳未満児の保育に関わるねらい及び内容」の「(1) 基本的事項」

ア　この時期においては、歩き始めから、歩く、走る、跳ぶなどへと、基本的な運動機能が次第に発達し、排泄《せつ》の自立のための身体的機能も整うようになる。つまむ、めくるなどの指先の機能も発達し、食事、衣類の着脱なども、保育士等の援助の下で自分で行うようになる。発声も明瞭になり、語彙《い》も増加し、自分の意思や欲求を言葉で表出できるようになる。このように自分でできることが増えてくる時期であることから、保育士等は、子どもの生活の安定を図りながら、自分でしようとする気持ちを尊重し、温かく見守るとともに、愛情豊かに、応答的に関わることが必要である

イ　本項においては、この時期の発達の特徴を踏まえ、保育の「ねらい」及び「内容」について、心身の健康に関する領域「健康」、人との関わりに関する領域「人間関係」、身近な環境との関わりに関する領域「環境」、言葉の獲得に関する領域「言葉」及び感性と表現に関する領域「表現」としてまとめ、示している

ウ　本項の各領域において示す保育の内容は（以下、乳児保育の「(1) 基本的事項」ウと同じ内容）

「3　3歳以上児の保育に関するねらい及び内容」の「(1) 基本的事項」

ア　この時期においては、運動機能の発達により、基本的な動作が一通りできるようになるとともに、基本的な生活習慣もほぼ自立できるようになる。理解する語彙数が急激に増加し、知的興味や関心も高まってくる。仲間と遊び、仲間の中の一人という自覚が生じ、集団的な遊びや協同的な活動も見られるようになる。これらの発達の特徴を踏まえて、この時期の保育においては、個の成長と集団としての活動の充実が図られるようにしなければならない

イ　（1歳以上3歳未満児の保育の「(1) 基本的事項」イと同じ内容）

ウ　本項の各領域において示す保育の内容は（以下、乳児保育の「(1) 基本的事項」ウと同じ内容）

書いて覚えよう！

注意
2017（平成29）年改正前の保育指針では第２章「子どもの発達」とされていた。新しい保育指針では第２章「保育の内容」の中に子どもの発達についての記述がある。

「1 乳児保育に関わるねらい及び内容」の「(1) 基本的事項」

1 乳児期においては、視覚、聴覚などの感覚や、座る、［1　　　　］、歩くなどの運動機能が著しく発達し、特定の［2　　　　］との応答的な関わりを通じて、［3　　　　］な絆が形成されるといった特徴がある。これらの発達の特徴を踏まえ、乳児保育は［4　　　　］に、応答的に行われることが特に必要である。

2 保育指針では、乳児保育の「ねらい」及び「内容」を、身体的発達に関する視点「健やかに伸び伸びと育つ」、［5　　　　］発達に関する視点「身近な人と気持ちが通じ合う」及び［6　　　　］発達に関する視点「身近なものと関わり感性が育つ」として示している。

3 保育指針では、2の３つの視点において示す保育の内容は、保育指針第１章の［7　　　　］における「生命の保持」及び「情緒の安定」に関わる保育の内容と、［8　　　　］となって展開されるものであることに留意が必要であるとしている。

ポイント
「ねらい」とは第１章の１「(2) 保育の目標」をより具体化したものであり、子どもが保育所において、安定した生活を送り、充実した活動ができるように、保育を通じて育みたい資質・能力を、子どもの生活する姿から捉えたものである。「内容」は、「ねらい」を達成するために、子どもの生活やその状況に応じて保育士等が適切に行う事項と、保育士等が援助して子どもが環境に関わって経験する事項を示したものである。

「1 乳児保育に関わるねらい及び内容」の「(2) ねらい及び内容」

4「健やかに伸び伸びと育つ」とは、健康な心と体を育て、自ら健康で安全な［9　　　　］をつくり出す力の基盤を培うことをいう。その「ねらい」の１つとして、「［10　　　　］が育ち、快適な環境に心地よさを感じる」が挙げられている。

5「身近な人と気持ちが通じ合う」とは、［11　　　　］・応答的な関わりの下で、何かを伝えようとする意欲や身近な大人との信頼関係を育て、［12　　　　］の基盤を培うことをいう。

6 「身近なものと関わり感性が育つ」とは、「身近な［13　　　　　　］に興味や好奇心をもって関わり、感じたことや考えたことを表現する力の基盤を培うことをいう。その「ねらい」の1つとして、「身体の諸感覚による認識が豊かになり、［14　　　　　　］や手足、体の動き等で表現する」が挙げられている。

「2　1歳以上3歳未満児の保育に関わるねらい及び内容」の「(1) 基本的事項」

7 この時期においては、［15　　　　　　］から、歩く、走る、跳ぶなどへと、基本的な運動機能が次第に発達し、［16　　　　　　］の自立のための身体的機能も整うようになる。

8 つまむ、めくるなどの［17　　　　　　］の機能も発達し、食事、衣類の着脱なども、保育士等の援助の下で自分で行うようになる。発声も明瞭になり、語彙も増加し、自分の意思や欲求を［18　　　　　　］で表出できるようになる。

♪ヒント
「語彙」とは、その人が知っている言葉の数という意味。

「3　3歳以上児の保育に関するねらい及び内容」の「(1) 基本的事項」

9 この時期は、基本的な［19　　　　　　］もほぼ自立できるようになる。仲間と遊び、仲間の中の一人という自覚が生じ、集団的な遊びや［20　　　　　　］な活動も見られるようになる。これらの発達の特徴を踏まえて、この時期の保育においては、個の成長と［21　　　　　　］としての活動の充実が図られるようにしなければならない。

チャレンジ○×問題

解答・解説は別冊 P.11

Q1 保育指針では、保育の「ねらい」及び「内容」を、乳児～3歳以上児のいずれの年齢層についても、「健康・人間関係・環境・言葉・表現」の5領域に分けて示している。

Q2 保育指針では、「2　1歳以上3歳未満児の保育に関わるねらい及び内容」の中で、この時期は「理解する語彙数が急激に増加し、知的興味や関心も高まってくる」と述べている。

Point 33 小児の発育と発達

DATE ／ ／

暗記しよう！要点解説

原始反射

□ **新生児期**（出生から満 28 日未満の時期）に生じ、その後、数か月で消失する反射（刺激に対する反応）を**原始反射**（**新生児反射**）といいます。主なものをまとめておきます。

自立歩行反射	子どもをやや前屈みにして胸で体重を支え、足の裏を床などに触れさせると足を交互に出して歩く格好をする。自動歩行ともいう。生後**6～8週**で消失
モロー反射	仰臥位《ぎょうがい》（あおむけ）で**頭を持ち上げてから急に離す**と、**手足を伸展**したあと、抱きつくように屈曲する。生後**3～4か月**で消失
手掌《しゅしょう》把握反射	**手のひらの内側**に何かが触れると強く握ろうとする。生後**4～6か月**で消失
緊張性頸反射	仰臥位で頭部を左右どちらかに向けると、**顔を向けた側の上下肢を伸展**して、**反対側の上下肢を屈曲**させる。生後**4～6か月**で消失
哺乳反射	口のまわりに何かが触れるとそちらに顔を向け（**探索反射**）、口に何かが入ると吸い付く（**吸啜《きゅうてつ》反射**）といった一連の反射。生後**5～7か月**で消失
バビンスキー反射	**足の裏**の外側面を刺激すると、足の**親指が反り返り**、他の**4本の指が扇状に開く**。**2歳頃**には消失する。なお、刺激部位によっては把握的な反応をする場合もある（これは**足底《そくてい》把握反射**という）

発育と発達の原則

□ 一般的に、身体が**形態的に大きくなる**こと（身長や体重といった測定できる部分の増加）を**発育**（または**成長**）といい、精神的または運動面で**機能的に成熟していく**ことを**発達**といいます。

□ 子どもの発育（成長）や発達には、次のような**生物学的な発育・発達の原則**（第 1 原則～第 6 原則）が当てはまります。

ただし、発育（成長）や発達は、個人差が大きいことにも注意しましょう。

第１原則	発育・発達は連続した現象である。原則として、ある段階から次の段階に飛躍することはない
第２原則	発育・発達は遺伝的に規定された一定の順序にしたがって進む。例えば運動機能については、首座り→お座り→つかまり立ち→歩行…と進む
第３原則	発育は身体各部に**均一に起こるのではなく**、速度も一定ではない。身長や体重は乳児期に急速に伸びたあとゆっくりになり、**思春期**に急速に伸びる（**スパート**）
第４原則	その時期に発育が起こらないと、将来その能力を獲得できなくなるという大切な時期（臨界期）がある
第５原則	**頭部→尾部、身体の中心部→末梢の部分**、粗大な動き→微細な動きというように、発育・発達には方向性がある
第６原則	発育・発達は母子相互作用（母子が触覚、視覚、聴覚等を介して互いに影響し合うこと）などの**相互作用によって支配される**

□ 上記**第３原則**は、スキャモン（Scammon, R.E.）の**器官別発育曲線**からも確認できます。

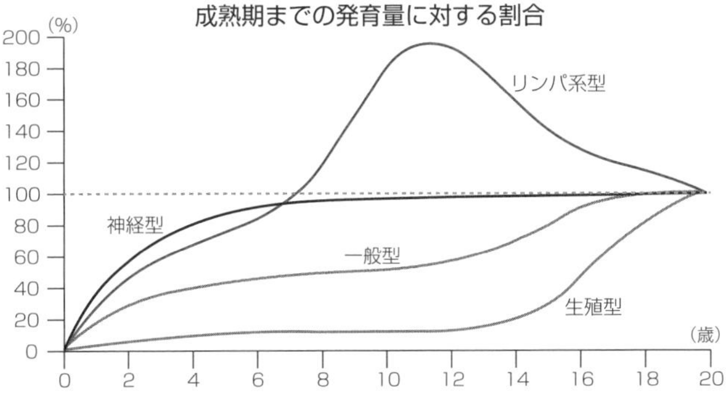

- **リンパ系型**
  リンパ節、扁桃など
- **神経型**
  脳、脊髄、視覚器など
- **一般型**
  身長・体重、骨、筋肉、呼吸器、心臓・血管、消化器、腎臓など
- **生殖型**
  睾丸、卵巣、子宮など

標準的な精神運動機能の発達

生後１～２か月	原始反射（**新生児反射**）。生後６週頃から固視（物を見つめること）
生後３～４か月	首が座る（立て抱きで頭がぐらつかない）。あやすと声を立てて笑う
生後５～６か月	寝返りができる。ずり這い（腹部を接地させた「**はいはい**」）を始める
生後７～８か月	お座り（**一人座り**）ができる
生後９～ 10か月	高這い（**四足歩行**）ができる。つかまり立ちをする
生後 11 ～ 12か月	つたい歩きをする。瞬間的に**一人立ち**する

書いて覚えよう！

出題傾向
原始反射については、子どもの保健のほか、保育の心理学でも出題されることがある。

ヒント
2、3、5、6、7、8には「○○反射」という語句が入る。

情報
消失時期を超過してもなおモロー反射があるときは、中枢神経系の異常が疑われる。

原始反射

1 [1　　　　　　] （出生から満28日未満の時期）に生じ、その後、数か月で消失する反射を [2　　　　　　] （または新生児反射）という。

2 [3　　　　　　] とは、子どもをやや前屈みにして胸で体重を支え、足の裏を床などに触れさせると足を交互に出して歩く格好をする反射をいい、[4　　　　　　] とも呼ぶ。また、手のひらの内側に何かが触れると強く握ろうとする反射を [5　　　　　　] という。

3 仰臥位（あおむけ）で頭を持ち上げてから急に離すと、手足を伸展したあと抱きつくように屈曲する反射を [6　　　　　　] といい、生後3～4か月で消失する。

4 口のまわりに何かが触れるとそちらに顔を向けたり、口に何かが入ると吸い付いたりする一連の反射を、[7　　　　　　] という。

5 足の裏の外側面を刺激すると、足の親指が反り返り、他の4本の指が扇状に開く反射を、[8　　　　　　] という。2歳頃には消失する。

発育と発達の原則

6 一般的に、身体が形態的に大きくなること（身長や体重といった測定できる部分の増加）を [9　　　　　　] （または成長））といい、精神的または運動面で機能的に成熟していくことを [10　　　　　　] という。

7 発育・発達は、原則として、ある段階から次の段階に飛躍することのない［11　　　　　］した現象である。また、発育・発達は、首座り→お座り→つかまり立ち→歩行というように、遺伝的に規定された一定の［12　　　　　］にしたがって進むことが原則である。

8 発育は、身体各部に均一に起こるのではなく、また［13　　　　　］も一定ではない。この原則は、スキャモンの［14　　　　　］からも確認することができる。これによると、［15　　　　　］は10～12歳頃に成人の2倍近い値を示すことや、［16　　　　　］は乳幼児期に急速に伸びて成人の値に至ることなどがわかる。

9 発育・発達は、原則として、頭部→尾部、身体の中心部→末梢の部分というように［17　　　　　］がある。

標準的な精神運動機能の発達

10 生後3～4か月で［18　　　　　］（立て抱きで頭がぐらつかない）ようになり、生後5～6か月で［19　　　　　］（腹部を接地させた「はいはい」）を始める。生後7～8か月になると［20　　　　　］（一人座り）ができるようになり、さらに生後9～10か月になると高這い（四足歩行）や［21　　　　　］をするようになる。

ポイント
スキャモンの器官別発育曲線は、成人（20歳）における値を100%として、年齢による変化を示している。

注意
発達には個人差があるため、継時的な観察が重要である。

チャレンジ○×問題

解答・解説は別冊P.11～12

Q1 緊張性頸反射とは、仰臥位で頭部を左右どちらかに向けると、顔を向けた側の上下肢を伸展して、反対側の上下肢を屈曲させる原始反射をいい、生後1歳頃までみられる。

Q2 通常、身長は、乳児期と小学校低学年で急速に伸び、思春期ではゆっくり伸びる。

Q3 スキャモンの器官別発育曲線を見ると、生殖型（睾丸、卵巣、子宮など）は思春期になって急速に発育し、15～16歳頃に成人の値と同等となることがわかる。

Q4 「寝返り」は、生後3～4か月までにできるようになれば標準的とされる。

Point 34 母子保健対策

DATE ／ ／

暗記しよう！要点解説

人口動態統計

□ 2005（平成17）年と2018（平成30）年の数値を比較してみましょう。

出生率	出生数÷10月1日現在日本人人口×1,000 平成17年→30年：出生数106万2,530人→**91万8,400人**、出生率8.4→**7.4**
合計特殊出生率	15歳から49歳までの女性の年齢別出生率の合計 平成17年→30年：1.26*→1.42（＊過去最低の値→P.88）
新生児死亡率	新生児死亡数÷出生数×1,000 平成17年→30年：新生児死亡数1,510人→**801人**、新生児死亡率1.4→**0.9**
乳児死亡率	乳児死亡数÷出生数×1,000 平成17年→30年：乳児死亡数2,958人→**1,748人**、乳児死亡率2.8→**1.9**
妊産婦死亡率	妊産婦死亡数÷出産数*×100,000（＊出生数＋死産数〔または年間出生数〕） 妊産婦死亡：妊娠中または妊娠終了後満42日未満の死亡 平成17年→30年：妊産婦死亡数62人→**31人**、妊産婦死亡率5.7→**3.3**

□ 乳幼児の死因順位（2018〔平成30〕年）を確認しておきましょう。

①**死亡数**（人）、②**死亡率**（0歳：出生10万対、1～4歳：人口10万対）、③**割合**（％）

年齢	第1位	第2位	第3位
0歳	先天奇形、変形及び染色体異常 ①623 ②67.8 ③35.6	周産期*に特異的な呼吸障害等 ①262 ②28.5 ③15	不慮の事故 ①64 ②7 ③3.7
1～4歳	先天奇形、変形及び染色体異常 ①152 ②4 ③23.6	不慮の事故 ①83 ②2.2 ③12.9	悪性新生物〈腫瘍〉 ①73 ②1.9 ③11.3

＊周産期…妊娠満22週から出生後満7日未満までの期間

母子保健

□ **母子保健法**に定められている主な規定をまとめておきます。

健康診査 （第12条）	市町村は、次の者に対し健康診査を行わなければならない ● **満１歳６か月を超え**満２歳に達しない幼児（１歳６か月児健診） ● **満３歳を超え**満４歳に達しない幼児（３歳児健診）
妊娠の届出 （第15条）	**妊娠した者**は、厚生労働省令で定める事項（氏名、年齢、妊娠月数など）につき、速やかに、市町村長に妊娠の届出をするようにしなければならない
母子健康手帳 （第16条）	市町村は、**妊娠の届出をした者**に対して、母子健康手帳を交付しなければならない。**妊産婦**（妊娠中または出産後１年以内の女子）や**乳幼児**が健康診査または保健指導を受けたときは、**必要事項の記載**を受けなければならない
低体重児の届出 （第18条）	体重2,500ｇ未満の乳児が出生したときは、その保護者は、速やかにその旨を乳児の現在地の市町村に届け出なければならない

□ **母子保健法**が実施時期を定めているのは、**１歳６か月児健診**と**３歳児健診**のみです。ただし、市町村はこのほかにも必要に応じて妊産婦や乳幼児に対して健康診査を行うよう定められており、多くの市町村で**妊産婦健診**、**３～４か月児健診**などが実施されています。

□ **母子健康手帳**は各市町村で作成しますが、その様式は**厚生労働省令**で定めることとされており、「**省令様式**」と呼ばれる**全国共通のページ**のほか、各市町村の判断で独自の制度などを記載する「**任意様式**」のページを設けることができます。

□ 厚生労働省では10年ごとに**乳幼児身体発育調査**を実施しています。その集計結果は従来から、**母子健康手帳**に掲載される**乳幼児身体発育曲線**や、乳幼児の**身体発育の評価**などに活用されています。

□ 先天性疾患の早期発見を目的として、新生児を対象に**生後４～７日**の間に行われる検査を**先天性代謝異常等検査**といいます。一般に**新生児マススクリーニング検査**と呼ばれ、**公費**で行われています。現在の基本対象疾患は６種類で、いずれも発見が遅れると死亡または重度の障害を招きますが、早期に発見して治療すれば、ほぼ普通の生活を送ることができます。受検は任意ですが、ほぼ100％の新生児がこの検査を受けています。

□ 子どもの慢性疾患のうち、小児がんなど特定の疾患については、治療期間が長く、医療費負担が高額となります。そこで、特定の小児慢性疾患について、その**治療の確立と普及を図る**とともに、患者家庭の医療費負担の軽減につながるよう**医療費の自己負担分を補助**するものとして、**小児慢性特定疾患治療研究事業**が実施されています。

書いて覚えよう！

人口動態統計

出題傾向
子どもの保健では人口動態統計の内容を問う出題がある。

1 [1　　　　　] とは、出生数を10月1日現在日本人人口で割って1,000をかけた数値をいい、出生数とともに減少傾向にある。

ヒント
2、3には「○○歳」という語句が入る。

2 合計特殊出生率とは、[2　　　　　] から [3　　　　　] までの女性の年齢別出生率の合計をいい、2005（平成17）年に過去最低の値となる [4　　　　] を記録して以来、上昇傾向にある。

注意
合計特殊出生率の値は1人の女性が仮にその年次の年齢別出生率で一生の間に生むとしたときの子ども数に相当する。

3 [5　　　　　　　] は、新生児死亡数を [6　　　　　] で割って1,000をかけた数値であり、新生児死亡数とともに減少傾向にある。

4 2018（平成30）年の乳幼児の死因順位をみると、0歳児の第1位は「先天奇形、変形及び染色体異常」、第2位は「周産期に特異的な呼吸障害等」、第3位は [7　　　　　　　] となっている。また、1～4歳児の第1位は「[8　　　　　　　　　　　　　　]」、第2位は「[9　　　　　　　]」、第3位は「悪性新生物」である。

情報
1～4歳児の「不慮の事故」の内訳は以下の通り（2018〔平成30〕年人口動態統計）
第1位：交通事故
第2位：不慮の窒息
第3位：不慮の溺死および溺水

母子保健

5 母子保健法により実施時期が定められている健康診査は、1歳6か月児健診および [10　　　　　　　] のみである。ただし、市町村は、このほかにも必要に応じて妊産婦や乳幼児に対して健康診査を行うよう定められており、[11　　　　　　　] や3～4か月児健診なども実施されている。

ポイント
母子保健法に基づく健康診査（＝健診）は、すべて市町村（特別区を含む）を実施主体とする。

6 [12　　　　　] は、妊娠の届出をした者に [13　　　　　　　　] を交付しなければならない。その様式は厚生労働省令で定めることとされており、「[14　　　　　　　]」と呼ばれる全国共通ページのほか、各市町村の判断で独自の制度などを記載する「[15　　　　　　]」のページが設けられている。また、[16　　　　　]（妊娠中または出産後1年以内の女子）や乳幼児が健康診査または保健指導を受けたときは、必要事項の記載を受けなければならないとされている。

7 体重［17　　　　　］の乳児が出生したときは、その保護者は速やかに、その旨を乳児の現在地の［18　　　　　］に届け出なければならない。

8 厚生労働省では10年ごとに［19　　　　　］を実施しており、母子健康手帳に掲載される［20　　　　　］や乳幼児の身体発育の評価などに活用されている。

9 ［21　　　　　］の早期発見を目的として、新生児を対象に生後4～7日の間に行われる検査を先天性代謝異常等検査、または一般に［22　　　　　］という。

10 特定の小児慢性疾患につき、治療の確立と普及を図るとともに、患者家庭の医療費負担の軽減につながるよう医療費の自己負担分を補助するものとして、［23　　　　　］が実施されている。

情報
1942（昭和17）年に「妊産婦手帳」の制度が創設され、戦後すぐに「母子手帳」となり、その後1966（昭和41）年の母子保健法施行に伴い「母子健康手帳」となった。

注意
かつては2,500g未満の新生児を「未熟児」と呼んでいたが、現在では「低出生体重児」という。なお、在胎37週以降42週未満の分娩で生まれた場合を「正期産児」、在胎37週未満の分娩で生まれた場合を「早期産児」という。

情報
2015（平成27）年より小児慢性特定疾患治療研究事業の対象疾患が14疾患群（704疾病）に拡大された。

チャレンジ○×問題

解答・解説は別冊P.12

Q1 乳児死亡率とは、出生後28日未満の死亡数を出生数で割って1,000をかけた値をいう。

Q2 母子保健法では、妊娠した者は、厚生労働省令で定める事項につき、速やかに都道府県知事に妊娠の届出をするようにしなければならないと定めている。

Q3 3～4か月児健診では、先天性代謝異常に関するスクリーニング検査も実施される。

Point 35 小児にみられる疾患

DATE ／ ／

暗記しよう！要点解説

子どもに多い症状

□ 乳幼児の**体温**は、大人より高めのことが多く、**腋窩**《えきか》（腋の下）で測定して 36.0 ～ 37.4℃が正常範囲とされます。おおむね **38℃**を超えた場合は**発熱**と考えてよく、ほとんどが**細菌**や**ウイルス**による**感染症**で生じます。かぜなどの感染症では**防御反応**として上昇します。

□ 便がいつもより軟らかく、泥状または水様になった状態を**下痢**といい、排便の回数が増えます。原因は、**ロタウイルス**や**ノロウイルス**等の**ウイルス感染**による場合が多く、嘔吐《おうと》を伴う場合は**脱水**になりやすいため、少量の水分（湯冷まし、イオン飲料等）を飲ませます。

□ **嘔吐**とは、胃の内容物が口から勢いよく吐き出される症状をいいます（哺乳後にミルクが口からだらりと出てくる**溢乳**《いつにゅう》は含みません）。原因としては、気管支炎や気管支喘息に伴う嘔吐、乳児嘔吐下痢症、尿路感染症、頭部外傷による嘔吐、髄膜炎《ずいまくえん》などが考えられます。

□ **気管支喘息**は、ダニなどを原因とする**アレルギー反応**により、気管支が収縮したり、痰《たん》がつまったりして**呼吸困難**になる状態をいいます。呼吸（特に吐く息）が苦しくなり、「ぜいぜいひゅうひゅう」という呼吸音（**喘鳴**《ぜんめい》）が鳴る**発作性**の呼吸困難を繰り返します。

□ **特定の食物**を摂取した後、免疫学的機序（メカニズム）を介して皮膚・呼吸器・消化器または全身性に生じる症状を、**食物アレルギー**といいます。原因となる食物として保育所で**除去**しているものは**鶏卵**や**乳製品**などが多く、またアナフィラキシー（複数の臓器に症状が出現する重篤な反応）が起きた場合は、**エピペン**（一時的に症状を緩和する自己注射薬）の使用など適切な処置をし、速やかに医療機関に救急搬送することが基本です。

□ アトピー性皮膚炎は、**アトピー素因**を背景とした**強いかゆみ**を伴う**湿疹**《しっしん》**性の皮膚炎**です。乾燥に対しては**保湿薬**を用い、かゆみが出た場合はまず濡らしたタオルや**保冷剤**で患部を冷やします。乳幼児はアトピー性皮膚炎と食物アレルギーを合併することが多いですが、アトピー性皮膚炎から食物アレルギー（またはその逆）になるわけではありません。

乳幼児突然死症候群

□ 乳幼児突然死症候群（SIDS）とは、元気に発育していた乳幼児が睡眠中に突然死亡してしまう病気をいいます。**生後２～６か月**に多く、睡眠中に呼吸運動の低下が起きたときに、それに抗するための覚醒反応の低下があると考えられています。**うつぶせ寝、両親の喫煙**および**人工栄養**（非母乳栄養）がリスク要因として挙げられます。乳幼児突然死症候群の診断には、**解剖所見**が必要です。

感染症

□ **病原体**（ウイルス、細菌等）が**宿主**《しゅくしゅ》（人、動物）の体内に侵入して、**発育増殖**することを**感染**といい、その結果、何らかの症状（**発熱・下痢・嘔吐**等）が現れた状態を**感染症**といいます。病原体が侵入してから**発症**するまでには、一定の期間（**潜伏期間**）を要します。また、感染症が発生するには、①**病原体**、②**感染経路**（飛《ひ》沫《まつ》感染、空気感染等→ P.152）、③**感受性宿主**（免疫が弱く、感染すると発症する）の３大要因が必要です。

□ 乳幼児に多い感染症について、①**特徴**、②**登園の目安**をまとめておきます。

麻疹《ましん》（はしか）	①	**麻疹ウイルス**による急性発疹性感染症。コプリック斑という白い斑点が頬粘膜《きょうねんまく》にできる。潜伏期間 10 ～ 12 日
	②	解熱した後３日を経過するまで
風疹《ふうしん》（三日ばしか）	①	**風疹ウイルス**による急性発疹性感染症。淡紅色の発疹が顔面から全身に広がるが、２～３日で消える
	②	発疹が消失するまで
インフルエンザ	①	**インフルエンザウイルス**による。突然の高熱が３～４日間続き、全身症状（**倦怠**《けんたい》**感**、関節痛、筋肉痛、頭痛）を伴う。潜伏期間 1 ～ 3 日
	②	発症した後５日を経過し、かつ解熱した後３日を経過するまで
水痘《すいとう》（水ぼうそう）	①	**水痘・帯状疱疹**《たいじょうほうしん》**ウイルス**による。発熱のほか、紅斑《こうはん》が広がり、丘疹《きゅうしん》→水疱《すいほう》→膿疱《のうほう》→痂《か》皮《ひ》（**かさぶた**）と進む。潜伏期間 11 ～ 21 日
	②	**すべての発しんが**痂皮化するまで
流行性耳下《じか》腺炎（おたふくかぜ）	①	ムンプスウイルスによる。発熱とともに両側または片側の**耳下腺部**が腫れる。潜伏期間 14 ～ 24 日
	②	腫脹《しゅちょう》が発現した後５日を経過し、かつ全身状態が良好になるまで

書いて覚えよう！

子どもに多い症状

1 乳幼児の体温は、腋窩測定で36.0～［1　　　　　］℃が正常範囲である。おおむね38℃を超えた場合には［2　　　　　］と考えてよく、ほとんどが細菌やウイルスによる感染症で生じる。

2 ［3　　　　　］とは、便がいつもより軟らかく、泥状や水様になった状態をいう。ロタウイルスやノロウイルス等の［4　　　　　　　　］が原因である場合が多い。

3 特定の食物を摂取した後、免疫学的機序を介して皮膚・呼吸器・消化器または全身性に生じる症状を、［5　　　　　　　　　］という。原因となる食物として保育所で除去しているものには［6　　　　　］や乳製品などが多い。［7　　　　　　　　　］が起きた場合は、エピペン等で適切な処置をし、医療機関に救急搬送する。

4 アトピー素因を背景とした強いかゆみを伴う湿疹性の皮膚炎のことを、［8　　　　　　　　　］という。

乳幼児突然死症候群

5 元気に発育していた乳幼児が睡眠中に突然死亡してしまう病気のことを［9　　　　　　　　　］（SIDS）という。生後2～6か月に多く、リスク要因として［10　　　　　　　］、両親の［11　　　　　］および人工栄養（非母乳栄養）が挙げられる。

感染症

6 ［12　　　　　］（ウイルス、細菌等）が、宿主（人、動物）の体内に侵入して発育増殖することを［13　　　　　］といい、その結果、発熱や嘔吐など何らかの症状が現れた状態を［14　　　　　］と呼ぶ。

ポイント
低年齢ほど新陳代謝が盛んで、運動も活発なため、脈拍数（心拍数）が多く、体温も高め。

情報
食物アレルギーの症状
- 皮膚
  かゆみ、じんま疹
- 呼吸器
  犬が吠えるような咳
- 消化器
  腹痛、吐き気、下痢
- 全身
  意識もうろう

注意
アレルギーとは、異物（抗原）を排除するための免疫反応が過剰にはたらき、生体に不利な症状を引き起こすことをいう。小児に多いアレルギーとして食物アレルギー、アトピー性皮膚炎、気管支喘息が重要。

情報
アトピー素因とは、アレルギーを起こしやすい体質（抗原に反応して免疫グロブリンEという抗体をつくりやすい体質）が家族や自分にあることをいう。

7 麻疹（【15　　　　　　】）は【16　　　　　　　　　】による急性発疹性感染症で、コプリック斑という白い斑点が頬粘膜にできることを特徴とする。登園の目安は、解熱した後【17　　　　】を経過するまで。

8 風疹（【18　　　　　　】）は【19　　　　　　　　　】による急性発疹性感染症で、淡紅色の発疹が顔面から全身に広がるが、２～３日で消える。登園の目安は、【20　　　　　　　】するまで。

9 インフルエンザは【21　　　　　　　　　　　　　】によって感染する。突然の高熱が３～４日間続き、倦怠感、【22　　　　　　】、筋肉痛、頭痛を伴う。登園の目安は、発症した後【23　　　　　】を経過し、かつ解熱した後３日を経過するまで。

10 水痘（【24　　　　　　】）は【25　　　　　　　　　　　　　】によって感染する。発熱のほか紅斑が広がり、丘疹→水疱→膿疱→痂皮と進む。登園の目安は、すべての発疹が【26　　　　　】するまで。

11 流行性耳下腺炎（【27　　　　　　】）は【28　　　　　　　　　　】によって感染し、発熱とともに両側または片側の耳下腺部が腫れる。登園の目安は、腫脹が発現した後【29　　　　】を経過し、かつ全身状態が良好になるまで。

注意

「解熱した後３日を経過するまで」というのは、解熱した日を含めて４日間という意味である。

情報

麻疹や風疹と似たものとして、突発性発疹がある。高熱が３～４日続いたあと熱が下がるときに発疹が多数出現するもので、生後はじめての発熱である場合が多い。生後６か月～１歳によくみられる。

情報

虫刺され・すり傷などにブドウ球菌あるいは化膿連鎖球菌が感染して水疱や膿疱をつくる伝染性膿痂疹（とびひ）も重要。掻くことで、火事が「飛び火」するように離れた部位にまで広がる。

チャレンジ○×問題

解答・解説は別冊 P.12

Q1 気管支喘息は、ダニなどを原因とするアレルギー反応によって、気管支が収縮したり、痰がつまったりして呼吸困難になる状態をいい、喘鳴を伴う発作を繰り返すことが特徴である。

Q2 乳幼児突然死症候群（SIDS）は、遺伝的要因と発症前の心身の不調が原因である。

Q3 発疹をともなう感染症として、はしか、風疹、おたふくかぜ、水ぼうそうなどがある。

Point 36 感染症対策と予防接種

DATE ／ ／

暗記しよう！要点解説

感染経路

□ 主な病原体の**感染経路**（複数の感染経路をとるものも多い）をまとめておきましょう。

飛沫感染	感染している人の口から飛び散った飛沫《ひまつ》（**病原体を含んだ水滴**）を**近くにいる人**（範囲1～2ｍ）が浴び、吸い込むことで感染する 例）風疹ウイルス、インフルエンザウイルス、ムンプスウイルス
空気感染	感染している人の口から飛び散った**飛沫が**乾燥し、その芯となる病原体（飛沫核）が**空気の流れによって拡散**し、近くにいる人だけでなく、**遠くにいる人**もそれを吸い込んで感染する　例）麻疹ウイルス、結核菌、水痘・帯状疱疹ウイルス
接触感染	感染源である人に触れる**直接感染**（握手、だっこ、キス等）と、病原体の付着した物（ドアノブ、手すり、遊具等）に触れる**間接感染**がある 例）ロタウイルス、ノロウイルス、インフルエンザウイルス
経口感染	病原体を含んだ食物や水分を、**口から摂取**することで、病原体が**消化管に達して**感染が起きる　例）黄色ブドウ球菌、腸管出血性大腸菌、ノロウイルス

保育所で用いる消毒薬

□ **保育所で用いる**消毒薬と、それが有効・無効な病原体の例をまとめておきましょう。

次亜塩素酸ナトリウム	有効	多くの細菌、真菌、ウイルス（B型肝炎ウイルス含む）
	無効	結核菌、一部の真菌
逆性せっけん	有効	多くの細菌、真菌
	無効	大部分のウイルス、結核菌
消毒用アルコール	有効	多くの細菌、真菌、ウイルス、結核菌
	無効	ノロウイルス、B型肝炎ウイルス

予防接種

□ **予防接種**は、**ワクチン**を接種することにより、あらかじめその病気に対する**免疫**を獲得して感染症の発症を減らし、また重症化しにくくすることを目的としています。ワクチンは**生ワクチン**および**不活化ワクチン**に大別されます。

□ 日本の予防接種制度は、**予防接種法**に基づき**市区町村**が実施する**定期接種**と、予防接種法に基づかず対象者の希望により行う**任意接種**に分かれます。定期接種は、従来の義務接種から**勧奨**《かんしょう》**接種**（接種を受けるよう努める）となり、集団接種から**個別接種**になりました。

□ **定期接種**の主なもの（□生ワクチン、□不活化ワクチン）

Hib（インフルエンザ菌b型）	生後2か月から7か月未満で接種を開始するのが標準 初回：27～56日の間隔をあけて**3回** 追加：初回終了後、7か月～13か月の間隔をあけて**1回**
小児用肺炎球菌	生後2か月から7か月未満で接種を開始するのが標準 初回：27日以上の間隔をあけて**3回** 追加：初回終了後60日以上あけて1歳以降に**1回**
4種混合（DPT-IPV） D：ジフテリア、P：百日咳《ひゃくにちぜき》、 T：破傷風《はしょうふう》、IPV：ポリオ	生後3か月から90か月未満の間に**計4回** 初回：20～56日の間隔をあけて**3回** 追加：初回終了後、1年～1年6か月後に**1回**
BCG（**結核**に対する予防接種）	生後1歳に至るまでに**1回**（**管針**で皮膚を2か所押す）
水痘	初回：生後1歳以上1歳3か月未満の間に**1回** 追加：初回終了後、6か月～1年の間隔をあけて**1回**
麻疹・風疹混合（MR）	第1期：生後1歳以上2歳未満の間に**1回** 第2期：5歳以上7歳未満で小学校就学前の1年間に**1回**
日本脳炎	第1期　初回：標準として**3歳**のときに**2回** 追加：初回終了後、おおむね1年後に**1回** 第2期：9歳以上13歳未満の間に**1回**（**9歳**のときが標準）

□ **任意接種**の主なもの（□生ワクチン、□不活化ワクチン）

ロタウイルス	初回は生後14週＋6日までの接種が推奨される（経口接種）
インフルエンザ	生後6か月以上**13歳未満**は**毎年秋に2回**（2～4週間隔）
おたふくかぜ	**生後1歳以上**で1～2回

書いて覚えよう！

感染経路

1 感染している人の口から飛び散った飛沫（病原体を含んだ水滴）を、近くにいる人（範囲 1 ～ 2 m）が浴び、吸い込むことで感染する場合を［[1]　　　　　　　］という。風疹ウイルス、［[2]　　　　　　　　　　　］ウイルス、ムンプスウイルスなどがこれに該当する。

注意
インフルエンザウイルスは飛沫感染だけでなく、接触感染によっても感染する。

2 感染している人の口から飛び散った飛沫が乾燥し、その芯となる病原体（飛沫核）が空気の流れによって拡散し、遠くにいる人までそれを吸い込んで感染する場合を［[3]　　　　　　　］という。［[4]　　　　　］ウイルス、結核菌、水痘・帯状疱疹ウイルスなどがこれに該当する。

ポイント
空気感染は飛沫核感染と呼ぶ場合もある。

保育所で用いる消毒薬

3 ［[5]　　　　　　　　　　　　　］は、多くの細菌、真菌（カビの仲間の総称）、ウイルス（B 型肝炎ウイルスを含む）には有効であるが、結核菌や一部の真菌には無効である。また、［[6]　　　　　　　　　　］は多くの細菌、真菌には有効であるが、大部分のウイルスや結核菌には無効である。

情報
逆性せっけんは、洗浄作用が弱い反面、強い消毒力をもつ（通常のせっけんが水に溶けると陰イオンになるのに対し、逆性せっけんは陽イオンになることから「逆性」という）。

予防接種

4 予防接種は、ワクチンの接種によって［[7]　　　　　　］を獲得し、感染症の発症を減らしたり、重症化しにくくすることを目的としている。ワクチンは［[8]　　　　　　　　　］と［[9]　　　　　　　　　　　］に大別される。

情報
生ワクチンは、生きた細菌やウイルスの毒性を弱めたもの。これに対し、不活化ワクチンは、細菌やウイルスを殺して毒性をなくし、必要な成分を取り出してワクチン化したものである。

5 ［[10]　　　　　　　　　］は、予防接種法に基づき市区町村が実施するものであり、勧奨接種（国が勧奨し、対象者は予防接種を受けるよう努める）とされている。一方、［[11]　　　　　　　　　］は予防接種法に基づかず、対象者の希望によって行う予防接種である。

6 Hibワクチンとは、[12　　　　　　　] に対する不活化ワクチンのことであり、生後 [13　　　　　] から7か月未満で接種を開始するのが標準とされている。

7 4種混合ワクチン（DPT-IPV）とは、[14　　　　　　　]、百日咳、破傷風および [15　　　　　] の不活化ワクチンのことをいい、接種は生後 [16　　　　　] から、初回3回（20～56日間隔）、追加1回の計4回である。

8 BCGワクチンは [17　　　] に対する予防接種であり、生後 [18　　　　] に至るまでに1回接種する（管針で皮膚を2か所押す）。

9 水痘ワクチンは、生後 [19　　　　　] 以上1歳3か月未満の間に1回接種したあと、追加を1回接種する。

10 麻疹・風疹混合ワクチン（MR）は、第1期として生後 [20　　　　] 以上2歳未満の間に1回接種したあと、第2期にも1回接種する。

11 任意接種のうち、[21　　　　　　　] ワクチンは経口接種であり、生後14週＋6日までの初回接種が推奨される。[22　　　　　　　] のワクチンは生後1歳以上で1～2回、[23　　　　　　　] のワクチンは、生後6か月以上13歳未満は毎年秋に2回接種する。

ポイント

Hibワクチンは、インフルエンザ菌b型による髄膜炎の予防、小児用肺炎球菌ワクチンは肺炎球菌による髄膜炎の予防に効果がある。

情報

ポリオ（急性灰白髄炎）は、主に脊髄の神経に炎症を起こして「小児まひ」を招く病気。

注意

2種類以上の予防接種を同時に同一対象者に行うことを「同時接種」といい、必要な場合に認められている（複数の感染症に対して同時に免疫を与えるための混合ワクチンとは意味が異なるので注意）。

情報

ロタウイルスやノロウイルスは感染性胃腸炎の原因となる。

チャレンジ○×問題

解答・解説は別冊P.12～13

Q1 はしか、水ぼうそう等で見られるように、感染している人の咳やくしゃみで体外に出た飛沫が乾燥して空中に拡散し、その空気を吸い込むことで感染することを飛沫感染という。

Q2 消毒用アルコールは、ノロウイルスとB型肝炎には無効である。

Q3 BCG、水痘、小児用肺炎球菌は定期接種、ロタウイルス、おたふくかぜは任意接種に分類されるが、いずれも生ワクチンという点で共通している。

Point 37 精神障害、心身症その他の疾患

DATE ／ ／

暗記しよう！要点解説

子どもにみられる精神障害

□ 反応性愛着障害は、親からの**無視**や**虐待**、**深刻な養育過誤**の結果として起こり得る、まれで深刻な疾患です。特定の**愛着対象**が見い出しにくく、**大人に対する恐れと過度の警戒**、**社会的相互交流が乏しい**といった症状が、**５歳になるまで**（多くの場合は乳児期）に現れます。また、**抑制型**（人との関係を避ける）・**脱抑制型**（だれにでもなれなれしくする）という**両価的な対人反応**を示す場合があります（「愛着」について→ P.124）。

□ 分離不安障害は、愛着を抱いている人物からの**分離**に対して**過剰な不安**を抱く障害です。例えば、その人物を失うのではないか、**迷子**や誘拐によって引き離されるのではないかと心配したり、分離に対する恐怖のため学校等へ行くことを嫌がって抵抗し続けたり、分離が予測されるときに頭痛や腹痛、嘔吐《おうと》等の**身体症状**を繰り返したりします。

□ 解離性（転換性）障害は、強い**心的外傷**に対する自己防衛としての**健忘**（記憶を想起できない）、**遁走**（記憶を失くしたまま放浪する）、**同一性障害**（多重人格）などの解離症状や、感覚障害（**無感覚**、**視力障害**等）、運動障害（失立、失歩、**けいれん**等）などの転換症状を現します。青年期では、**女子**のほうが男子よりも多くみられます。

□ 統合失調症は、かつて**精神分裂病**と呼ばれていました。特徴的な症状として、**被害妄想**、人の声などが聞こえてくる**幻聴**、まとまりのない会話といった**陽性症状**、**自発性の低下**や**感情鈍麻**、無関心といった**陰性症状**がみられ、**抑うつ状態**を伴うこともあります。

□ 選択性緘黙《かんもく》は、親しい人物の前では普通にしゃべれるのに、**知らない人物の前**や**学校等**ではしゃべれなくなるという障害です。**３～８歳**で発症し、成人まで続くこともあります。

心身症その他の障害

□ 心身症とは、**身体的な疾患**（器質的・機能的障害が認められるもの）であって、その発症

と経過に**心理・社会的影響が強く関係する病態**をいいます。要するに、心の問題が大きく影響を及ぼす身体疾患の総称です。主なものをまとめておきます。

起立性調節障害	**思春期前後**に生じる循環器系・内分泌系の急激な変化によってもたらされる身体疾患。立ちくらみが起こりやすく、長時間立ち続けると気分が悪くなる。朝が苦手で、乗り物に酔いやすい。学校等で不適応があると助長される。治療方法は、規則正しい生活、適度の運動、薬物療法など
過換気症候群	精神的問題で浅い**呼吸が頻回**になり、体内の**二酸化炭素が正常より下がりすぎること**（過換気）によってみられるさまざまな症状（息苦しさ、動悸、手足のしびれ、意識低下など）。思春期の若年者に多くみられる。過換気状態のときは気持ちを落ち着かせて、毎分10回程度**深呼吸**を試みる
過敏性腸症候群	**腹痛**や**腹部の不快感**が、排便回数や便の性状の異常とともに起こる慢性の腸の機能的疾患。**刺激物の摂取**や**胃腸炎の感染**といった身体的要因が症状を悪化させる要因となる。また、ほかの心身症や抑うつ・不安などの精神症状、軽度の発達障害、不登校や引きこもりなどとよく併存する
摂食障害	**神経性無食欲症**（拒食症）と**神経性大食症**（過食症）の総称。むちゃ食いや嘔吐等を繰り返し、拒食から過食へと移行する場合が多い。患者は思春期の**女性**に多い。標準体重を**20%**以上下回ることが拒食症の診断基準の一つとされ、**死に至る**こともある。心理療法等が中心であり、薬物療法は補助的な意味しかない
チック障害	不随意的、突発的、急速で反復的、非律動的な運動あるいは発声と定義される。運動チックと音声チックがあり、それぞれ**単純チック**と**複雑チック**に分かれる。単純運動チックには**瞬き**、**首振り**、**しかめ顔**など、単純音声チックには**咳払い**、**鼻すすり**などがある。女児よりも**男児**に多い。多発性運動チックと音声チックを伴う重症のものはド・ラ・トゥレット症候群といい、**汚言症**（汚い言葉を口走る）などが現れることもある
吃音《きつおん》（どもり）	言葉の出だしの**音や音節を繰り返し発音してしまう**ことで、正常な会話の流暢さが著しく障害される状態をいう。顔面など身体部分の運動を伴うこともある。**2～9歳**の間に症状が現れ、**自然に治る**ことも多い

□ 胎児性アルコール症候群（FAS）は、**妊娠中の飲酒**によってアルコールが胎盤から胎児に移行し、①出生前および出生後の**発育障害**、②**中枢神経系の機能障害**、③小頭症など**頭部顔面域の形成障害**のすべてがみられるものをいいます。

書いて覚えよう！

子どもにみられる精神障害

情報
発達初期に母親など養育者からの世話や情愛的刺激を喪失している状態を「母性剥奪」という。

1 [1 　　　　　　　] は、親からの無視や [2 　　　　　] 、深刻な養育過誤の結果として起こり得る、まれで深刻な疾患である。特定の愛着対象が見い出しにくく、[3 　　　　　] に対する恐れと過度の警戒、社会的相互交流が乏しいといった症状が現れる。

情報
災害や事故、虐待被害などを受けて、生死に関わるような恐怖と逃れられない無力感とを体験したことが原因となり、後遺症として生じる精神障害のことを「心的外傷後ストレス障害（PTSD）」という。

2 解離性（転換性）障害の場合、強い心的外傷に対する自己防衛としての [4 　　　　　] 、遁走、同一性障害（多重人格）などの解離症状、感覚障害（無感覚、[5 　　　　　　　] 等）、運動障害（失立、失歩、けいれん等）などの転換症状が現れる。

3 [6 　　　　　　　] （かつての精神分裂病）の特徴的な症状としては、[7 　　　　　　] 、幻聴、まとまりのない会話といった陽性症状のほか、自発性の低下や [8 　　　　　　] 、無関心などの陰性症状がみられ、抑うつ状態を伴うこともある。

注意
ブロイラーは統合失調症の基本症状として、
①連合弛緩
　まとまらない思考
②感情障害
　感情鈍麻など
③自閉
　殻に閉じこもる
④両価性
　矛盾した感情を抱く
を挙げている。

4 [9 　　　　　　　] とは、親しい人物の前では普通にしゃべれるのに、知らない人物の前や学校等ではしゃべれなくなる障害をいう。

心身症その他の障害

ヒント
10、11 には「○○的」という語句が入る。

5 心身症とは、[10 　　　　　] な疾患（器質的・機能的障害が認められるもの）であって、その発症と経過に [11 　　　　　　　] 影響が強く関係する病態の総称である。

6 [12 　　　　　　　] とは、精神的問題で浅い呼吸が頻回になり、体内の [13 　　　　　　　] が正常より下がりすぎること（過換気）によってみられるさまざまな症状をいう。過換気状態のときは気持ちを落ち着かせて、毎分 10 回程度深呼吸を試みる。

7 [14　　　　　　　　] とは、腹痛や腹部の不快感が、排便回数や便の性状の異常とともに起こる慢性の腸の機能的疾患をいう。刺激物の摂取や [15　　　　　] の感染が症状を悪化させる要因となる。

8 摂食障害とは、神経性無食欲症（[16　　　　　]）と神経性大食症（[17　　　　　]）の総称で、むちゃ食いや嘔吐等を繰り返し、拒食から過食へと移行する場合が多い。

9 チック障害は、不随意的、突発的、急速で [18　　　　　]、非律動的な [19　　　　　] あるいは発声と定義される。単純運動チックには [20　　　　] 、しかめ顔など、単純音声チックには [21　　　　　] や鼻すすりなどがある。また、多発性運動チックと音声チックを伴う重症のものは [22　　　　　　　　　　] と呼ばれる。

10 [23　　　　　]（どもり）は、言葉の出だしの音や音節を繰り返し発音してしまうことで、正常な会話の流暢さが著しく障害される。

11 妊娠中の飲酒によりアルコールが胎盤から胎児に移行し、①発育障害、② [24　　　　　　　] の機能障害および③頭部顔面域の形成障害がみられるものを、[25　　　　　　　　　　] （FAS）という。

情報

正常に摂食していた期間のあとに少なくとも1か月間にわたり食物の吐き戻しと噛み直しの反芻行為がみられる障害を「反芻障害」という。

出題傾向

Point38で学習するものも含め、疾患または障害の名称とそれぞれの代表的症状を適切に組合せたものを選ばせる問題がよく出題されている。

チャレンジ〇×問題

解答・解説は別冊 P.13

Q1 反応性愛着障害は、高校生でも発症する。

Q2 分離不安障害は、愛着を抱いている人物からの分離に対して過剰な不安を抱く障害であり、分離が予測されるときに頭痛や腹痛、嘔吐等の身体症状が現れることがある。

Q3 起立性調節障害は、思春期前後に生じる循環器系、内分泌系の急激な変化によってもたらされる身体疾患である。

Q4 チック障害はストレスによって発症するため、器質的な障害はもっていない。

Point 38 精神遅滞と発達障害

DATE

暗記しよう！要点解説

精神遅滞（知的障害）

□ 精神遅《ち》滞《たい》は、福祉行政においてかつては**精神薄弱**、現在では**知的障害**と呼ばれています。世界保健機関 WHO の**国際疾病分類第 10 版**（**ICD-10**）では、①全般的知的機能が同年齢の平均よりも明らかに低く、②適応機能（意思伝達、家庭生活、学習能力など）に明らかな制限がある状態で、③胎生期からおおむね **18 歳まで**に発症するものと定義しており、**知能指数**（**IQ**）が 50 ～ 69 の範囲を**軽度精神遅滞**とするなど、IQ 値により軽度、中等度、重度、最重度に分類しています。原因は、**ダウン症候群**などの染色体異常や先天性の代謝異常、細菌性髄膜炎などの中枢神経感染症、**てんかん**など特定できるものもありますが、特定できないものが多く、有病率は**約 1 %**、男女比はおよそ 1.5：1 とされています。

□ 精神遅滞（知的障害）は、幼児期の**言葉の遅れ**から気づかれることが多く、また特徴として、行動面では**多動性**、**不注意**、**こだわり**、**衝動性**など、精神面では**気分障害**、**睡眠障害**、**食欲低下**、**過食**などが挙げられます。

□ **ダウン症候群**は、染色体異常の代表的疾患です。そのほとんどが **21 番目の常染色体**の数が 1 本多いために起こることから、**21 トリソミー**とも呼ばれます。一般に**知的障害**を伴うことが多く、身長や体重も健常児と比べて小さめで、運動の発達に遅れがみられるほか、心室中隔欠損症などの**先天的心疾患**や**消化管奇形**などの合併症を伴うことがあります。

□ てんかんは、**大脳の神経細胞**（ニューロン）の規則正しいリズムをもった活動が突然崩れて、激しい電気的乱れ（ニューロンの過剰発射）が生じることによって起こる発作です。明らかな原因のない**特発性てんかん**と、脳に何らかの器質的原因がある**症候性てんかん**に分けられます。てんかんの発作は**繰り返し**起こることが特徴で、脳のある部位の神経細胞に生じた異常放電によって起こる**部分発作**と、両側対称性に脳波の異常が現れる**全般発作**があります。

発達障害

□ **発達障害者支援法**では、**自閉症**、**アスペルガー症候群**その他の**広汎性発達障害**、**学習障害**、**注意欠陥多動性障害**その他これに類する**脳機能の障害**であって、その症状が通常**低年齢において発現する**ものを「**発達障害**」としています（→ P.85）。

広汎性発達障害

広汎性発達障害は**自閉症とその類縁障害**の総称ですが、それらの障害に境界線を引くことが困難なため、一般には**自閉スペクトラム症**と総称されています。

自閉症

①他人との社会的関係の形成が困難、②言葉の発達の遅れ、③**興味や関心が狭く**、特定のものにこだわるという、３つの症状を特徴とする。具体的には、人と視線が合いにくい、相手の言葉をオウム返し（**エコラリア**、**反響言語**）する、相手のメッセージに耳を傾けない、独特な言い回し、意味のない動作の反復など。一般に３歳以前に現れ、女児よりも**男児**に多い。また、**知的障害**を伴うことが多く、自閉症のうち知的障害を伴わないものは**高機能自閉症**と呼ばれる

アスペルガー症候群

知的発達の遅れを伴わず、かつ自閉症の特徴のうち**言葉の発達の遅れを伴わない**ものをいう。**興味の範囲が限局的**であり、特定のことがらに強い**こだわり**をみせる（非常に高度な知識を有する場合もある）。他者の思考や感情を直感的に推測することは苦手である

レット症候群

生後６か月を過ぎて発症し（ほとんど**女児**）、両手をもみ合わせたり、自分の口の中に手を入れたりする。**知的障害**を伴い、言語や運動能力が退化していく

学習障害（LD）

特定の学習能力が年齢から期待されるよりも低い状態。基本的には**全般的な知的発達に遅れはない**が、聞く・話す・読む・書く・計算する・推論する能力のうち特定のものの習得と使用に著しい困難を示す

注意欠陥多動性障害（AD／HD）

年齢に不釣合いな注意力、**衝動性**、**多動性**を特徴とする行動の障害で、**７歳以前**に現れ、その状態が継続する。初対面の大人に対してもなれなれしい、軽率な規則違反をする、事故を起こしやすいなどの症状がみられる

書いて覚えよう！

精神遅滞（知的障害）

情報
精神遅滞（知的障害）は知的障害者福祉法によって福祉サービスの対象とされ、療育手帳の交付、障害基礎年金の支給が可能となっている。

1 精神遅滞は、福祉行政では現在、[1 　　　　　] と呼ばれている。国際疾病分類第 10 版（ICD-10）では、①全般的知的機能が同年齢の平均より明らかに低く、②適応機能に明らかな制限がある状態で、③胎生期からおおむね [2 　　　　　] までに発症するものと定義されており、また [3 　　　　　]（IQ）の値により軽度、中等度、重度、最重度に分類されている（IQ 値が [4 　　　　　] の範囲は軽度精神遅滞）。有病率は約 1 %、男女比はおよそ [5 　　　　　] である。

注意
気分障害の代表的疾患は、「うつ病」と「双極性障害（うつ状態と躁状態が交代で繰り返し現れる）」である。

2 精神遅滞（知的障害）は、幼児期の [6 　　　　　] から気づかれることが多い。また、特徴としては、行動面では多動性、不注意、こだわり、衝動性など、精神面では気分障害、睡眠障害、食欲低下、[7 　　　　　] などが挙げられる。

情報
人の体細胞には 46 本（23 対）の染色体があり、このうち 44 本（22 対）を常染色体、2本（1対）を性染色体という。

3 [8 　　　　　] は、染色体異常の代表的疾患であり、そのほとんどが 21 番目の常染色体の数が 1 本多いために起こることから、[9 　　　　　] とも呼ばれる。

情報
頭を急にガクンと前屈し、両手を抱きかかえるように前方へ伸展させる「点頭てんかん」は、全般発作であり、生後3か月頃から1歳にかけて発症する。

4 てんかんは、[10 　　　　　] の神経細胞（ニューロン）の規則正しいリズムをもった活動が突然崩れて、激しい電気的乱れが生じることによって繰り返し起こる発作である。脳のある部位の神経細胞に生じた異常放電によって起こる [11 　　　　　] と、両側対称性に脳波の異常が現れる [12 　　　　　] に分けられる。

発達障害

5 発達障害者支援法では、発達障害を、自閉症、アスペルガー症候群その他の [13 　　　　　]、学習障害、注意欠陥多動性障害その他これに類する [14 　　　　　] の障害であって、その症状が通常

［15　　　　　　　　］において発現するものと定義している。

6 ［16　　　　　　　　］は、①他人との社会的関係の形成が困難、②言葉の発達の遅れ、③興味や関心が狭く、特定のものに［17　　　　　　　　］という３つの症状を特徴とする。一般に［18　　　　　　　］以前に現れ、［19　　　　　　］に多い。また、知的障害を伴うことが多い。

7 ［20　　　　　　　　　　　　］は、知的発達の遅れを伴わず、かつ、自閉症の特徴のうち［21　　　　　　］の発達の遅れを伴わないものをいう。［22　　　　　　］の範囲が限局的で、特定のことがらに強いこだわりをみせる（非常に高度な知識を有する場合もある）。

8 ［23　　　　　　　　　　］は、生後６か月を過ぎて発症し、両手をもみ合わせたり口の中に手を入れたりする。ほとんどが［24　　　　　　］に発症する。

9 ［25　　　　　　　　］（LD）は、基本的には全般的な知的発達に遅れはないが、聞く・話す・読む・書く・［26　　　　　　　　］・推論する能力のうち、特定のものの習得と使用に著しい困難を示す。

10 ［27　　　　　　　　　　　　］（AD ／ HD）は、年齢に不釣合いな注意力、衝動性、多動性を特徴とする行動の障害で、［28　　　　　　］以前に現れ、その状態が継続する。

情報
発達障害者には独自の手帳制度は存在しないが、療育手帳あるいは他の精神疾患と同じく精神保健福祉手帳の交付が可能であり、障害基礎年金の支給も可能となっている。

ヒント
19、24には、「男児」または「女児」のいずれかが入る。

出題傾向
事例で述べられている症状がどの障害に該当するかを選ばせる問題がよく出題される。

注意
発達障害者支援法ではその対象をICD－10におけるF80～98に含まれる障害としているので（平成17年通知）、チック障害や吃音のほか、会話および言語の特異的発達障害なども発達障害に含まれる。

チャレンジ○×問題

解答・解説は別冊 P.13

Q1 てんかんは、明らかな原因のない特発性てんかんと、脳に何らかの器質的原因がある症候性てんかんに分けられる。

Q2 知的障害は、広汎性発達障害には合併しない。

Point 39 栄養素

DATE ／ ／

暗記しよう！要点解説

三大栄養素（炭水化物、脂質、たんぱく質）

□ **炭水化物**は、**炭素（C）・水素（H）・酸素（O）**からなる物質で、エネルギー源となる**糖質**と、消化されにくい**食物繊維**に分かれます。糖質は**エネルギー源**として重要であり、体内で**1g当たり4kcal**のエネルギーを生み出します。摂取後すぐ利用されない糖質は、**肝臓**や**筋肉**でグリコーゲンや**脂肪**に変化して貯えられます。

□ **糖質**の代表的な種類をまとめておきましょう。

分類	種類	構造	主な所在
単糖類	ブドウ糖（グルコース）	炭水化物の最小単位 ＊単糖類と少糖類は水溶性、多糖類は不溶性	果実、野菜
	果糖（フルクトース）		果実
	ガラクトース		乳糖として存在
少糖類のうちの二糖類	ショ糖（スクロース）	ブドウ糖＋果糖	砂糖
	麦芽糖（マルトース）	ブドウ糖＋ブドウ糖	はちみつ
	乳糖（ラクトース）	ブドウ糖＋ガラクトース	人乳、牛乳
多糖類	でんぷん（スターチ）	アミロース、アミロペクチン	穀類、イモ類
	デキストリン	でんぷんの分解生成物	あめ
	グリコーゲン	動物の貯蔵炭水化物	肝臓、筋肉

□ **脂質**には、**中性脂肪**（**脂肪酸＋グリセリン**）、**コレステロール**などがあります。**中性脂肪**はエネルギー源となって**1g当たり9kcal**を生み出します（利用されなかった中性脂肪は**体脂肪**となる）。脂肪酸は、**不飽和脂肪酸**と**飽和脂肪酸**に分類されます。**コレステロール**は**細胞膜の構成成分**ですが、増えすぎると動脈硬化の原因となります。

□ **たんぱく質**は、**アミノ酸**が多数結合した化合物で、**炭素・水素・酸素**のほかに**窒素（N）**を含みます。たんぱく質を構成するアミノ酸は20種類で、そのうち9種類は食物から摂取する必要がある**必須アミノ酸**（フェニルアラニン、リジン、トリプトファンなど）です。たんぱく質は、**筋肉・内臓・骨**などの構成材料となり、また**酵素**、**ホルモン**、**免疫抗体**の成分となるほか、**1g当たり4kcal**のエネルギーを生み出します。

ビタミンとミネラル（無機質）

□ 三大栄養素に**ビタミン**および**ミネラル（無機質）**を加えて**五大栄養素**といいます。

□ **ビタミン**は、微量で体内の代謝を調節し、生理機能を正常に維持する有機化合物であり、このうち**脂溶性**ビタミン（**ビタミンA・D・E・K**）は**油脂**に溶けやすく、**水溶性**ビタミン（**ビタミンB群およびC**）は**水**に溶けやすいという性質があります。

□ **主なビタミンの生理作用と欠乏症**

脂溶性、水溶性

種類	主な生理作用	欠乏症の例
ビタミンA	網膜の光感受性に関与、成長促進作用	**夜盲症**、成長低下
ビタミンD	腸管からの**カルシウム**の吸収を促す	歯の発育不全
ビタミンE	**細胞膜の酸化防止作用**	溶血性貧血
ビタミンK	**血液凝固因子**の産生を調節	乳児の**頭蓋内出血**
ビタミンB_1	糖質のエネルギー代謝に関与	**脚気《かっけ》**（足の麻痺《まひ》）
ビタミンB_2	糖質・脂質等のエネルギー代謝に関与	**口角炎**、口唇炎、舌炎
ビタミンB_6	アミノ酸の代謝に作用する	（欠乏しにくい）
ビタミンB_{12}	**赤血球の生成**	悪性貧血
葉酸	アミノ酸代謝の補酵素	（欠乏しにくい）
ナイアシン	糖質・脂質等のエネルギー代謝に関与	ペラグラ症状
ビタミンC	コラーゲンの生成、**鉄の吸収**を促す	**壊血病**、倦怠感

□ **主なミネラル（無機質）の生理作用と欠乏症**

カルシウム	骨や歯の構成成分、筋肉の収縮、神経伝達	くる病、神経過敏
リン	骨や歯の構成成分	（欠乏しにくい）
カリウム	神経や筋肉の興奮伝導	筋力低下、麻痺
ナトリウム	体液浸透圧や酸・塩基平衡の調節	（欠乏しにくい）
マグネシウム	骨の構成成分、糖質の代謝、筋肉収縮	骨の脆弱《ぜいじゃく》化、成長遅滞
亜鉛	インスリンの作用、たんぱく質の代謝	**味覚障害**
鉄	**ヘモグロビン**の成分	**鉄欠乏性貧血**

書いて覚えよう！

三大栄養素（炭水化物、脂質、たんぱく質）

1　炭水化物は、炭素・水素・［1　　　　］からなり、エネルギー源となる糖質と、消化されにくい［2　　　　］に分かれる。糖質はエネルギー源として重要であり、体内で１ g 当たり［3　　　　］のエネルギーを生み出す。摂取後すぐ利用されない糖質は、肝臓や筋肉で［4　　　　］や脂肪に変化して貯えられる。

出題傾向
糖質の種類がよく出題されている。単糖類、二糖類、多糖類ごとに整理して覚えよう。

2　単糖類は、炭水化物の最小単位で、［5　　　　］（グルコース）や［6　　　　］（フルクトース）、ガラクトースが代表的である。

ヒント
5、6、7、8、9は「○○糖」という語句が入る。

3　二糖類には、ブドウ糖と果糖が結合した［7　　　　］（スクロース）や、ブドウ糖が２分子結合した［8　　　　］（マルトース）、ブドウ糖とガラクトースが結合した［9　　　　］（ラクトース）などがある。

情報
脂質は、水には溶けず有機溶媒に溶ける物質の総称で、炭水化物と同じく、炭素・水素・酸素からなる。

4　多糖類は、アミロースやアミロペクチンからなる［10　　　　］（スターチ）のほか、その分解生成物である［11　　　　］、動物の貯蔵炭水化物であるグリコーゲンが代表的である。

5　脂質には、中性脂肪（脂肪酸＋［12　　　　］）、コレステロールなどがある。中性脂肪は１ g 当たり［13　　　　］のエネルギーを生み出す。脂肪酸は、［14　　　　］と飽和脂肪酸に分類される。コレステロールは、［15　　　　］の構成成分となる。

注意
脂肪酸のうち炭素原子同士が二重結合しているものを不飽和脂肪酸という（飽和脂肪酸は二重結合がない）。
- １価不飽和脂肪酸
  例）オレイン酸
- 多価不飽和脂肪酸
  〔n-６系〕
  例）リノール酸
  〔n-３系〕
  例）DHA、EPA

6　［16　　　　］は、炭素・水素・酸素のほかに［17　　　　］を含む化合物である。アミノ酸が多数結合した高分子化合物であり、構成するアミノ酸のうち９種類は食物から摂取しなければならない。これを［18　　　　］という。

ビタミンとミネラル（無機質）

7 ビタミンは、微量で体内の代謝を調節し、生理機能を正常に維持する有機化合物である。このうち［19　　　　　　　　　　］は油脂に溶けやすく、［20　　　　　　　　　　］は水に溶けやすい性質がある。

8 脂溶性ビタミンのうち、［21　　　　　　　　　　］は網膜の光感受性に関与しており、欠乏すると夜盲症を発症する。また［22　　　　　　　　　　］は腸管からのカルシウムの吸収を促進し、［23　　　　　　　　　　］には細胞膜の酸化防止作用がある。［24　　　　　　　　　　］は血液凝固因子の産生を調節する作用があり、欠乏すると乳児の頭蓋内出血を招く。

9 水溶性ビタミンのうち、［25　　　　　　　　　　］が欠乏すると脚気を発症し、［26　　　　　　　　　　］が欠乏すると口角炎や口唇炎などを発症する。また、［27　　　　　　　　　　］には鉄の吸収を促す作用があり、欠乏すると壊血病を発症する。

10 ミネラル（無機質）のうち、［28　　　　　　　　　　］は骨や歯の成分となるほか、筋肉の収縮などにも関与する。また［29　　　　　　　　　　］は神経や筋肉の興奮伝導、［30　　　　　　　　　　］は体液浸透圧や酸・塩基平衡の調節に関与する。［31　　　　　］は酸素を運搬するヘモグロビンの成分であり、欠乏すると貧血を招く。

出題傾向

ビタミンについては、脂溶性と水溶性の区別や生理作用、欠乏症についてよく出題されている。

注意

ビタミンB群およびCが水溶性ビタミンである。ビタミンB群とはビタミンB_1・B_2・B_6・B_{12}、葉酸、ナイアシン、パントテン酸、ビオチンの8種類をいう。

情報

カルシウム、リン、カリウム、ナトリウム、マグネシウムは「多量ミネラル」といい、体内に高い含量で存在する。一方、亜鉛、鉄などは「微量ミネラル」といい、ごく少量だけ必要とされる。

チャレンジ○×問題

解答・解説は別冊 P.13 ～ 14

Q1 ガラクトースは、二糖類の一つであり、ブドウ糖と結合して乳汁（人乳、牛乳）の中に存在する。

Q2 たんぱく質は、筋肉、内臓、骨などの構成材料であり、酵素、ホルモン、免疫抗体の成分でもあるが、エネルギー源として利用されることはない。

Q3 ビタミンDは、網膜で光を受容する物質の主成分であり、欠乏すると夜盲症を発症する。

Point 40 日本人の食事摂取基準（2020年版）

DATE ／ ／

暗記しよう！要点解説

エネルギーの食事摂取基準（推定エネルギー必要量〔kcal/日〕）（抜粋）

性別	男性			女性		
身体活動レベル	I	II	III	I	II	III
0～5（月）	－	550	－	－	500	－
6～8（月）	－	650	－	－	600	－
9～11（月）	－	700	－	－	650	－
1～2（歳）	－	950	－	－	900	－
3～5（歳）	－	1,300	－	－	1,250	－
6～7（歳）	**1,350**	**1,550**	**1,750**	**1,250**	**1,450**	**1,650**
8～9（歳）	1,600	1,850	2,100	1,500	1,700	1,900
10～11（歳）	1,950	2,250	2,500	1,850	2,100	2,350

たんぱく質の食事摂取基準〔g/日〕（抜粋）

（＊「必要量」＝推定平均必要量）

性別	男性			女性		
年齢	必要量*	推奨量	目安量	必要量*	推奨量	目安量
0～5（月）	－	－	10	－	－	10
6～8（月）	－	－	15	－	－	15
9～11（月）	－	－	25	－	－	25
1～2（歳）	15	**20**	－	15	**20**	－
3～5（歳）	20	**25**	－	20	**25**	－
6～7（歳）	25	**30**	－	25	**30**	－
8～9（歳）	30	**40**	－	30	**40**	－
10～11（歳）	40	**45**	－	40	**50**	－
12～14（歳）	50	60	－	45	**55**	－
15～17（歳）	50	65	－	45	**55**	－

脂質の食事摂取基準（脂肪エネルギー比率〔%エネルギー〕）（抜粋）

性別	男性		女性	
年齢	目安量	目標量（中央値）	目安量	目標量（中央値）
0～5（月）	50	–	50	–
6～11（月）	40	–	40	–
1～2（歳）	–	20～30（25）	–	20～30（25）
これ以上の年齢区分では、男性女性ともにすべて目標量（中央値）20～30（25）				

カルシウムの食事摂取基準〔mg/日〕（抜粋）

（＊「必要量」＝推定平均必要量）

性別	男性			女性		
年齢	必要量*	推奨量	目安量	必要量*	推奨量	目安量
0～5（月）	–	–	200	–	–	200
6～11（月）	–	–	250	–	–	250
1～2（歳）	350	450	–	350	**400**	–
3～5（歳）	500	600	–	450	**550**	–
6～7（歳）	500	600	–	450	**550**	–
8～9（歳）	550	**650**	–	600	750	–
10～11（歳）	600	**700**	–	600	750	–
12～14（歳）	850	1,000	–	700	**800**	–
15～17（歳）	650	800	–	550	**650**	–

鉄の食事摂取基準〔mg/日〕（抜粋）

性別	男性			女性			
年齢	推奨量	目安量	耐容上限量	月経なし 推奨量	月経あり 推奨量	目安量	耐容上限量
0～5（月）	–	0.5	–	–	–	0.5	–
6～11（月）	5.0	–	–	4.5	–	–	–
1～2（歳）	4.5	–	25	4.5	–	–	20
3～5（歳）	5.5	–	25	5.5	–	–	25
6～7（歳）	5.5	–	30	5.5	–	–	30
8～9（歳）	7.0	–	35	7.5	–	–	35
10～11（歳）	**8.5**	–	35	**8.5**	12.0	–	35
12～14（歳）	**10.0**	–	40	**8.5**	12.0	–	40

書いて覚えよう！

エネルギーの食事摂取基準

1 「日本人の食事摂取基準（2020年版）」では、エネルギーの食事摂取基準を［1　　　　　　　　　　］（単位〔kcal/日〕）で表しており、［2　　　　　　　　］をⅠ（低い）、Ⅱ（普通）、Ⅲ（高い）の3つに区分し、その区分ごとに数値を示している。

2 エネルギーの食事摂取基準では、乳児期を0～5（月）、6～8（月）および［3　　　　　　　　］の3つに区分し、また、5歳以下では身体活動レベルの個人差が少ないため、Ⅰ、Ⅱ、Ⅲの3つのレベルのうち、［4　　　　］のみの数値を示している。

たんぱく質の食事摂取基準

3 「日本人の食事摂取基準（2020年版）」では、たんぱく質の食事摂取基準を、推定平均必要量、［5　　　　　　］、目安量（単位はいずれも〔g/日〕）などで表している。

4 たんぱく質の食事摂取基準では、乳児期は0～5（月）、6～8（月）、9～11（月）の3区分であり、この時期については［6　　　　　　］のみが示されている（これは母乳栄養児の値とされている）。

脂質の食事摂取基準

5 「日本人の食事摂取基準（2020年版）」では、脂質の食事摂取基準を［7　　　　　　　　　　］（単位〔%エネルギー〕）で表している。これは、総エネルギーに占める脂質の割合である。

6 脂質の食事摂取基準では、乳児期を0～5（月）、［8　　　　　　　　　　］の2つに区分し、この時期については［9　　　　　　］のみを示している。また、1～2歳以上の年齢区分では［10　　　　　　］（および

情報

「日本人の食事摂取基準」は5年ごとに改定される。現在の最新版は2020年版で、令和7（2025）年3月末まで使用される。

出題傾向

「日本人の食事摂取基準」は毎年出題されている。出題内容は推定エネルギー必要量や、本書に掲載した栄養素がほとんどを占める。乳児期がいくつに区分されているか、○○歳における推奨量が男性と女性でどちらが多いかなどに注意しよう。

注意

- 「推定平均必要量」
  ある母集団に属する50%の人が必要量を満たすと推定される1日の摂取量
- 「推奨量」
  ある母集団のほとんど（97～98%）の人が必要量を満たすとされる1日の摂取量
- 「目安量」
  科学的根拠が得られず、推定平均必要量や推奨量が設定できない場合に示す

中央値）のみが示されており、その数値は、どの年齢区分においても［11　　　　　　］（25）となっている。

カルシウムの食事摂取基準

7 「日本人の食事摂取基準（2020 年版）」のカルシウムの食事摂取基準では、乳児期（２区分）については［12　　　　　　　　］、１～２歳以上の年齢区分については推定平均必要量および［13　　　　　　　　］（単位はいずれも〔mg/ 日〕）が示されている。

8 カルシウムの食事摂取基準をみると、男性、女性ともに推奨量が最も多い年齢区分は［14　　　　　　　　　　］である。

鉄の食事摂取基準

9 「日本人の食事摂取基準（2020 年版）」では、鉄の食事摂取基準は、男女とも６～11（月）以上の年齢区分で推奨量が示され、特に女性については、［15　　　　　　　　　　］の年齢区分から月経あり・なしを区別して示されている。

10 鉄の食事摂取基準では、［16　　　　　　　　　　］が１～２歳以上の年齢区分において示されている。

注意

「目標量」は、生活習慣病の予防のために、現在の日本人が当面の目標とすべき摂取量として設定された数値。ナトリウムの食事摂取基準では、食塩相当量〔g/ 日〕が目標量として示されている。

情報

脂質については、脂肪エネルギー比率とは別に、飽和脂肪酸、n-６系脂肪酸、n-３系脂肪酸についても食事摂取基準が示されている。

注意

「耐容上限量」は過剰摂取による健康障害の回避を目的として設定されている。

チャレンジ○×問題

解答・解説は別冊 P.14

「日本人の食事摂取基準（2020 年版）」について、次の Q1 ～ Q4 に答えよ。

Q1 乳児期の推定エネルギー必要量は、0～5（月）と6～11（月）の２区分で設定されている。

Q2 10～11（歳）のたんぱく質の推奨量〔g / 日〕は、男性女性ともに同じである。

Q3 12～14（歳）の脂肪エネルギー比率〔%エネルギー〕は、男性女性ともに 25～35 である。

Q4 カルシウムの推奨量〔mg / 日〕は、１～２（歳）では、男性のほうが女性よりも多い。

Point 41 妊産婦の食生活

DATE ／ ／

暗記しよう！要点解説

妊産婦の食事摂取基準

□「日本人の食事摂取基準（2020年版）」では、**妊婦**については**胎児の発育**など妊娠期特有の変化を考慮し、また、**授乳婦**については妊娠中の体重増加の減少分や**泌乳**を考慮して、推定エネルギー必要量および多くの栄養素について**付加量**（または一定の栄養状態を維持するのに十分な量として想定される**目安量**）を設定しています。

□ 妊娠期を**初期・中期・後期***1 に区分して**付加量**を設定している栄養素等は次の4種類。

栄養素等	付加する対象	初期	中期	後期	授乳婦
エネルギー	推定エネルギー必要量〔kcal/日〕*2	+50	+250	+450	+350
たんぱく質	推奨量〔g/日〕	+0	+5	+25	+20
ビタミンA	推奨量〔μgRAE/日〕	+0	+0	+80	+450
鉄	推奨量〔mg/日〕（月経なし）	+2.5	+9.5	+9.5	+2.5

*1　初期（妊娠13週6日まで）、中期（14週～27週6日）、後期（28週以降）
*2　身体活動レベルⅠ、Ⅱ、Ⅲともにすべて同じ値

□ 妊娠期を区分せず**付加量**（または**目安量**）を設定している主な栄養素もみておきましょう。

栄養素等		妊婦	授乳婦
n-6系脂肪酸	目安量〔g/日〕	9	10
n-3系脂肪酸	目安量〔g/日〕	1.6	1.8
ビタミンK	目安量〔μg/日〕	150	150
ビタミンB_1	推奨量〔mg/日〕に対する付加量	+0.2	+0.2
葉酸	推奨量〔μg/日〕に対する付加量	+240	+100

□ カルシウム、ナトリウム、**炭水化物**、食物繊維、**脂肪エネルギー比率**、**飽和脂肪酸**については、妊婦・授乳婦ともに付加量（または目安量）は設定されていません。

⧓「妊産婦のための食生活指針」

□「妊産婦のための食生活指針」（「**健やか親子 21**」推進検討会報告書）（平成 18 年：厚生労働省）は、**妊娠期・授乳期**に望ましい**食生活**が実践できるよう、何をどれだけ食べたらよいかをわかりやすく伝えるために作成されたものです。主な内容をみておきましょう。

妊娠前から健康なからだづくりを…妊娠前に**やせすぎ**、**肥満**はありませんか。健康な子どもを生み育てるためには、**妊娠前**からバランスのよい食事と**適正な体重**を目指しましょう
「主食」を中心にエネルギーをしっかりと…妊娠期・授乳期は、食事バランスや活動量に気を配り、**食事量**を調節しましょう。また**体重の変化**も確認しましょう
不足しがちなビタミン・ミネラルを「副菜」でたっぷりと…**緑黄色野菜**を積極的に食べて**葉酸**などを摂取しましょう。特に妊娠を計画していたり、妊娠初期の人には**神経管閉鎖障害**発症リスク低減のために、**葉酸の栄養機能食品**を利用することも勧められます
からだづくりの基礎となる「主菜」は適量を…肉、魚、卵、大豆料理をバランスよくとりましょう。**赤身の肉や魚**などを上手に取り入れて、**貧血**を防ぎましょう。ただし、**妊娠初期**には**ビタミンＡの過剰摂取**に気を付けて
牛乳・乳製品などの多様な食品を組み合わせてカルシウムを十分に…妊娠期・授乳期には、必要とされる量の**カルシウム**が摂取できるように、偏りのない食習慣を確立しましょう
妊娠中の体重増加は、お母さんと赤ちゃんにとって望ましい量に…体重の増え方は順調ですか。**望ましい体重増加量**は、**妊娠前の体型**によっても異なります
母乳育児もバランスのよい食生活のなかで…**母乳育児**はお母さんにも赤ちゃんにも最良の方法です。バランスのよい食生活で、母乳育児を継続しましょう
たばことお酒の害から赤ちゃんを守りましょう…妊娠・授乳中の**喫煙**、**受動喫煙**、**飲酒**は胎児や乳児の発育、**母乳分泌**に影響を与えます。**禁煙**、**禁酒**に努め、周囲にも協力を求めましょう

□「妊産婦のための食生活指針」では、**非妊娠時の体格区分**ごとに、①**妊娠全期間を通しての推奨体重増加量**と、②**妊娠中期～末期の１週間当たりの推奨体重増加量**を、次のように示しています。体格区分は BMI（＝体重〔kg〕÷身長〔m〕÷身長〔m〕）で判定します。

体格区分（非妊娠時の体格）	①	②
低体重（やせ）：BMI　18.5未満	9～12kg	0.3～0.5kg/週
ふつう：BMI　18.5以上25.0未満	**7～12kg**	**0.3～0.5kg/週**
肥　満：BMI　25.0以上	個別に対応	個別に対応

書いて覚えよう！

妊産婦の食事摂取基準

1 「日本人の食事摂取基準（2020年版）」では、［1　　　　　］については胎児の発育など妊娠期特有の変化を考慮し、［2　　　　　］については妊娠中の体重増加の減少分や泌乳を考慮して、推定エネルギー必要量や多くの栄養素について［3　　　　　］（または一定の栄養状態を維持するのに十分な量として想定される［4　　　　　］）を設定している。

2 妊娠期を初期・中期・後期に区分して妊産婦の付加量を設定している栄養素等は、エネルギー、［5　　　　　］、［6　　　　　］および鉄の4種類である。

3 n－6系脂肪酸、n－3系脂肪酸、ビタミンKなどは、妊娠期を区分せずに妊婦・授乳婦の［7　　　　　］を設定し、ビタミンB_1や葉酸などは、妊娠期を区分せずに妊婦・授乳婦の［8　　　　　］を設定している。

4 ［9　　　　　］、［10　　　　　］、炭水化物、食物繊維、脂肪エネルギー比率、飽和脂肪酸については、妊婦・授乳婦ともに付加量（または目安量）が設定されていない。

「妊産婦のための食生活指針」

5 「妊産婦のための食生活指針」（「健やか親子21」推進検討会報告書）（平成18年：厚生労働省）の主な内容は、次の通りである。

〔「主食」を中心にエネルギーをしっかりと〕

妊娠期・授乳期は、［11　　　　　］や活動量に気を配り、食事量を調節しましょう。また［12　　　　　］も確認しましょう。

出題傾向

妊産婦の食事摂取基準については、「妊娠期の栄養と食生活」などのテーマで出題されることがある。

情報

妊婦のみ付加量（または目安量）が設定されていない栄養素として、ナイアシン、モリブデンがある。

〔不足しがちなビタミン・ミネラルを「副菜」でたっぷりと〕

[13　　　　　　　　]を積極的に食べて葉酸などを摂取しましょう。特に妊娠を計画していたり、妊娠初期の人には神経管閉鎖障害発症リスク低減のために、葉酸の［14　　　　　　　　］を利用することも勧められます。

〔からだづくりの基礎となる「主菜」は適量を〕

肉、魚、卵、大豆料理をバランスよくとりましょう。赤身の肉や魚などを上手に取り入れて、［15　　　　　］を防ぎましょう。ただし、妊娠初期には［16　　　　　　　］の過剰摂取に気を付けて。

〔たばことお酒の害から赤ちゃんを守りましょう〕

妊娠・授乳中の喫煙、［17　　　　　　　］、飲酒は、胎児や乳児の発育、［18　　　　　　　］に影響を与えます。禁煙、禁酒に努め、周囲にも協力を求めましょう。

6 「妊産婦のための食生活指針」では、［19　　　　　　　　］の体格区分ごとに、妊娠全期間を通しての推奨体重増加量と、妊娠中期～末期の1週間当たりの推奨体重増加量を示している。体格は［20　　　　　　］（＝体重〔kg〕÷身長〔m〕÷身長〔m〕）によって区分する。

出題傾向

「妊産婦のための食生活指針」については、記述内容の正誤を問う問題や、空所補充形式の問題がよく出題されている。

情報

妊娠前3か月から妊娠初期3か月までの間にビタミンAを過剰摂取した女性から出生した乳児には、形態異常の発現率が高い。

注意

妊娠中の喫煙で血管が収縮し、酸素や栄養が胎児に十分供給されなくなる。産後の喫煙も泌乳量を減少させる。

チャレンジ○×問題

解答・解説は別冊 P.14

Q1 「日本人の食事摂取基準（2020年版）」では、推定エネルギー必要量〔kcal / 日〕の授乳婦の付加量は、身体活動レベルⅠ、Ⅱ、Ⅲともに、妊婦中期の付加量より多い。

Q2 「日本人の食事摂取基準（2020年版）」では、葉酸（推奨量〔μg/ 日〕）の付加量は、授乳婦のほうが妊婦より多い。

Q3 「妊産婦のための食生活指針」では、「望ましい体重増加量は、妊娠中の体型によっても異なります」としている。

Q4 「妊産婦のための食生活指針」では、妊娠全期間を通しての推奨体重増加量は、体格区分が「低体重（やせ）」の場合、9～12kgとされている。

Point 42

乳汁栄養と離乳

DATE

暗記しよう！要点解説

乳汁栄養

□ **乳汁栄養**には**母乳栄養**のほかに、乳汁として**育児用ミルク**を用いる**人工栄養**があります。母乳を用いながら、その不足分を人工乳で補う場合は**混合栄養**といいます。

□ **母乳栄養**の主な**利点**と**留意点**をまとめておきましょう。

利　点	留 意 点
● 免疫グロブリンA（IgA）や**オリゴ糖**などの**感染抑制物質**が含まれている ● 母乳に含まれる栄養素は、**消化吸収効率**がよく、代謝負担が少ない ● 母子関係（愛着）の良好な形成に役立つ ● オキシトシン（射乳ホルモン）の**子宮収縮作用**により、出産後の母体の回復が早まる	● 母乳性黄疸がみられる場合がある ● 妊娠・授乳中の喫煙、受動喫煙、飲酒により、胎児・乳児の**発育**や**母乳分泌**に影響を与える ● 母親がウイルス感染症にかかっている場合、**母乳**から乳児に感染する可能性がある ● ビタミンKの含有量が**低い**

□ 育児用ミルク（**乳児用調製粉乳**）の成分組成上の主な特徴をまとめておきましょう。

糖質…**乳糖**を添加して母乳に近づけ、ビフィズス菌を増やす**オリゴ糖**を配合している
脂質…脳や網膜などの発達に必要なDHA（**ドコサヘキサエン酸**）を強化するなどしている
たんぱく質…**カゼイン**を減らし、身体機能を高めるタウリン（アミノ酸の一種）を添加するなどして母乳に近づけている。感染抑制作用をもつ**ラクトフェリン**を添加しているものもある
ビタミン…母乳栄養児に多いとされるビタミンK欠乏性出血症（**頭蓋内出血**→P.165）を防ぐため、ビタミンKを強化するほか、各種ビタミンを補っている

□ フォローアップミルクとは、離乳期に特に不足しがちな**たんぱく質**や**鉄**などを補うための粉ミルクをいい、必要に応じて**生後9か月以降**に用います。**母乳や育児用ミルクの代替品ではない**ことに注意しましょう。

「授乳・離乳の支援ガイド」

□「授乳・離乳の支援ガイド（2019 年改定版）」では、「成長に伴い、母乳または育児用ミルク等の乳汁だけでは不足してくるエネルギーや栄養素を補完するために、**乳汁から幼児食に移行する過程**」を離乳と定義したうえで、「**なめらかにすりつぶした状態の食物を初めて与えた時**」を離乳の開始とし、時期は**生後５～６か月頃**が適当としています。また「形のある食物を噛みつぶすことができるようになり、エネルギーや栄養素の大部分が母乳または育児用ミルク以外から摂取できるようになった状態」を**離乳の完了**とし、その時期は**生後 12 ～ 18 か月頃**としています。

□ **離乳食の進め方の目安**（「授乳・離乳の支援ガイド（2019 年改定版）」より）

時　期	食べ方の目安	調理形態・食品など
離乳初期 **生後 5、6か月**	●哺乳反射（→P.140）が少なくなってきたら**離乳食を開始**する ●子どもの様子を見ながら、**1日1回**、1さじずつ始める ●母乳や育児用ミルクは**飲みたいだけ**	●なめらかにすりつぶした状態 ●離乳は、つぶしがゆから開始 ●すりつぶした野菜（慣れてきたら、つぶした豆腐や白身魚等）も試す ●**調味料は必要ない**
離乳中期 **生後 7、8か月**	●１日２回食にして、食事のリズムをつけていく ●いろいろな味や舌ざわりを楽しめるように食品の種類を増やしていく ●離乳食とは別に母乳は子どもの欲するまま、育児用ミルクは**1日3回**程度与える	●**舌でつぶせる**固さ ●穀類、野菜・果物、たんぱく質性の食品を組み合わせた食事とする ●穀類は**全がゆ** ●卵は卵黄（固ゆで）→**全卵**へ （全卵は1日**1／3個**が目安） ●魚は白身魚→**赤身魚**→**青皮魚**へ
離乳後期 **生後 9～11か月**	●食事のリズムを大切に、1日3回食に進めていく ●離乳食の後に、母乳は子どもの欲するまま、育児用ミルクは**1日2回**程度与える	●**歯ぐきでつぶせる**固さ ●穀類は**全がゆ～軟飯** ●脂肪の少ない肉類、豆類、各種野菜、海藻と種類を増やしていく ●共食により食の楽しい体験を積む
離乳完了期 **生後 12～18か月**	●**1日3回**の食事のリズムを大切に、生活リズムを整える ●手づかみ食べにより、自分で食べる楽しみを増やす	●**歯ぐきで噛める**固さ ●**牛乳**の飲用は、鉄欠乏性貧血予防のため、1歳を過ぎてからが望ましい ●**はちみつ**は満1歳までは使わない

書いて覚えよう！

乳汁栄養

1 乳汁栄養には母乳栄養のほかに、乳汁として育児用ミルクを用いる［1　　　　　　　］がある。また、母乳を用いながら、その不足分を人工乳で補う場合は［2　　　　　　　　］という。

2 母乳栄養の利点として、［3　　　　　　　　　　　］（IgA）やオリゴ糖などの感染抑制物質が含まれていること、消化吸収効率がよく、代謝負担が少ないこと、［4　　　　　　　　］（愛着）の良好な形成に役立つこと、［5　　　　　　　　　　］（射乳ホルモン）の子宮収縮作用により出産後の母体の回復が早まることなどが挙げられる。

3 母乳栄養の留意点としては、［6　　　　　　　　　　］がみられる場合があること、妊娠・授乳中の［7　　　　　　］や飲酒によって胎児・乳児の発育や母乳分泌に影響があること、母親が［8　　　　　　　　　　］にかかっている場合は母乳から乳児に感染する可能性があること、［9　　　　　　　　］の含有量が低いことなどが挙げられる。

4 育児用ミルク（乳児用調製粉乳）は、［10　　　　　　　　　　］を増やすオリゴ糖を配合したり、アミノ酸の一種である［11　　　　　　　］を添加したりしている。

「授乳・離乳の支援ガイド」

5 「授乳・離乳の支援ガイド（2019年改定版）」では、「乳汁から幼児食に移行する過程」を「離乳」と定義したうえ、「なめらかにすりつぶした状態の食物を初めて与えた時」を「［12　　　　　　　　］」、また「形のある食物を噛みつぶすことができるようになり、エネルギーや栄養素の大部分が母乳または育児用ミルク以外から摂取できるようになった状態」を「［13　　　　　　　　］」としている。

ポイント
生後1週間ぐらいまでの乳を「初乳」といい、感染を抑制する作用のある免疫グロブリンAなどが多量に含まれている。

注意
「母乳育児を成功させるための十か条（WHO／UNICEF）」では、母親が分娩後30分以内に母乳を飲ませられるように援助をすることなどとしている。

情報
2018（平成30）年8月から「乳児用液体ミルク（乳児用調整液状乳）」の国内製造および販売が解禁された。乳児用液体ミルクは、液状の人工乳を容器に密封したもので、常温での保存が可能。調乳の手間がなく、消毒した哺乳瓶に移し替えてすぐに飲むことができる（災害時に水がなくても授乳できる）。

ポイント
離乳開始時期の目安（生後5、6か月頃）
- 首がしっかり座る
- 寝返りができる
- 5秒以上座れる
- 哺乳反射の減弱
- 食べ物に興味を示す

6 「授乳・離乳の支援ガイド（2019 年改定版）」による離乳食の進め方の目安をまとめておこう。

〔生後５、６か月〕

- [14　　　　　　] が少なくなってきたら離乳食を開始する
- 離乳は、[15　　　　　　] から開始する
- [16　　　　　　] は必要ない
- 子どもの様子を見ながら１日１回、[17　　　　　　] 始める

〔生後７、８か月〕

- １日 [18　　　　　　] にして、食事のリズムをつけていく
- いろいろな味や [19　　　　　　] を楽しめるように食品の種類を増やしていく
- 調理形態は [20　　　　　　] 固さ
- 卵は [21　　　　　　] から、魚は [22　　　　　　] から進めていく

〔生後９～ 11 か月〕

- 食事のリズムを大切に、１日 [23　　　　　　] に進めていく
- 調理形態は [24　　　　　　] 固さ
- 家族等が食卓を囲み、[25　　　　　　] を通じて食の楽しさやコミュニケーションを図る、思いやりの心を育むといった食育の観点も含めて進めていくことが重要

出題傾向

「授乳・離乳の支援ガイド」の内容に関する問題は、ほぼ毎年出題されている。

情報

「乳児用調製粉乳の安全な調乳、保存及び取扱いに関するガイドライン（WHO ／ FAO）」では、調製粉乳の調乳に使用する湯は 70℃以上を保つこと、調乳後２時間以内に消費されなかった粉ミルクはすべて廃棄することなどとされている。

ポイント

前歯８本が生え揃うのは１歳前後で、20 本の乳歯すべてが生え揃うのは２歳６か月以降。

チャレンジ○×問題

解答・解説は別冊 P.14 ～ 15

Q1 フォローアップミルクは母乳や育児用ミルクの代替品ではなく、必要に応じて使用する場合には、生後９か月以降とする。

Q2 「授乳・離乳の支援ガイド（2019 年改定版）」によると、離乳の開始とは、果汁や野菜スープを初めて与えた時をいい、その時期は生後３、４か月頃が適当である。

Q3 「授乳・離乳の支援ガイド（2019 年改定版）」によると、生後５、６か月の離乳食は、いろいろな味や舌ざわりを楽しめるように食品の種類を増やしていくとよい。

Q4 「授乳・離乳の支援ガイド（2019 年改定版）」によると、離乳の完了とは、母乳または育児用ミルクを飲んでいない状態を意味する。

頻出度

Point 43 乳幼児期の食生活および食育

DATE ／ ／

暗記しよう！要点解説

子どもの１日の食事量の目安（「食事バランスガイド」の活用）

◆子ども（１歳）の１日の食事量の目安
- 主食、副菜、主菜はそれぞれ成人の１／２弱**程度**。果物は１／２**程度**
- 主菜として**乳製品**を使うこともできる。**牛乳**は離乳の進行（完了）状況に応じて個別対応。牛乳を与えるのは１歳**以降**が望ましい

◆間食は食事のひとつ
- **離乳期の子どもの食事の楽しさは、新しい食材や家族と一緒の食事から**
大人の食事で楽しく適度に摂取する「菓子・嗜好飲料」は、**離乳期を完了**してから
- **食事でとりきれないものをプラスして**
おにぎり、ふかしいも、牛乳・乳製品、果物など、**食事の素材**を活用する
- **与えるなら時間を決めて、**１日１～２回
３回の食事を規則的にして、**間食**は時間と量を決めて与える

□ 幼児期は身体が小さい割に多くの栄養素量を必要としますが、消化器官が小さく消化機能も未熟なため、３度の食事では必要な栄養素量を満たすことが困難です。このため、幼児の**間食**は、不足する**栄養素**や**水分**を補給する**食事のひとつ**と考えられ、その適量は１日に摂取する**エネルギー**の 10 ～ 20%程度が望ましいとされています。

平成 27 年度乳幼児栄養調査結果の概要

□ **授乳期の栄養方法**をみると、10 年前と比べて**母乳栄養**の**割合が増加**し、生後１か月では 51.3%、生後３か月では 54.7%となっています。**混合栄養**も含めると、**母乳**を与えている割合は生後１か月で 96.5%、生後３か月で 89.8%です。また、妊娠中に「ぜひ母乳で育てたいと思った」は 43.0%、「母乳が出れば母乳で育てたいと思った」は 50.4%でした。

- □ **子どもの食事について困っていること**で最も多かったのは、２歳～３歳未満で「遊び食べをする」、３歳以上では「食べるのに時間がかかる」でした。なお、**遊び食べやむら食い**は２歳～３歳未満で最も割合が高く、その後は**年齢とともに減少**していきます。

⧓「楽しく食べる子どもに～保育所における食育に関する指針」（概要より）

〔食育の目標〕
保育所における食育は、楽しく食べる子どもに成長していくことを期待しつつ、右にかかげる子ども像の実現を目指して行う

①お腹がすく**リズム**のもてる子ども
②食べたいもの、**好きなもの**が増える子ども
③一緒に食べたい人**がいる**子ども
④食事づくり、**準備**にかかわる子ども
⑤食べものを**話題**にする子ども

〔食育のねらい及び内容〕
「**ねらい**」は食育の目標をより具体化したもの、「**内容**」はねらいを達成するために援助する事項。**３歳以上児**については「食と健康」、「食と人間関係」、「食と文化」、「いのちの育ちと食」、「料理と食」に分けて示している（３歳未満児についてはこれらを一括して示している）

⧓保育指針「第３章 健康及び安全」の「２ 食育の推進」（抜粋）

(1) 保育所の特性を生かした食育
ア　**保育所における**食育は、健康な生活**の基本**としての「食を営む力」の育成に向け、その**基礎を培う**ことを目標とすること
イ　子どもが**生活**と**遊び**の中で、意欲をもって食に関わる体験を積み重ね、食べることを楽しみ、**食事**を楽しみ合う子どもに成長していくことを期待するものであること
ウ　乳幼児期にふさわしい食生活が展開され、適切な援助が行われるよう、食事の提供を含む食育計画を**全体的な計画**に基づいて作成し、その**評価**及び**改善**に努めること（以下＊）

(2) 食育の環境の整備等
ア　子どもが自らの感覚や体験を通して、自然の恵み**としての食材**や食の循環・環境**への意識**、調理する人への感謝**の気持ち**が育つように、子どもと**調理員**等との関わりや、調理室など食に関わる保育環境に配慮すること
ウ　**体調不良**、**食物アレルギー**、**障害**のある子どもなど、一人一人の子どもの心身の状態等に応じ、**嘱託医**、**かかりつけ医**等の指示や協力の下に適切に対応すること（以下＊）

＊(1)のウ、(2)のウの末尾には、いずれも「栄養士が配置されている場合は、専門性を生かした対応を図ること」と記載されています。

書いて覚えよう！

子どもの1日の食事量の目安（「食事バランスガイド」の活用）

1 子ども（1歳）の1日の食事量の目安について、主食、副菜、主菜はそれぞれ成人の［1　　　　　］程度、果物は［2　　　　　］程度とする。

2 主菜として乳製品を使うこともできる。［3　　　　　］は離乳の進行（完了）状況に応じて個別対応し、与えるのは［4　　　　　］以降が望ましい。

情報
「日本食品標準成分表2015年版」によると、普通牛乳（一般の市販の牛乳）にはカルシウムとその吸収を促進するビタミンDが豊富であるが、鉄の含有量が少ない（可食部100g当たり0.02mg）。

3 幼児の［5　　　　　］は、栄養素や水分を補給する食事のひとつと考えられる。おにぎり、ふかしいもなど食事の素材を活用し、時間と量を決めて1日［6　　　　　］回与えるようにする。その適量は1日に摂取するエネルギーの［7　　　　　］程度が望ましい。

平成27年度乳幼児栄養調査結果の概要

出題傾向
乳幼児栄養調査結果の概要は、ほぼ毎回出題されている。この調査は10年周期で行われており、平成27年度版は平成28年8月に公表された。平成28年前期試験までは平成17年度版から出題されていた。

4 授乳期の栄養方法をみると、10年前と比べて［8　　　　　］の割合が増加し、生後1か月で51.3%、生後3か月で54.7%となっている。［9　　　　　］も含めると、母乳を与えている割合は生後1か月で96.5%、生後3か月で89.8%となっている。

5 子どもの食事について困っていることで最も多いのは、2歳～3歳未満では「［10　　　　　］をする」、3歳以上では「食べるのに時間がかかる」である。［11　　　　　］も2歳～3歳未満が最も多い。

注意
「遊び食べ」は幼児が食物の処理方法を探索する自然な行動とされている。「むら食い」とは、食べるときと食べないときの差（むら）が激しいことをいう。

「楽しく食べる子どもに～保育所における食育に関する指針」

6 「保育所における食育に関する指針」（平成16年：厚生労働省）では、①［12　　　　　］のもてる子ども、②食べたいもの、好きなものが増える子ども、③［13　　　　　］がいる子ども、④［14　　　　　　　　］、準備にかかわる子ども、⑤食べものを話題にする子ども、の実現を保育所における食育の目標としている。

保育指針「第３章 健康及び安全」の「2 食育の推進」

7 (1) 保育所の特性を生かした食育

ア 保育所における食育は、［15　　　　　　　　］の基本としての「食を営む力」の育成に向け、その［16　　　　　　］を培うことを目標とすること

イ 子どもが生活と［17　　　　　　］の中で、意欲をもって食に関わる体験を積み重ね、［18　　　　　　　］を楽しみ、食事を楽しみ合う子どもに成長していくことを期待するものであること

ウ 乳幼児期にふさわしい食生活が展開され、適切な援助が行われるよう、食事の提供を含む［19　　　　　　　　］を全体的な計画に基づいて作成し、その評価及び改善に努めること（以下略）

(2) 食育の環境の整備等

ア 子どもが自らの感覚や体験を通して、［20　　　　　　　　　］としての食材や食の［21　　　　　　］・環境への意識、調理する人への［22　　　　　　］の気持ちが育つように、子どもと［23　　　　　　］等との関わりや、調理室など食に関わる保育環境に配慮すること

ウ 体調不良、食物アレルギー、障害のある子どもなど、一人一人の子どもの［24　　　　　　　　］等に応じ、嘱託医、かかりつけ医等の指示や協力の下に適切に対応すること（以下略）

出題傾向

「乳幼児栄養調査」のほかに「国民健康・栄養調査」の内容が出題されることもある。例えば、「平成24年国民健康・栄養調査」によると、1～6歳の朝食の欠食率は男性6.5%、女性4.6%である。

注意

2017（平成29）年保育指針改正により、(2) のイ「保護者や地域の多様な関係者との連携及び協働の下で、食に関する取組が進められること。また、市町村の支援の下に、地域の関係機関等との日常的な連携を図り、必要な協力が得られるよう努めること」という項目が追加された。

チャレンジ○×問題

解答・解説は別冊 P.15

Q1 大人の食事で楽しく適度に摂取する「菓子類・嗜好飲料」は、子どもには生後9か月を過ぎた頃からが望ましい。

Q2 「遊び食べ」「むら食い」の割合は、年齢が高くなるにつれて増加の一途をたどる。

Q3 保育指針では、「食育の推進」の中で、「栄養士が配置されている場合は、専門性を生かした対応を図ること」としている。

Point 44 学童期・思春期の食生活

DATE ／ ／

暗記しよう！要点解説

「楽しく食べる子どもに～食からはじまる健やかガイド」

授乳期・離乳期　―**安心と安らぎの中で食べる意欲の基礎づくり**―
- 安心と安らぎの中で母乳（ミルク）を飲む心地よさを味わう
- いろいろな食べ物を**見て**、**触って**、**味わって**、自分で進んで食べようとする

幼児期　―**食べる意欲を大切に、食の体験を広げよう**―
- おなかがすくリズムがもてる
- **食べたいもの、好きなもの**が増える
- 家族や仲間と一緒に食べる楽しさを味わう
- **栽培**、**収穫**、**調理**を通して、食べ物に触れはじめる
- 食べ物や身体のことを**話題**にする

学童期　―**食の体験を深め、食の世界を広げよう**―
- 1日3回の**食事や間食のリズム**がもてる
- 食事の**バランス**や**適量**がわかる
- 家族や仲間と一緒に食事づくりや準備を楽しむ
- **自然**と食べ物との関わり、**地域**と食べ物との関わりに関心をもつ
- 自分の食生活を振り返り、**評価**し、**改善**できる

思春期　―**自分らしい食生活を実現し、健やかな食文化の担い手になろう**―
- 食べたい食事のイメージを描き、それを実現できる
- 一緒に食べる人を気遣い、**楽しく食べる**ことができる
- 食料の**生産**・**流通**から**食卓までのプロセス**がわかる
- 自分の身体の成長や体調の変化を知り、自分の**身体を大切**にできる
- 食に関わる活動を**計画**したり、積極的に**参加**したりすることができる

「食からはじまる健やかガイド」（平成16年：厚生労働省）では、このように授乳期・離乳期、幼児期、学童期、思春期に分けて「**発育・発達過程に応じて育てたい"食べる力"**」を示しています。

学校給食

□ 学校給食法（第２条）では、**学校給食の目標**を次のように定めています。

1　**適切な栄養の摂取**による健康の保持増進を図ること
2　日常生活における**食事**について正しい理解を深め、健全な食生活を営むことができる**判断力**を培《つちか》い、及び望ましい食習慣を養うこと
3　**学校生活**を豊かにし、**明るい社交性**及び**協同の精神**を養うこと
4　食生活が**自然の恩恵**の上に成り立つものであることについての理解を深め、**生命及び自然を尊重する精神**並びに環境の**保全に寄与する態度**を養うこと
5　食生活が食にかかわる人々の様々な活動に支えられていることについての理解を深め、**勤労を重んずる態度**を養うこと
6　我が国や各地域の優れた伝統的な食文化についての理解を深めること
7　食料の**生産**、**流通**及び**消費**について、正しい理解に導くこと

□ 学校給食法に基づく**学校給食実施基準**（平成30年一部改正：文部科学省）には「児童又は生徒一人一回当たりの**学校給食摂取基準**」が示されています。主なものは次の通りです。

	児童6～7歳	児童8～9歳	児童10～11歳	生徒12～14歳
エネルギー	530kcal	650kcal	780kcal	830kcal
たんぱく質	学校給食による摂取エネルギー全体の13%～20%			
脂質	学校給食による摂取エネルギー全体の20%～30%			
ナトリウム*	2g未満	2g未満	2.5g未満	2.5g未満
マグネシウム	40mg	50mg	70mg	120mg
カルシウム	290mg	350mg	360mg	450mg
鉄	2.5mg	3mg	4mg	4mg
食物繊維	4g以上	5g以上	6g以上	6.5g以上

＊食塩相当量

思春期の食生活

□ 思春期は急激な成長により**血液量**が増加し、**ヘモグロビン**をつくるため**鉄**の必要量が増加します。特に女性は**月経**がはじまると生理的に鉄が喪失するため、この時期に鉄の摂取量が不足すると**鉄欠乏性貧血**になりやすく、要注意です。

□ 骨は、**形成**（骨へのカルシウムなどの沈着）と**吸収**（骨からのカルシウムなどの溶出）を常にくり返しており、成長期には**骨形成**が**骨吸収**を上回るため、**骨量が増加**します。

書いて覚えよう！

「楽しく食べる子どもに～食からはじまる健やかガイド」

1 〔学童期〕

・1日［1　　　　］の食事や間食のリズムがもてる

・食事のバランスや［2　　　　］がわかる

・家族や仲間と一緒に［3　　　　］や準備を楽しむ

・［4　　　　］と食べ物との関わり、［5　　　　］と食べ物との関わりに関心をもつ

・自分の食生活を振り返り、［6　　　　］し、改善できる

〔思春期〕

・食べたい食事の［7　　　　］を描き、それを実現できる

・一緒に食べる人を気遣い、［8　　　　］食べることができる

・食料の生産・［9　　　　］から食卓までのプロセスがわかる

・自分の身体の成長や［10　　　　］の変化を知り、自分の身体を大切にできる

・食に関わる活動を［11　　　　］したり、積極的に参加したりすることができる

学校給食

2 学校給食法第２条では、学校給食の目標を次のように定めている。

1 適切な栄養の摂取による［12　　　　］の保持増進を図ること

2 日常生活における食事について正しい理解を深め、健全な食生活を営むことができる［13　　　　］を培い、及び望ましい食習慣を養うこと

3 学校生活を豊かにし、明るい［14　　　　］及び協同の精神を養うこと

4 食生活が［15　　　　］の恩恵の上に成り立つものであることについての理解を深め、［16　　　　］及び自然を尊重する精神並びに［17　　　　］の保全に寄与する態度を養うこと

出題傾向

「食からはじまる健やかガイド」については、各時期の「発育・発達過程に応じて育てたい“食べる力”」の中から学童期や思春期の記述を選ぶ問題などが出題されている。

ポイント

幼児期の「発育・発達過程に応じて育てたい“食べる力”」の記述は「保育所における食育に関する指針」の中の保育所における食育の目標とされる子ども像（→P.181）と内容が似ている。

情報

学校給食法は学校給食の普及充実と学校での食育の推進を図ることを目的とし、学校給食を、児童・生徒の心身の健全な発達に資するものであり、食に関する正しい理解と適切な判断力を養う上で重要な役割を果たすものとしている。

5 食生活が食にかかわる人々の様々な活動に支えられていることについての理解を深め、[18　　　　　] を重んずる態度を養うこと

6 我が国や各地域の優れた伝統的な [19　　　　　　] についての理解を深めること

7 食料の生産、流通及び [20　　　　　　] について、正しい理解に導くこと

3 学校給食実施基準（平成 30 年一部改正：文部科学省）の「児童又は生徒一人一回当たりの学校給食摂取基準」では、[21　　　　　　　] の基準値は「学校給食による摂取エネルギー全体の 13％～ 20％」、[22　　　　　] は「学校給食による摂取エネルギー全体の 20％～ 30％」とされている。

注意
「たんぱく質」「脂質」のみ年齢区分によらず基準値が示されていることに注意。その他の栄養素やエネルギーの基準値は食事摂取基準（→ P.168 ～169）と同様の年齢区分ごとに示されている。

思春期の食生活

4 思春期は [23　　　　　　　　] をつくるために鉄の必要量が増加する。特に女性は、月経がはじまると生理的に鉄が喪失するため、この時期に摂取量が不足すると [24　　　　　　　　] になりやすい。

5 成長期になると、[25　　　　　　] （骨へのカルシウムなどの沈着）が [26　　　　　　] （骨からのカルシウムなどの溶出）を上回るため、骨量が増加する。

チャレンジ○×問題

解答・解説は別冊 P.15

Q1 「食からはじまる健やかガイド」（平成 16 年：厚生労働省）では、学童期の「発育・発達過程に応じて育てたい “食べる力”」として、「家族や仲間と一緒に食べる楽しさを味わう」を掲げている。

Q2 学校給食法では、学校給食の目標の一つとして、「我が国の食料自給率の向上についての理解を深めること」を掲げている。

Q3 学校給食実施基準（平成 30 年一部改正：文部科学省）では、生徒（12 ～ 14 歳）一人一回当たりの食物繊維の基準値は 6.5g 以上とされている。

Point 45 疾病・障害のある子どもの食生活

DATE

暗記しよう！要点解説

子どもの疾病や症状と食生活

□ 主な先天性代謝異常症に対する食事療法

フェニルケトン尿症	**フェニルアラニン**の摂取を制限する（フェニルアラニンは必須アミノ酸なので完全には除去できない）。食事を低たんぱく質食にし、治療には**フェニルアラニンを制限した**特殊ミルクを用いる
ガラクトース血症	**乳糖を除去した**特殊ミルクや**大豆乳**を使用し、母乳や育児用ミルクをやめる。乳糖を含まない食材を用いる

□ その他の疾病・症状に対する食事の配慮

乳糖不耐症	**乳糖を含む食物を除去・制限**する。乳児には、乳糖を**ブドウ糖**などに置き換えたミルクを使用する
下痢	回復の状況に合わせて、水分や電解質（ナトリウム、カリウム等）を補給する経口補液や電解質飲料を与える。**脂肪**の多い食品や**牛乳**は控える
便秘	水に溶けない不溶性食物繊維（**セルロース**など）には排便を促進する機能があるので、これを豊富に含んだ**野菜類**などを摂取し、**水分**を十分に補給するようにする
鉄欠乏性貧血	食品に含まれる鉄ではヘム鉄のほうが**非ヘム鉄**よりも**吸収率が高い**ため、豚や鶏のレバーなど**ヘム鉄**の多い食品を取り入れる。鉄の吸収を促進するビタミンC（→P.165）も合わせてとる
口内炎	酸味、香辛料を避け、味つけは**うす味**にし、舌ざわりがよく滑らかな食品や飲み込みやすい食品を、**体温程度**にして与える

□ **重度の知的障害**および**重度の肢体不自由**が重複している児童を、**重症心身障害児**といいます。重症心身障害児は摂食機能の未発達や**不正咬合**（上下の歯が噛み合っていない状態）、

まひ等によって、咀しゃくや**嚥下**《えんげ》（飲み込むこと）が困難であったり、上肢・下肢のまひや筋緊張によって食べる行為が困難な場合があります。このため、嘔吐《おうと》、食道・胃逆流、胃・十二指腸の通過障害などで**栄養摂取量不足**に陥りやすく、腹筋の発育不足、抗けいれん剤の副作用、食物繊維や水分量の不足などから**便秘**にもなりがちです。また、過敏であることや心理的不快感から**拒食**に陥りやすいので注意が必要です。

障害のある子どもの食事

- □ 食物を口から摂取するには、口を使って食べている間は鼻で呼吸するという、**摂食機能**と**呼吸機能**の協調が大切であり、これがうまくいかないと、むせたり、せき込んだりします。咽喉《いんこう》から食道へ飲み込まれるはずの食物や水分が誤って気管内に流れ込んでしまう状態を誤嚥《ごえん》といい、**肺炎**を引き起こすばかりか、**窒息**の危険もあります。食物の**硬**さ、**大き**さ、**粘性**などが子どもの発達程度に合わないと摂食機能発達の妨げとなり、**誤嚥**にもつながりやすいので、ペースト状にしたりゼラチンで固めたりといった**食形態の工夫**が重要です。
- □ 障害により**摂食や嚥下が困難な子どもの食事介助**のポイントまとめておきましょう。

> - 介助者は、**子どもと同じ**目の高さで介助する
> - 食事中および食事後の数十分間は、背もたれを動かせるベッドや椅子などを使って少しでも**上体を起こし**、胃に入った食べ物が食道に逆流することのないように気をつける
> - ベッド上でも基本的に仰臥位《ぎょうがい》（仰向け）ではなく、30～45°起こした状態にする
> - 頭を後方に反らすと咀しゃく・嚥下がしにくくなるため、首の筋肉がリラックスするように**頭を少し前かがみにする**とよい
> - 食べる機能の発達を促すため、**声かけ**をしたり、**食物を見せてから口に運ぶ**などして、子どもの能動的な動きを引き出すことを心がける
> - 食べ物を口へ運ぶ際の**1回分の量は**少なめを心がけ、誤嚥を防ぐため、**子どもの食べる速さ**に合わせて介助する
> - **スプーンの幅**は、口の幅より小さいものを選ぶ
> - 口唇《こうしん》でうまくスプーンの上の食べ物を取り込めない場合には、**スプーン**は**深さの**浅いものがよく、摂食機能の発達に合わせて徐々に**深い**ものにしていく
> - 食べ物の**硬さ**や**大きさ**、**粘性**（粘稠《ねんちゅう》度）などは、年齢区分ではなく、摂食能力に合わせる
> - 一般に、さらっとした液体（お茶、みそ汁など）や酸味が強い食品は**誤嚥しやすい**
> - 飲み込みやすくするためには、食べ物の**硬さ**や**大きさ**に配慮し、トロミを加えることなどを考慮する

書いて覚えよう！

子どもの疾病や症状と食生活

1 先天性代謝異常症に対する食事療法として、フェニルケトン尿症については［1　　　　　］を制限した特殊ミルクを使用し、ガラクトース血症については［2　　　　　］を除去した特殊ミルクや大豆乳を使用する。

情報
フェニルケトン尿症とガラクトース血症は、新生児マススクリーニング検査の基本対象疾患である(→P.145)。

2 乳糖不耐症の乳児については、乳糖を［3　　　　　］などに置き換えたミルクを使用する。

ポイント
乳糖不耐症とは、乳糖を分解する消化酵素（ラクターゼ）の働きが不十分なために下痢などを引き起こす病気をいう。

3 下痢の場合は、回復の状況に合わせて、水分や電解質（ナトリウム、カリウム等）を補給する［4　　　　　］または電解質飲料を与え、［5　　　　　］の多い食品や牛乳は控えるようにする。

注意
経口補液とは、下痢や嘔吐で失われた水分・電解質を補給するもので、経口補水液ともいう。一方、電解質飲料とは、発汗等で失った水分・電解質を補給するための市販のイオン飲料のことである。

4 便秘の場合は、排便を促進する機能がある［6　　　　　］（セルロースなど）を豊富に含んだ［7　　　　　］などを摂取し、水分を十分に補給するようにする。

5 鉄欠乏性貧血の場合は、吸収率の高い［8　　　　　］を多く含んだ豚や鶏のレバーなどの食品を取り入れるとともに、鉄の吸収を促進する［9　　　　　］も合わせてとるようにする。

6 重度の知的障害と重度の［10　　　　　］とが重複している児童を［11　　　　　］という。摂食機能の未発達や不正咬合、まひ等によって咀しゃくや［12　　　　　］が困難であったり、食べる行為が困難な場合があるため、嘔吐、食道・胃逆流、胃・十二指腸の通過障害などで［13　　　　　］に陥りやすく、また、腹筋の発育不足、抗けいれん剤の副作用、食物繊維や水分量の不足などから［14　　　　　］にもなりやすい。

情報
重症心身障害児の多くは、経管栄養法（管を通して流動性のある栄養食を消化器官へ注入する方法）で栄養補給している。

障害のある子どもの食事

7 食物を口から摂取するには、摂食機能と［15　　　　］機能の協調が大切であり、これがうまくいかないと、むせたり、せき込んだりする。食道へ飲み込むはずの食物や水分が誤って気管内に流れ込んでしまうことを［16　　　　］といい、肺炎だけでなく、［17　　　　］の危険もある。これを防ぐには、子どもの摂食能力に合わせて、食べ物の［18　　　　］や大きさに配慮したり、［19　　　　］を加えたりするなど、食形態の工夫が重要である。

8 障害により摂食や嚥下が困難な子どもの食事介助のポイント

- 介助者は、子どもと同じ［20　　　　］で介助する
- 食事中と食事後の数十分間は少しでも［21　　　　］を起こし、食べ物が食道に逆流しないように気をつける
- 頭を後方に反らすと咀しゃく・嚥下がしにくくなるため、首の筋肉がリラックスするよう、頭を少し［22　　　　］にする
- 食べ物を口へ運ぶ際の１回分の量は［23　　　　］を心がけて、子どもの［24　　　　］に合わせて介助する
- スプーンの幅は、口の幅より［25　　　　］ものを選ぶ
- 口唇でうまくスプーンの上の食べ物を取り込めない場合、スプーンは深さが［26　　　　］ものがよく、摂食機能の発達に合わせて徐々に［27　　　　］ものにしていく

出題傾向

障害により摂食や嚥下が困難な子どもの食事とその介助について、ほぼ毎年出題されている。障害のある子どもが食べにくい食品とは何か、適切な食事介助の方法とはどのようなものかについて理解しておこう。

情報

誤嚥しやすい食品の例
〔硬くて口の中でバラバラになるもの〕
かまぼこ、イカ
〔水分が少ないもの〕
カステラ、パン
〔口腔内に付着しやすいもの〕
わかめ、ウエハース
〔粘性が強いもの〕
もち、だんご
〔酸味が強いもの〕
柑きつ類、酢の物

チャレンジ○×問題

解答・解説は別冊 P.15 ～ 16

Q1 乳糖の摂取に関係する乳糖不耐症は、先天性代謝異常症の一つであり、生後早期にマススクリーニングにより発見し、適切なミルクを与えるなど治療を行えば、心身ともに正常に発育できる。

Q2 口内炎の子どもの食事は、うす味とし、酸味や香辛料は避けて、体温程度で与える。

Q3 一般に、水、ジュース、みそ汁など、さらっとした液体は、トロミのついている液体よりも誤嚥されにくい。

Point 46

音楽（1）

DATE ／ ／

暗記しよう！要点解説

音階（スケール）

□ 音楽では、高さの違ういろいろな音を用います。一定数の音を、階段のように**高さの順**に並べたものを**音階（スケール）**といいます。音階には様々な種類があります。

□ 例えば下の楽譜の音階は、その**第一音**（**主音**という）の音名（**英音名**）が「ハ（C）」なので、ハ長調（**Cメジャースケール**）といいます。

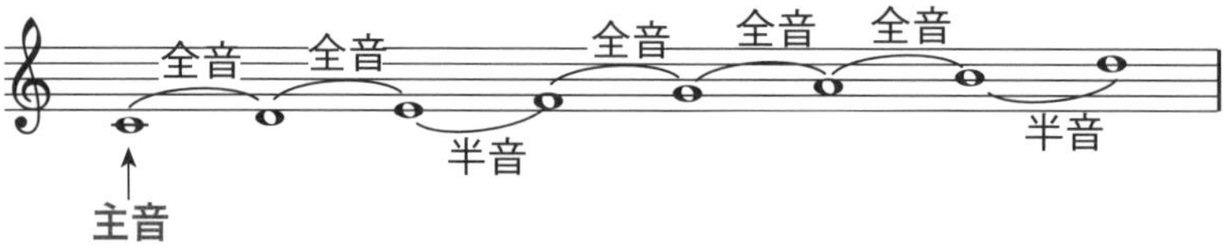

階名	ド	レ	ミ	ファ	ソ	ラ	シ	ド
音名	ハ	ニ	ホ	ヘ	ト	イ	ロ	ハ
英音名	C	D	E	F	G	A	B	C

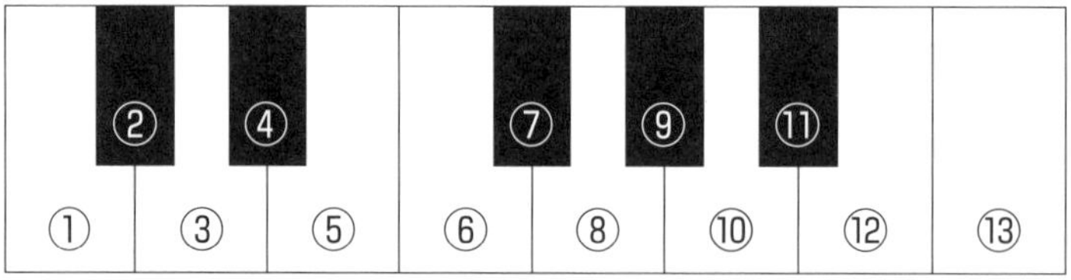

階名と音名

□ **ハ長調**では「ハ（C）」の音が階名「ド」になりますが、**ヘ長調**では「ヘ（F）」の音が「ド」になります。このように、調によって**階名「ドレミ…」**は移動します。これに対し、**音名「ハ（C）ニ（D）ホ（F）…」**は、**音の絶対的な高さ**を表すため移動しません。

全音と半音

□ 音と音の高さ**の関係**を、全音、半音で表します。例えば、前ページのハ長調の楽譜と鍵盤を見ると、ド（①）とレ（③）、ファ（⑥）とソ（⑧）などの間は**全音**です。これに対し、ミ（⑤）とファ（⑥）、シ（⑫）とド（⑬）などの間は**半音**です。つまり、⑤と⑥、⑫と⑬のように、**間に黒鍵がないところ**は**半音**になります。

□ **全音**は、**半音２つ分の高さ**なので、全音＝半音＋半音の関係になります。

♯（シャープ）と♭（フラット）

□ ♯（シャープ）は、半音上げるという意味です。例えば前ページの鍵盤で、②は①（Ｃ）より半音上がっているため、**$C^{\sharp}$**と表します（①と②、②と③の間はどちらも半音）。

□ ♭（フラット）は、半音下げるという意味です。例えば前ページの鍵盤で、⑦は⑧（Ｇ）より半音下がっているため、**$G^{\flat}$**と表します（⑥と⑦、⑦と⑧の間はどちらも半音）。

□ $C^{\sharp}$と$D^{\flat}$は、どちらも前ページの鍵盤②になります。このように、**異なる表記でも同じ音**である場合を、**異名同音**といいます。

長音階（メジャースケール）

□ ハ長調のような「**長（メジャー）**」の音階（スケール）は、**明るく楽しい雰囲気**をもつ音階です。長音階は、必ず「**全音・全音・半音・全音・全音・全音・半音**」の順に音が上がる法則になっています（**長音階の法則**）。

□ **ト長調**（Ｇメジャースケール）は、主音が「ト（Ｇ）」なので下のような音階になります。

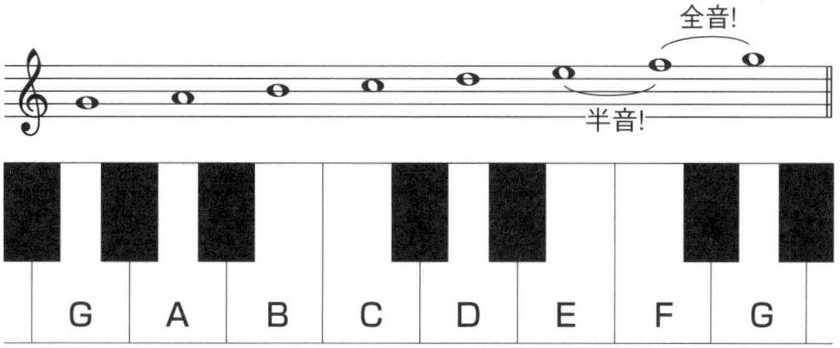

ところが、このままでは「**全音・全音・半音・全音・全音・全音・半音**」になりません。そこで、Ｆを**半音上げて**$F^{\sharp}$とすることによって、Ｅと$F^{\sharp}$の間が**全音**となり（半音２つ分で全音）、同時に$F^{\sharp}$とＧの間が**半音**となって、長音階の法則通りになります。このような

理由から、ト長調の場合はＦに＃がつくため、下の1）の楽譜を用いることになります。

1）ト長調（主音Ｇ）

2）ニ長調（主音Ｄ）

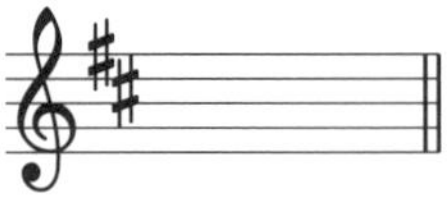

3）イ長調（主音Ａ）

4）ヘ長調（主音Ｆ）

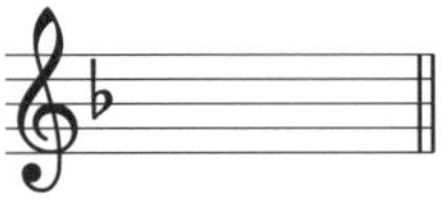

5）変ロ長調（主音$B^{\flat}$）

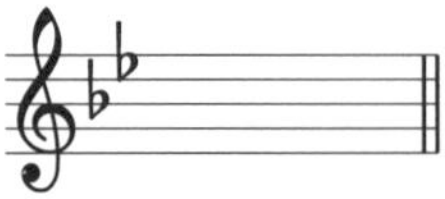

6）変ホ長調（主音$E^{\flat}$）

□ 変ロ長調などの「変」とは**半音下がる**という意味です。主音に♭（フラット）がつくのでそのように呼びます。これに対し、**半音上がる**場合は「嬰《えい》」がつきます。

音程

□ **２つの音の高さの隔たり**を、音程といいます（単位は**度**）。２つの音の高さが同じである場合は、１度といいます（０度というものは存在しない）。

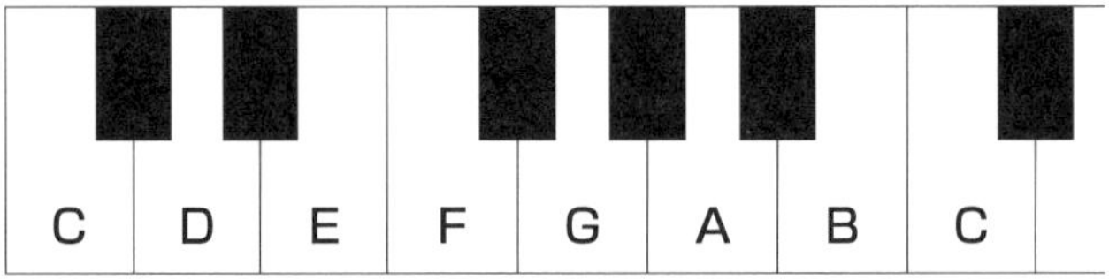

□ 上の鍵盤のＣ～Ｄは２度、Ｅ～Ｆも２度ですが、Ｃ～Ｄは全音で、Ｅ～Ｆは半音です。このとき、**全音１つ分**の場合を**長２度**といい、**半音１つ分**の場合を**短２度**といいます。Ｃ～Ｄは**長２度**であり、Ｅ～ＦやＣ～$D^{\flat}$は**短２度**です。

□ 上の鍵盤のＣ～Ｅは３度、Ｅ～Ｇも３度ですが、Ｃ～Ｅは全音２つ分、Ｅ～Ｇは半音＋全音です。このとき、**全音２**の場合を**長３度**といい、**全音１＋半音１**の場合を**短３度**といいます。Ｄ～ＦやＧ～$B^{\flat}$は短３度です。

□ 上の鍵盤のＣ～Ｆは４度、Ｃ～Ｇは５度ですが、どちらも**半音が１つ含まれます**。このような４度、５度をそれぞれ**完全４度**、**完全５度**といいます。

移調

□ 例えば、ハ長調の曲を二長調にするなど、**楽曲全体をそのまま他の調に移す**ことを移調といいます。この場合、ニ長調（主音D）はハ長調（主音C）よりも長２度だけ高いことから、「**長２度上《うえ》に移調した**」といいます。

⧓ 和音とコードネーム

□ **高さの異なる音が同時に響き合う状態**を**和音（コード）**といい、GやC_7といった個々の和音を表す記号をコードネームといいます。

□ 和音は、３個の音を**３度ずつ**積み重ねた**三和音（トライアド）**が基礎となります。

例）ハ長調のド・ミ・ソの和音

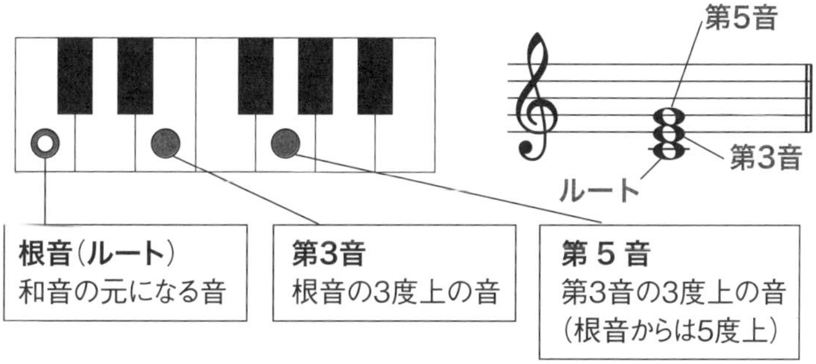

□ **コードネーム**は、**根音（ルート）**で決まります。例えば、ハ長調のド・ミ・ソの和音は、根音がド（C）なので、コードネームは「C」となります。

□ ハ長調のド・ミ・ソのように、根音と第３音の間が**長３度**、第３音と第５音の間が**短３度**になっている三和音を**長三和音（メジャートライアド）**といいます。**明るく楽しい響き**が特徴です。根音がDならば「D」、$B^{\flat}$ならば「$B^{\flat}$」というコードネームで表します。

1）D（Dメジャー）

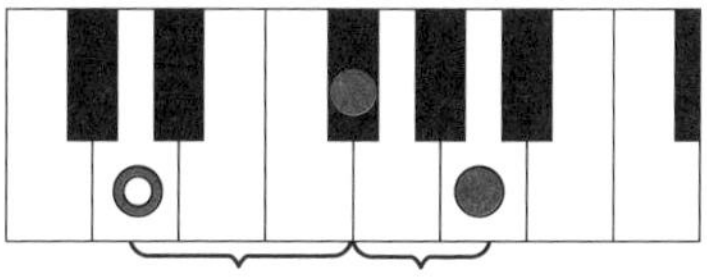

2）$B^{\flat}$（Bフラットメジャー）

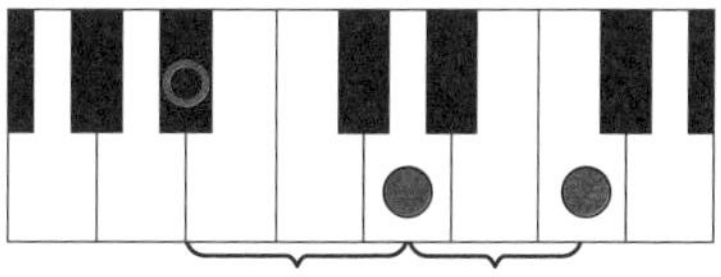

□ 根音と第３音の間が**短３度**、第３音と第５音の間が**長３度**になっている三和音を**短三和音（マイナートライアド）**といいます。**暗くて悲しい響き**が特徴です。根音がEならば「E_m」、$F^{\#}$ならば「$F^{\#}_{m}$」というコードネームで表します。

1) E_m（Eマイナー）

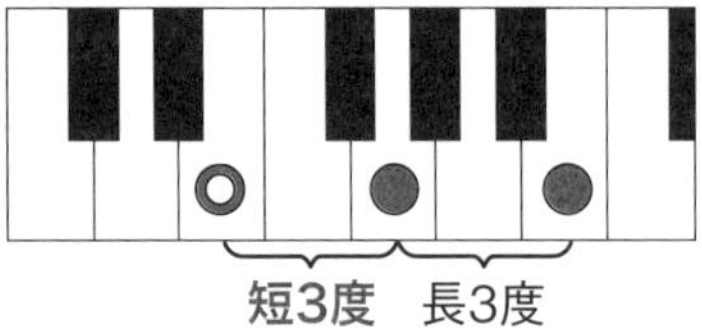

2) $F^{\#}{}_m$（Fシャープマイナー）

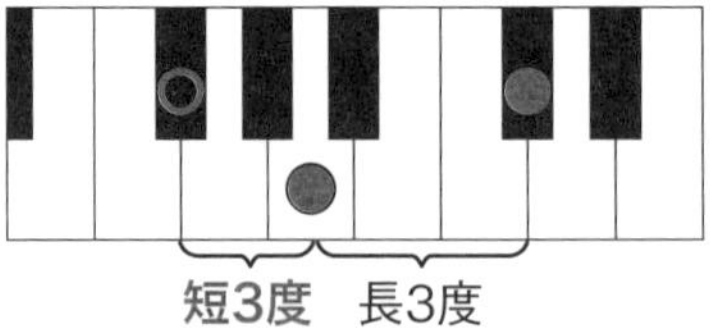

□ 三和音（トライアド）の上にさらに**3度上**の音を積み重ねると、**四和音**になります。根音からは**7度上**の音（**第7音**）が加わることになるため、セブンスコードといいます。次の２種類が重要です。

①**ドミナント・セブンスコード**

長三和音（メジャートライアド）に短３度上の第７音を加えたもの

1) C_7（Cセブン）

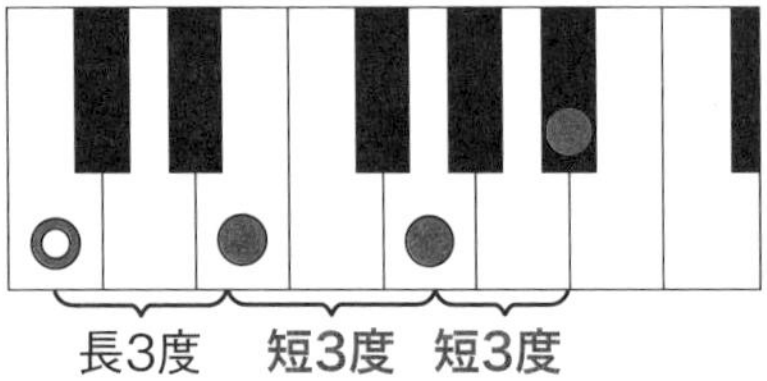

2) E_7（Eセブン）

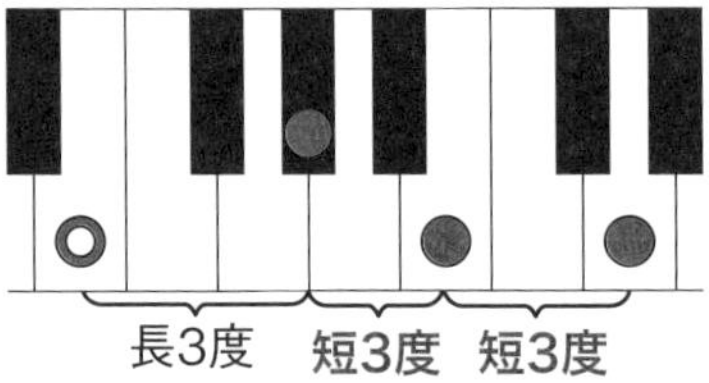

②**マイナー・セブンスコード**

短三和音（マイナートライアド）に短３度上の第７音を加えたもの

1) D_{m7}（Dマイナーセブン）

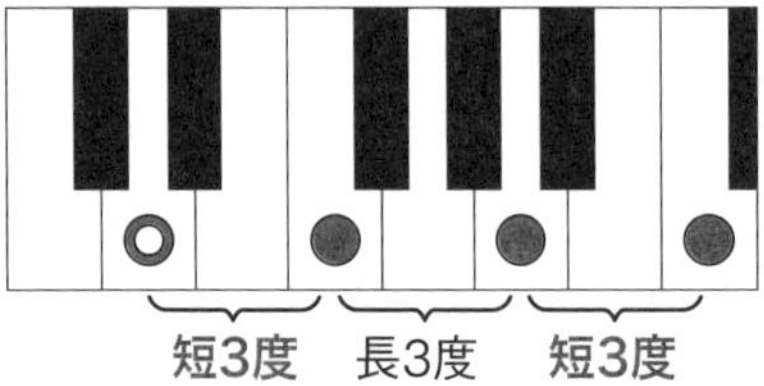

2) E_{m7}（Eマイナーセブン）

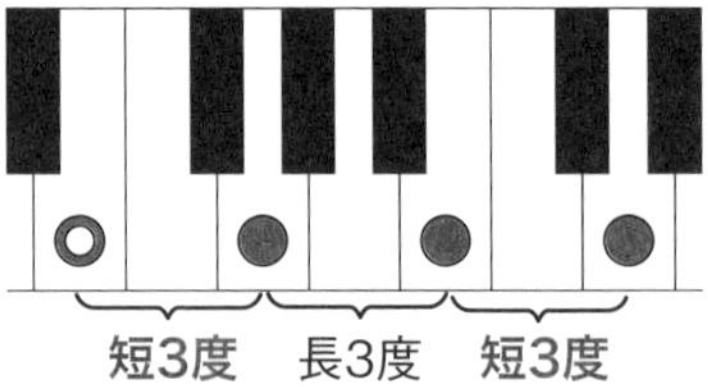

□ セブンスコードの**第５音**は、省略されることが多いので注意しましょう。

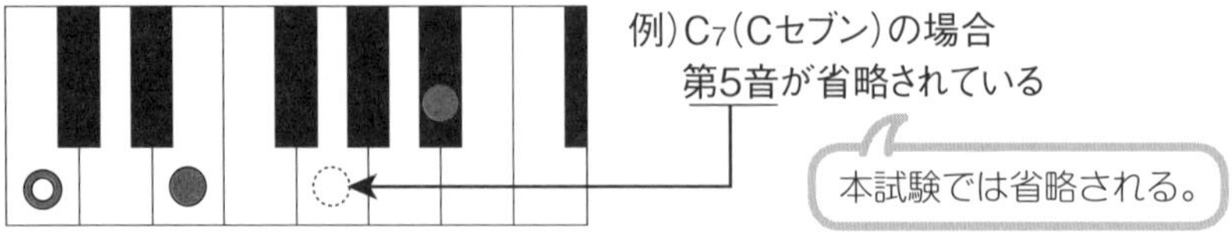

⧓ 和音（コード）の転回

□ 例えば「ド・ミ・ソ」を「ミ・ソ・ド」とするように、和音は**音の順を並べかえる**ことができます。これを「**和音（コード）の転回**」といいます。この場合、元の和音を「**基本形**」、転回した和音を「**転回形**」といいます。

□ **コードネームは基本形の根音で決まる**ため、転回しても変わりません。このため、ハ長調の「ド・ミ・ソ」「ミ・ソ・ド」「ソ・ド・ミ」はすべて「C（Cメジャー）」と呼びます。

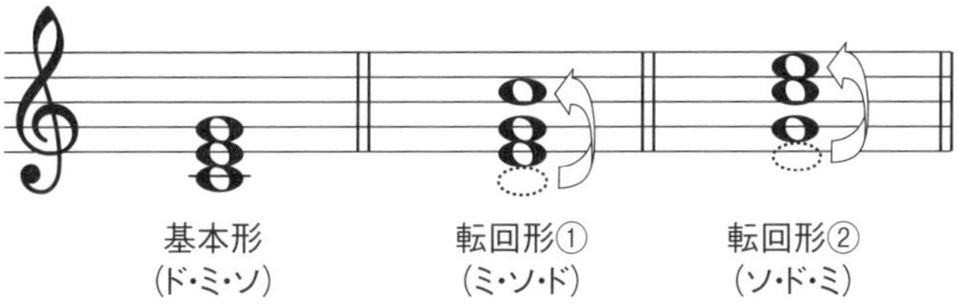

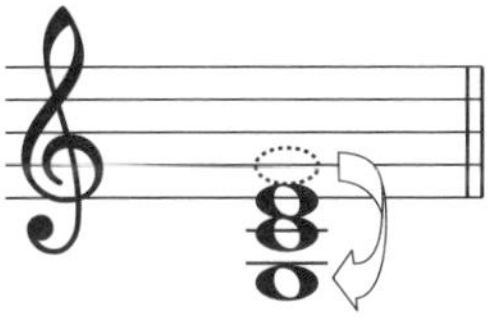

左のように、第5音のソが1オクターブ下にくる「ソ・ド・ミ」も「C（Cメジャー）」の転回形である。

□ **コードネーム**と**鍵盤の位置**について、下の例で確認しておきましょう。

例)「D」: 基本形⑧⑫⑮ → 転回形⑫⑮⑳など

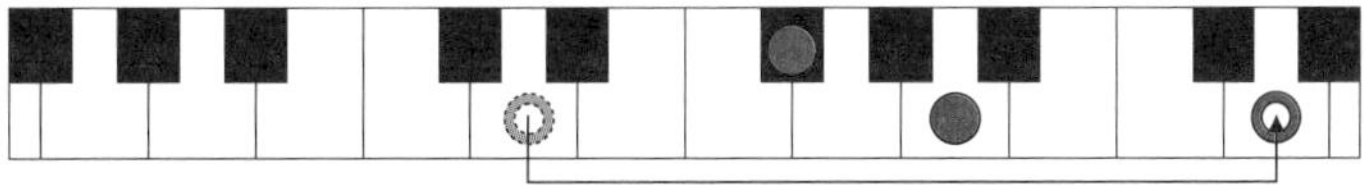

例)「E_m」: 基本形⑩⑬⑰ → 転回形⑤⑩⑬など

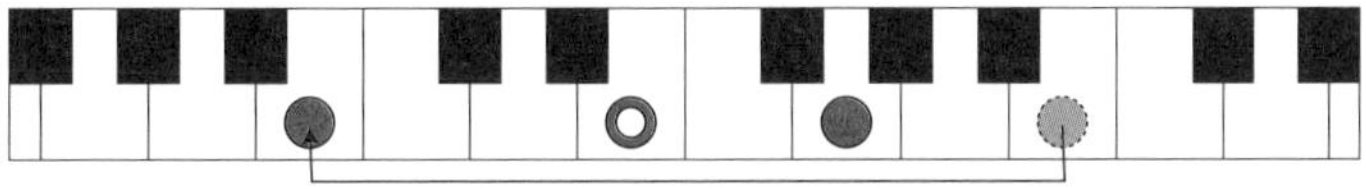

例)「C_7」: 基本形⑥⑩（⑬省略）⑯ → 転回形⑩⑯⑱など

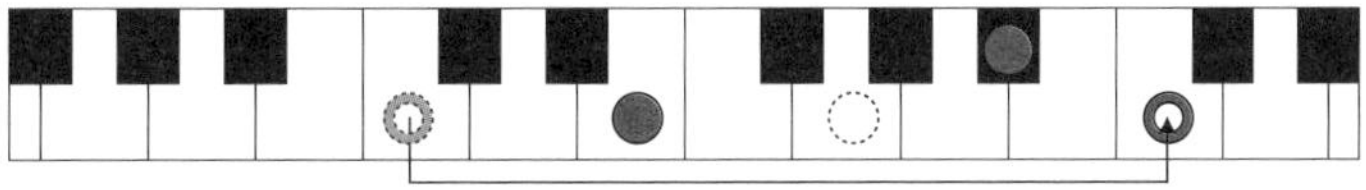

書いて覚えよう！

階名と音名

✿ 情報
調は、一般に「キー」ともいう。

@ 出題傾向
ある調における１つの音の階名と音名を問う問題が、毎年必ず出題されている。

1 [1　　　　] は調によって移動するが、[2　　　　] は音の絶対的な高さを表すため移動しない。

2 ハ長調の階名「ソ」は音名では「[3　　]」であり、ト長調の階名「ソ」は、音名では「[4　　]」である。

♯（シャープ）と♭（フラット）

✧ ポイント
♯や♭などは変化記号とも呼ばれる。また、楽譜の「ト音記号」の右隣りにある変化記号のまとまりを「調号」という。調号によって、その曲が何長調（または何短調）であるかがわかる。なお、ハ長調とイ短調の場合のみ調号がつかない。

3 ♯（シャープ）は [5　　　　　　] という意味で、♭（フラット）は [6　　　　　　] という意味である。

長音階（メジャースケール）

4 長音階（メジャースケール）は、明るく楽しい雰囲気をもつ音階であり、「全音・全音・半音・全音・全音・[7　　　　]・[8　　　　]」の順に音が上がる法則になっている。

5 長音階（メジャースケール）のうちで、下の（1）の楽譜を用いるのは [9　　] 長調、（2）の楽譜を用いるのは [10　　] 長調である。

（1）

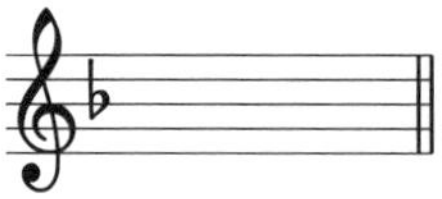

（2）

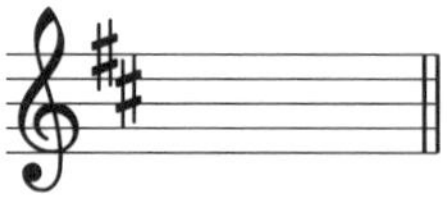

音程

♪ ヒント
0度という音程は存在しない。

6 ２つの音の高さの隔たりを [11　　　　] といい（単位は度）、２つの音の高さが同じである場合は [12　　　　] という。

7 ２つの音の高さの隔たりが、全音１つ分の場合を [13　　　　　] といい、半音１つ分の場合を [14　　　　] という。

8 2つの音の高さの隔たりが、全音2の場合を［15　　　　　］といい、全音1＋半音1の場合を［16　　　　　］という。

移調

9 イ長調を長2度下に移調すると［17　　］長調になる。またニ長調を短3度上に移調すると［18　　］長調になる。

出題傾向
ある調の曲を、一定の音程だけ移調したとき何長調になるかを問う問題が毎年必ず出題されている（最近では、移調後の調号を選ばせる形式が多い）。

和音とコードネーム

10 明るく楽しい響きをもつ長三和音（メジャートライアド）は、根音と第3音の間が［19　　　　　］、第3音と第5音の間が［20　　　　　］離れている。

ヒント
短三和音（マイナートライアド）は、根音と第3音の間が短3度、第3音と第5音の間が長3度離れている。

和音（コード）の転回

11 コードネームは、その和音の基本形の［21　　　　　］で決まるため、和音を転回してもコードネームは変わらない。

12 コードネームに当てはまる鍵盤の位置を、下の鍵盤に付された番号を用いて表すと、次のようになる。

- D_m … 基本形：［22　　　　　］、転回形：［23　　　　　］など
- C_7 … 基本形：［24　　　　　］、転回形：［25　　　　　］など

出題傾向
コードネームにあてはまる鍵盤の位置を番号で答えさせる問題が、毎年必ず出題されている。特に転回形に注意する必要がある。

チャレンジ○×問題

解答・解説は別冊 P.16

Q1 ト長調の階名「シ」は、音名では「嬰へ」である。

Q2 変ホ長調を短2度下に移調すると、ハ長調になる。

Q3 コードネーム「$B^{\flat}$」にあてはまる鍵盤の位置を、上の鍵盤に付された番号を用いて表すと、基本形④⑧⑪、転回形⑧⑪⑯などとなる。

Point 47 音楽（2）

DATE ／ ／

暗記しよう！要点解説

声楽曲

①歌曲（芸術歌曲）	芸術的な詩と音楽が調和した声楽曲。ドイツ語では**リート**という。多くのドイツリートを作曲したシューベルトは「**歌曲の王**」と呼ばれる
②わらべうた（伝承童謡）	子どもたちのあいだで昔から歌い継がれてきた歌。**いつ、だれが、どこでつくったものかわからない**。伝承童謡とも呼ぶが、④の童謡（創作童謡）とはまったく別のもの。マザーグースは**イギリス**の伝承童謡集である
③唱歌	教育用につくられた歌曲（戦前の学校教育では教科名でもあった）。**西洋音楽**を基本とする。「**幼稚園唱歌集**」（明治20年刊行）は、公に出版された最初の幼児用音楽教科書とされている
④童謡（創作童謡）	**大正7年**に**児童雑誌**『赤い鳥』が鈴木三重吉、北原白秋らによって創刊されてからつくられるようになった。**子どものために大人が創作した歌**であり、教訓的な唱歌を批判し、芸術性を求めてつくられた

主な童謡作曲家とその作品　〈　〉内は作詞者

成田為三《ためぞう》	●「かなりや」〈西條八十〉　●「赤い鳥小鳥」〈北原白秋〉
草川信《しん》	●「ゆりかごの歌」〈北原白秋〉　●「夕焼け小焼け」〈中村雨虹〉
河村光陽《こうよう》	●「うれしいひなまつり」〈サトウハチロー〉　●「かもめの水兵さん」〈武内俊子〉
中《なか》田《だ》喜直《よしなお》	●「めだかの学校」〈茶木滋〉　●「かわいいかくれんぼ」〈サトウハチロー〉
團《だん》伊《い》玖《く》磨《ま》	●「おつかいありさん」〈関根栄一〉　●「ぞうさん」〈まどみちお〉 ●「やぎさんゆうびん」〈まどみちお〉
大中恩《おおなかめぐみ》	●「犬のおまわりさん」〈さとうよしみ〉　●「サッちゃん」〈阪田寛夫〉 ●「ドロップスのうた」〈まどみちお〉

代表的な舞曲

ワルツ	**優雅な感じ**が漂う4分の3拍子の舞曲。ヨハン=シュトラウスの合奏曲や、ショパンのピアノ独奏曲などが有名である
メヌエット	**あまり速くない、やさしい感じ**の4分の3拍子の舞曲(8分の3拍子のものもある)。小きざみな足どりで、美しく踊る
マーチ	「行進曲」のこと。歩行に合うよう、主に4分の2拍子で作曲されている
ポルカ	**チェコ**のボヘミア地方で生まれた、軽快で活気のある4分の2拍子の舞曲(4分の3拍子のものもある)
サンバ	**ブラジル**の代表的な踊りの音楽。多数の打楽器を使って**テンポの速いリズム**を刻む

一般的な楽器の分類

弦楽器	ギター、マンドリン、ヴァイオリン、チェロ、ハープなど
木管楽器	フルート、ピッコロ、クラリネットなど
金管楽器	トランペット、トロンボーン、ホルンなど
打楽器	大だいこ、小だいこ、ティンパニ、シンバル、タンバリン、カスタネット、マラカス、クラベス、トライアングル、ハンドベル、鉄琴、木琴など
鍵盤楽器	ピアノ、オルガン、アコーディオンなど

音楽教育に関する用語

ソルフェージュ	音楽の基礎教育のこと。特に**楽譜の読み書き**や、**音楽の聴き取り**などの訓練を指す
リトミック	**スイス**の作曲家ダルクローズが開発した音楽教育方法。**音楽に合わせて身体を動かす**ことによって音楽をより深く感じ、表現できるようにする。リズム運動・ソルフェージュ・即興演奏の三部門からなる
コダーイシステム	**ハンガリー**の作曲家**コダーイ**が提唱した音楽教育方法。自国の母語で歌**うわらべうた**を音楽教育の基本に置き、**遊びながら**歌の音程やリズムを整え、音楽を理解し表現する力を育てる
オルフシステム	**ドイツ**の作曲家オルフが考案した音楽教育方法。子どもの**遊び歌の短いフレーズをくり返し**、それをいろいろな**楽器**で積み重ねながら、美しいハーモニーをつくり出していく

⧓ 音楽の速度標語

遅い	*grave*	グラーベ	荘重に、ゆっくりと
	largo	ラルゴ	幅広く、ゆっくりと
	lento	レント	ゆるやかに
	adagio	アダージョ	ゆるやかに
やや遅い	*andante*	アンダンテ	ゆっくりと歩く速さで
中ぐらい	*moderato*	モデラート	中ぐらいの速さで
やや速い	*allegretto*	アレグレット	やや速く
速い	*allegro*	アレグロ	快速に
きわめて速い	*vivace*	ビバーチェ	活発に
	presto	プレスト	急速に

⧓ 音楽の速さの変化を示す用語

●遅くするもの

meno mosso	メノモッソ	今までより遅く
rallentando (= *rall.*)	ラレンタンド	だんだんゆるやかに
ritardando (= *rit.*)	リタルダンド	だんだん遅く
allargando	アラルガンド	強くしながらだんだん遅く
smorzando	スモルツァンド	弱くしながらだんだん遅く

●速くするもの

accelerando (= *accel.*)	アッチェレランド	次第に速く
più mosso	ピウ・モッソ	今までより速く

●元の速さに戻すもの

a tempo	ア・テンポ	元の速さで
tempo primo	テンポ・プリモ	最初の速さで

●演奏上の自由を許すもの

ad libitum (= *ad lib.*)	アド・リビトゥム	速度を自由に
tempo rubato	テンポ・ルバート	自由な速さで

音の強弱を表す記号

ff	フォルテシモ	とても強く	*pp*	ピアニシモ	とても弱く
f	フォルテ	強く	*p*	ピアノ	弱く
mf	メッゾフォルテ	少し強く	*mp*	メッゾピアノ	少し弱く

sf（= *sfz*）	スフォルツァンド	特に強く
accent（= ＞）	アクセント	その音を特に強く
cresc.（= ＜）	クレッシェンド	だんだん強く
decresc.（= ＞）	デクレッシェンド	だんだん弱く
dim.	ディミヌエンド	だんだん弱く

曲の発想を示す用語

amabile	アマビーレ	愛らしく
brillante	ブリランテ	はなやかに
cantabile	カンタービレ	うたうように
comodo	コモド	気楽に
espressivo	エスプレッシーボ	表情豊かに
leggero（= *leggiero*）	レジェーロ	軽く
legato	レガート	なめらかに
scherzando	スケルツァンド	おどけて

演奏方法その他の用語

staccato	スタッカート	音を短く切って
tenuto	テヌート	音の長さを保って
fermata（= 𝄐）	フェルマータ	十分に長く伸ばす
portamento	ポルタメント	音をなめらかに移る
glissando	グリサンド	２音間を滑るように
a capella	ア・カペラ	教会風に無伴奏で
da capo（= *D.C.*）	ダ・カーポ	曲の先頭に戻る
Fine	フィーネ	曲の終わり

書いて覚えよう！

声楽曲

1 [1] とは、子どもたちのあいだで昔から歌い継がれてきた歌をいい、作詞者や作曲者は不明である。

2 [2] とは、西洋音楽を基本として教育用につくられた歌曲をいい、戦前の学校教育では教科名でもあった。

◇ポイント
児童雑誌『赤い鳥』は芸術性の豊かな童話や童謡の創造を目指して創刊された。

3 [3] は、子どものために大人の作曲家たちが創作した歌であり、大正７年に雑誌『[4]』が [5] や北原白秋らによって創刊されてからつくられるようになった。

主な童謡作曲家とその作品

♪ヒント
成田為三は、大正時代に「赤い鳥」童謡運動に参加した作曲家である。

4 大正時代に [6] が作曲し、[7] が作詞した『かなりや』は、「赤い鳥」童謡運動の中で誕生した。

✿情報
サトウハチローは別名を使うことがあり、「うれしいひなまつり」は「山野三郎」という名で作詞している。

5 [8] が作曲した「うれしいひなまつり」も、中田喜直が作曲した「かわいいかくれんぼ」も、[9] が作詞した。

6 「めだかの学校」の作曲者は、[10] である。

7 團伊玖磨が作曲し、[11] が作詞した「ぞうさん」は、３拍子の曲である。

代表的な舞曲

8 [12] は４分の３拍子で、小きざみな足どりで美しく踊る舞曲である。これに対し、[13] は軽快で活気のある４分の２拍子の舞曲である。

一般的な楽器の分類

9 トランペットは金管楽器、フルートは［14　　　　　］楽器に分類される。タンバリン、ハンドベルなどは［15　　　］楽器に分類される。

✚ 情報
打楽器のうち、鉄琴や木琴（マリンバなど）のように、鍵盤と同じ配列に音板が並べてあるものを「鍵盤打楽器」とも呼ぶ。

音楽の速度標語

10 「アレグロ」は「［16　　　　　　］」という意味であり、「アンダンテ」は「［17　　　　　　　　］歩く速さで」という意味である。

音楽の速さの変化を示す用語

11 「リタルダンド」は速さを「［18　　　　　　　　　　　］」することを意味し、「ア・テンポ」は「［19　　　　　　　　　］」という意味である。

出題傾向
試験では、音楽用語がアルファベットで表記されることもあるが、最近ではカタカナ表記が多くなっている。

演奏方法その他の用語

12 「スタッカート」とは、「音を［20　　　　　　　　　　］」演奏するという意味である。

13 「［21　　　　　　　　　］」とは、音符や休符の上などにつけられる「𝄐」の記号をいい、その音を「十分に［22　　　　　　　　　］」ことを意味する。

チャレンジ○×問題

解答・解説は別冊 P.16

Q1 「赤い鳥小鳥」は、明治時代に発表された唱歌である。

Q2 ポルカとは、４分の３拍子の静かな合唱曲をいう。

Q3 リトミックは、フレーベルが考案した音楽教育方法である。

Q4 「テヌート」とは、音符が表すその「音の長さを保って」演奏するという意味である。

Q5 「ポルタメント」とは、テンポを「次第に速く」することを意味する。

Point 48 造形（1）

DATE ／ ／

暗記しよう！要点解説

色の三要素（色相・明度・彩度）

□ **色相・明度・彩度**を色の三要素といいます。**色相**とは、赤や青といった**色みの違い**です。

□ 明度とは、**色の明るさの度合い**をいいます。

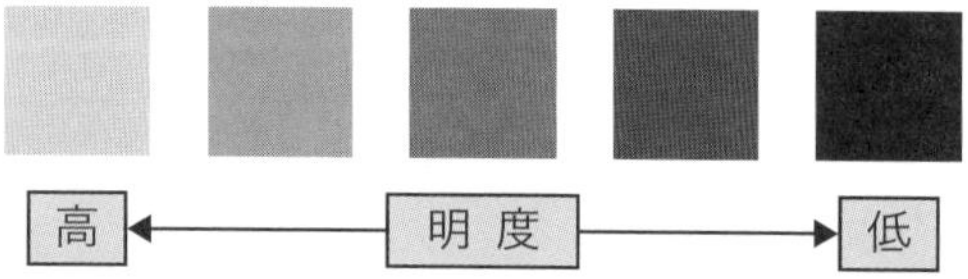

白、灰色、黒のように、色みがない色を**無彩色**という。
無彩色には色相や彩度がなく、明度の違いだけがある。

□ 彩度とは、**色みの鮮やかさの度合い**をいいます。

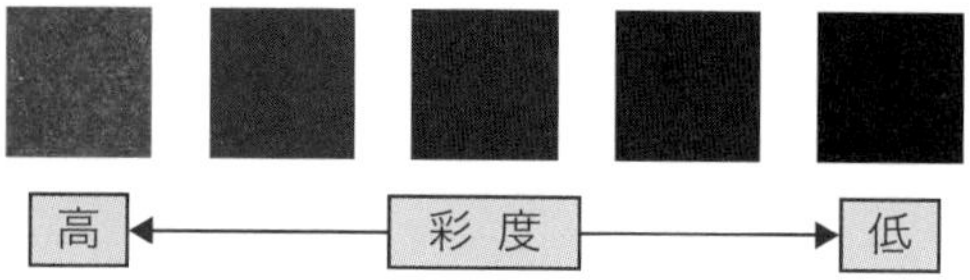

色みのある色は**有彩色**といい、色の三要素（色相・明度・彩度）がすべて関係する。

□ その色相で**最も彩度が高い色**（上の図のいちばん左の色）を**純色**といいます。純色に**黒**を加えていくと、上の図のように**彩度が下がり**、**明度も下がり**ます。

□ 純色に**白**を加えていくと、**彩度は下がり**ますが、**明度は上がり**ます。

色相環

□ 色相を順に円環（リング）状に配列したものを**色相環**といいます。右図は12色に分割したもので、「**12色相環**」といいます。

□ **赤～黄**の暖かい感じの色を暖色、**青緑～青紫**の冷たい感じの色を**寒色**といいます。それ以外の色は、**中間色**といいます。

色の対比

- □ **色相環で真向かいに位置している色相**を互いに**補色**といいます。例えば「赤」と「青緑」、「黄橙」と「青」などが補色の関係にあります。補色は**色相差が最も大きい色**であることから、**お互いの色を目立たせる**効果があります。これを**補色対比**といいます。
- □ 下図のように、文字の色と背景の色（地色）との**明度差が大きい**配色ほど、境目が明瞭ではっきりと見えます(図１のほうが図２より明度差が大きい)。これを**明度対比**といいます。

図１(文字：白、地色：黒)

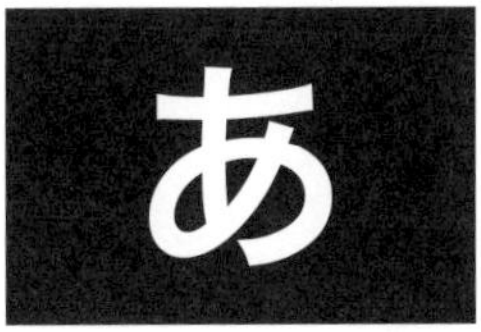

図２(文字：白、地色：灰色)

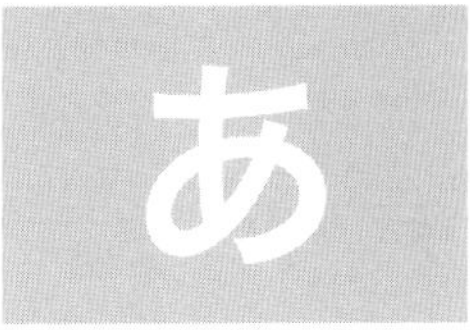

- □ **彩度の異なる色**を対比させた場合は、彩度の高い色のほうが**より鮮やか**に、彩度の低い色はより**にぶく**見えます。この効果を**彩度対比**といいます。
- □ 黄色のものを、緑色を背景にして置くと黄色がやや赤みがかって見え、赤色を背景にして置くと黄色がやや緑がかって見えます。このように、同じ色なのに**周囲の色の影響を受けて色相がずれて見える**現象を**色相対比**といいます。

光（色光）の三原色

- □ スポットライトなどのように**色のついた光**を**色光**といいます。色光の三原色は**赤・青・緑**の３色です。色光は、色を**混ぜるほど元の色より明るくなる**ことから、**加法混色**といいます。３色をすべて混色すると白くなります。

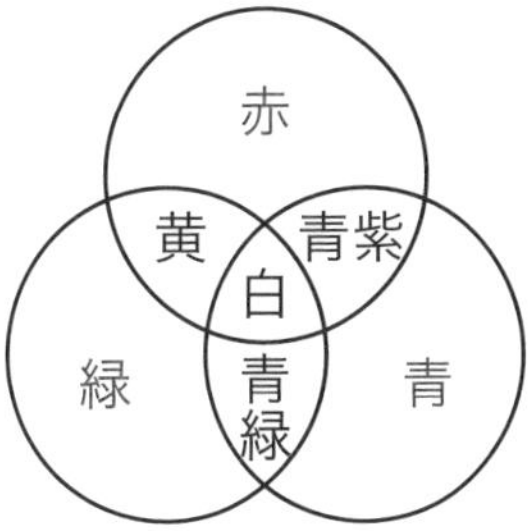

絵の具（色料）の三原色

- □ 絵の具などの着色材料を**色料**といいます。色料の三原色は**赤（マゼンダ）・青（シアン）・黄（イエロー）**の３色です。色料は、**混ぜ合わせるほど明るさが減って**黒に近づくことから、**減法混色**といいます。３色をすべて混色すると黒くなります。

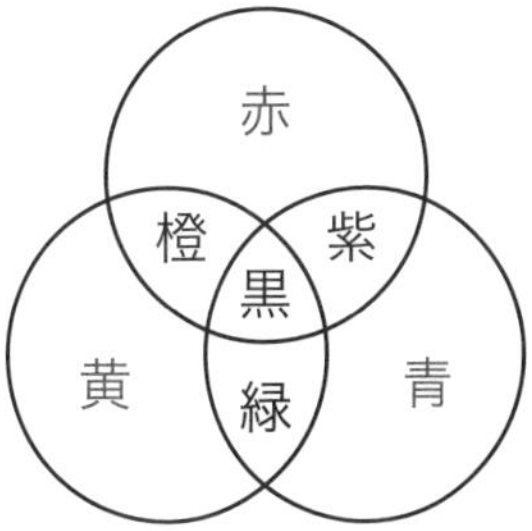

⧓ 版画による表現技法

□ いろいろな材料を使って**版**をつくり、それに絵の具をつけて紙に転写する技法を**版画**といいます。版の形式によって、**凸版**、**凹版**、**平版**、**孔版**の 4 種類に分かれます。

凸版《とっぱん》	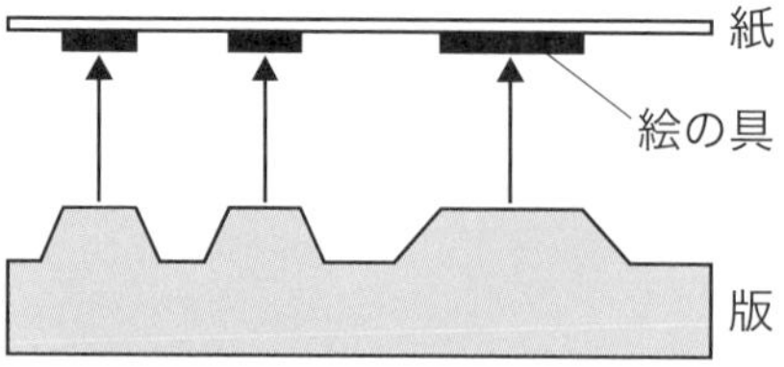	版の凸部に絵の具をつけて、それを紙に写し取る 例）● **スチレン版画** ● **紙版画** ● **スタンピング**（型押し）
凹版《おうはん》	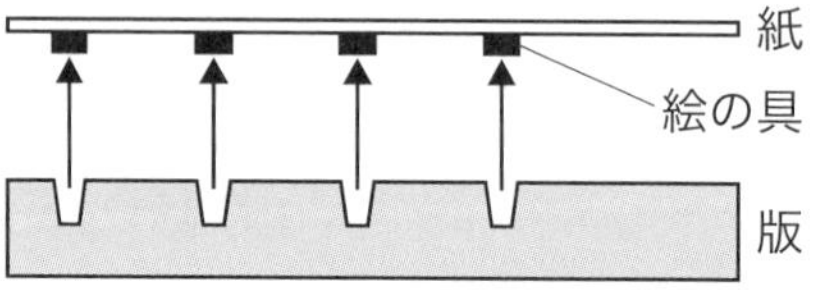	版の凹部に絵の具を詰め込んで、それを紙に写し取る 例）● **エッチング** ● **ドライポイント**
平版《へいはん》	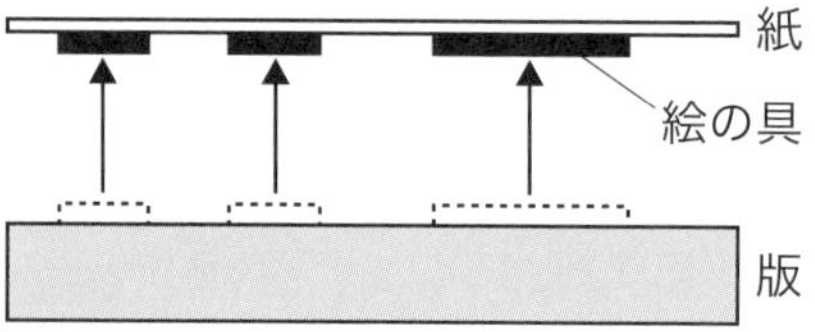	凹凸のない平面のままの版に絵の具をつけて、それを紙に写し取る 例）● **デカルコマニー**（合わせ絵） ● **マーブリング**（流し絵）
孔版《こうはん》	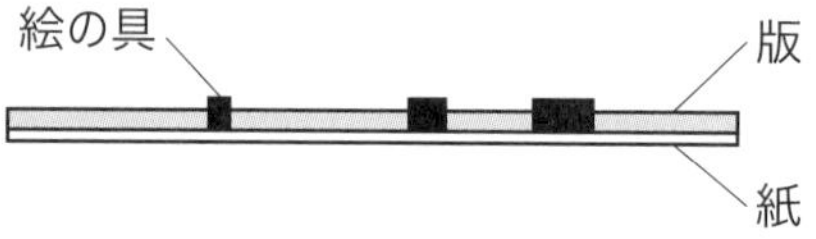	版に孔（穴）をつくり出して型紙とし、その上から絵の具を塗ることによって**孔を通して**下の紙に像を写し取る 例）● **ステンシル**

□ **スチレン版画**は、**凸版**です。**スチレンボード**という発泡スチロールの薄い板を版にします。型押しに使える素材（クッキー型、ペットボトルのふた）やペンなどを用い、**版をへこませて**模様を描いた後、版全体に絵の具やインクを塗って、別の紙に写し取ります。

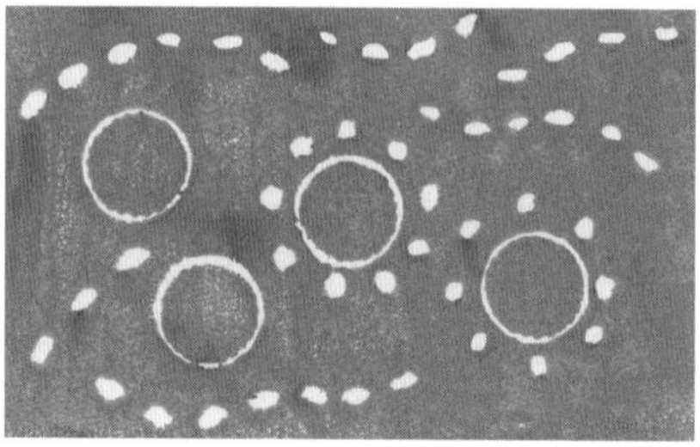

- □ **紙版画**は、**凸版**です。画用紙などの**厚手の紙**を切ったりちぎったりして**台紙に貼り重ねて**版をつくり、これにインクや油性絵の具を塗り、**バレン**で別の紙に写し取ります。
- □ **スタンピング（型押し）**は、**凸版**です。花や動物、人などの形にカットした野菜の切り口や型押しに使える素材に絵の具をつけて、それを**はんこ**（スタンプ）のように紙に押しつけていきます。手形もスタンピングの一種といえます。
- □ **エッチング**は、**凹版**です。**防蝕剤を塗った金属板**の表面をニードル（**鉄筆**）で削り取るように描画し、露出した金属面を**酸によって腐蝕させる**ことで凹部をつくります。
- □ **ドライポイント**は、**凹版**です。エッチングと似ていますが、ドライポイントの場合は腐蝕させるのではなく、ニードルで刻み込んだ部分がそのまま凹部となります。
- □ **デカルコマニー（合わせ絵）**は、**平版**です。紙を二つ折りにし、内側の片方の面にだけ絵の具を塗った後、その紙を折り合わせることによって、もう片方の面に対称形の模様を写し取ります。ほぼ**左右対称**の像ができ上がります。

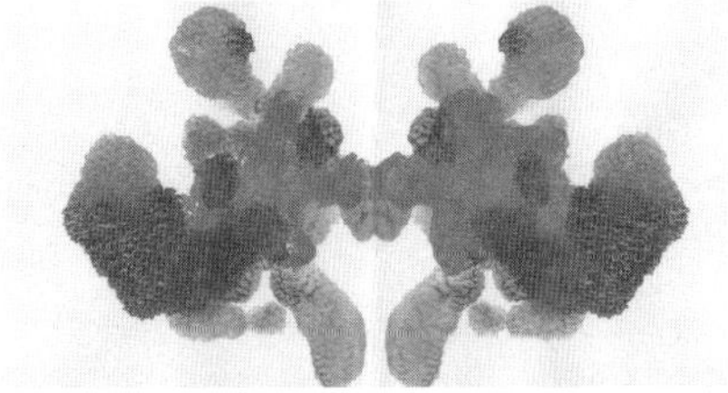

- □ **マーブリング（流し絵）**は、**平版**です。専用の絵の具を水にたらし、静かにかき混ぜて、水面にできた模様を紙や布などに写し取ります。

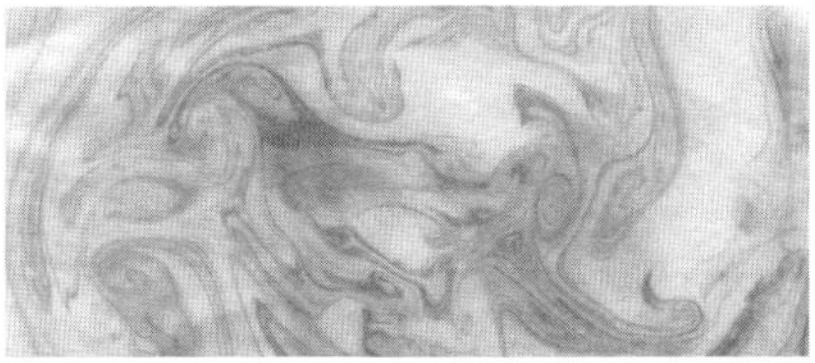

- □ **ステンシル**は、**孔版**です。型紙から絵柄を切り抜いて、その型紙を別の素材（紙や布など）に押し当て、筆やスポンジでたたきながら、**切り抜いた孔（穴）を通して**絵の具やインクなどを下の素材に刷り込みます。凸版、凹版、平版とは異なり、図像の**左右が反転しない**という特徴があります。

⧓ その他の表現技法

- □ **フロッタージュ（こすり出し）**とは、板の木目や葉っぱなど、凹凸のある材質の上に紙を置いて、鉛筆やクレヨン、コンテなどでこすることによって地肌の模様を写し取る技法をいいます。

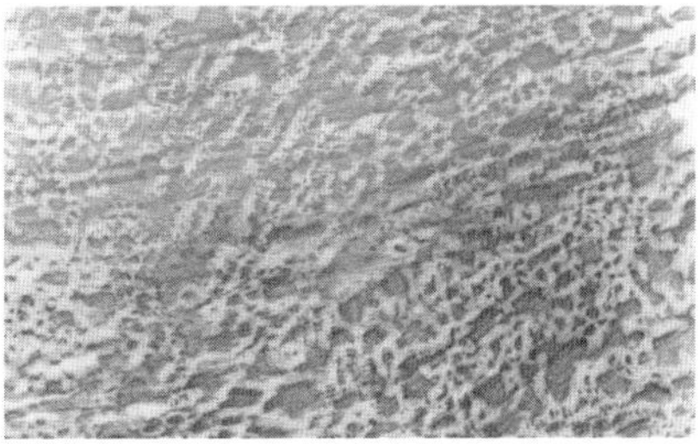

□ コラージュとは、色紙や包装紙、布などを切ったりちぎったりして台紙の上に貼り付け、絵をつくっていく技法をいいます。「**はり絵**」の一種です。

□ **スクラッチ（ひっかき絵）**とは、クレヨンなどで**下地に明るい色**を塗っておき、その上から黒などの**暗い色を塗り重ね**、その表面を先のとがった竹串などでひっかいて描く技法をいいます。表面の暗い色がはがれて、下地の明るい色が現れます。

□ **バチック技法（はじき絵）**は、クレヨンやロウなどを使って画用紙に絵を描いておき、その上から、多めの水で溶いた水彩絵の具を塗って、クレヨンやロウなどが**水をはじく性質**を利用する技法をいいます。

⧓ 絵の具、筆など

□ **水彩絵の具**は、**透明**のものと**不透明**のものに分けられます。

透明 水彩絵の具	画用紙の白地が透けて見えるため、タッチ（**筆あと**）を活かし、すっきりとした感じを出すことができる
不透明 水彩絵の具	乾きが早く、一度塗った色が乾いてから別の色を塗ると、ほとんど前の色が見えなくなる。ポスターカラーやガッシュなどがある • ポスターカラー…下地を塗りつぶすことができ、大きな面でもむらなく塗ることができる • ガッシュ…**光沢はない**が、色彩が鮮明で、重ね塗りもできる • アクリルガッシュ…一度乾くと耐水性になり、水に溶けなくなる

□ **水性アクリル絵の具**は、水彩絵の具と同様に**水溶性**で、水の量を調整することによって、透明・不透明絵の具の表現ができます。乾燥した後は水に溶けなくなる性質（**耐水性**）があります。**付着性**が強いため、紙だけでなく木、布、ガラス、プラスチック、金属等にも塗れます。また、**柔軟性**があるため、作品を巻いても割れにくいという特徴があります。透明調の**アクリル絵の具**と、不透明調の**アクリルガッシュ**に分けられます。

□ クレヨン、パステル、コンテには、次のような違いがあります。

クレヨン	**ろう分**を含むため、硬質で扱いやすい。**混色には不向き**である
パステル	**粉末顔料**を固めて棒状にしたもの。発色は美しいが、画面に定着しにくい
コンテ	顔料に粘土や固着剤を加えて固めたもの。パステルより固く**折れにくい**

□ 描画表現に用いる平筆、丸筆などの筆先は、**動物の毛**や**樹脂の繊維**などでできています。また、筆の柄に表示されている**番号（号数）が大きい**ほど、**筆は太く**なります。

造形活動に用いられる紙

□ 造形活動には、画用紙をはじめ、いろいろな種類の紙が用いられます。

画用紙	絵の具、クレヨン等による描画や工作など、造形活動全般に用いられる。**絵の具の吸い込み**がよく、**発色**がよい
新聞紙	紙の目（繊維の流れ）があり、直線的に**破りやすい方向**がある。破いたり丸めたりして気軽に使える。**水分の吸い込み**がよい
黄ボール紙	藁《わら》パルプを使ったボール紙のこと。強度があるため、主に**立体作品**の製作や**台紙**として用いられる。また、絵の具で描画すると画用紙とは異なった風合いが得られる
和紙	染め紙や版画などに用いられる。一般に、**紙の目がなく**、**水に濡れても破れにくい**

□ **紙の大きさ**には**A列本判**、**B列本判**、**四六判**などの規格があります。画用紙は**四六判**（788mm×1091mm）を原紙としており、これを4つ、8つに裁断したものを、それぞれ**四つ切**、**八つ切**といいます。四つ切とB3、A3の大きさを比べると、**四つ切＞B3＞A3**の順になります。B3の2分の1の大きさがB4で、A3の2分の1の大きさがA4です。

造形活動に用いられる粘土

□ 造形活動には、次のような種類の粘土が用いられます。

紙粘土	パルプを主原料とし、水やのりを混ぜたものが一般的であるが、**新聞紙**や**トイレットペーパー**からでもつくれる。**乾燥すると硬化し**、**絵の具を塗ることができる**
油粘土	油を混ぜて練った粘土。**時間が経過しても硬化しない**ため、作品のつくり直しができる。**絵の具を塗ることはできない**
小麦粉粘土	小麦粉と食塩に水を混ぜながらこねてつくる。油を加えると滑らかになる。**食紅で着色することができる**
土粘土	何度でも**つくり直す**ことができ、土に触れる機会が少ない子どもたちに、土や泥、水の感触を味わう機会を提供できる。土粘土の作品は焼いて保存することができ、約**800℃**で焼成した**素焼き**の作品を**テラコッタ**と呼ぶ

書いて覚えよう！

出題傾向
色彩に関する問題は、毎年出題されている。色の三要素、色の対比、光（色光）の三原色、絵の具（色料）の三原色などが特に重要。

色の三要素（色相・明度・彩度）

1 赤や青といった色みの違いを「色相」、色の［1　　　　　］の度合いを「明度」、色みの［2　　　　　］の度合いを「彩度」といい、この３つを合わせて色の三要素という。

情報
純色と同じ明度の灰色を加えていった場合には、彩度は下がるが、明度は変わらない。

2 各色相で最も彩度が高い色を「純色」といい、これに白色を加えていくと、彩度は［3　　　　　］、明度は［4　　　　　］。

色の対比

3 ［5　　　　　］で真向かいに位置する色相を互いに［6　　　　　］という。

4 白と黒のように、［7　　　　　］が大きい配色ほど境目が明瞭で、はっきりと見える。このような効果を［8　　　　　］という。

5 彩度の異なる色を対比させた場合、彩度の高い色のほうがより鮮やかに見える。このような効果を［9　　　　　］という。

ヒント
光（色光）の三原色の各色でスポットライトをつくり、それらの光をすべて重ね合わせると、白い光になる。

光（色光）の三原色

6 赤・青・［10　　　］の３色を光（色光）の三原色という。色光は、色を混ぜるほど元の色より［11　　　　　］なる。

絵の具（色料）の三原色

7 絵の具（色料）の三原色とは、赤・青・［12　　　］の３色をいう。色料は、混ぜ合わせるほど色が［13　　　］に近づく。

版画による表現技法

8 版画の種類には、［14　　　　］、凹版、［15　　　　］、孔版があり、スチレン版画、紙版画、スタンピングは、いずれも［16　　　　］に分類される。

9 凹版の技法には、[17　　　　　　　　]、ドライポイントなどがある。

10 二つ折りにした紙の片面に絵の具を塗り、紙を折り合わせてもう片面に模様を写し取る技法を［18　　　　　　　　　　］という。

♪ヒント
デカルコマニー（合わせ絵）とマーブリング（流し絵）は、平版の技法である。

11 型紙から絵柄を切り抜いて、その孔（穴）を通して絵の具やインクなどを下の素材に刷り込む技法を［19　　　　　　　　　］という。図像の左右が［20　　　　　　　　］という特徴がある。

その他の表現技法

12 凹凸のある材質の上に紙を置き、鉛筆やクレヨンなどでこすることによって模様を写し取る技法を［21　　　　　　　　　　］という。

✿情報
フロッタージュの技法は、「拓版」とも呼ばれる原始的な版画の一種であり、古くから行われている。

13 クレヨンなどで下地に明るい色を塗っておき、その上に暗い色を塗り重ね、その表面を先のとがったものでひっかくことによって、下地の明るい色を現す技法を［22　　　　　　　　］という。

絵の具、筆など

14 ［23　　　　　　　　　］やガッシュは、不透明な水彩絵の具である。

造形活動に用いられる粘土

15 土粘土を約800℃で焼成した素焼きの作品を［24　　　　　　　　］という。

✿情報
焼成していない土粘土は、放置して硬くなっても、造形用の粘土として再生できる。

チャレンジ○×問題

解答・解説は別冊P.16～17

Q1 青緑色を背景にしたとき、赤色がとても目立つのは、色相対比による効果である。

Q2 バチック技法では、クレヨンと油絵の具を使用する。

Q3 水性アクリル絵の具は、乾燥すると水に溶けなくなる性質がある。

Q4 和紙には、紙の目があり、直線的に破りやすい方向がある。

Point 49 造形（2）

DATE　／　／

暗記しよう！要点解説

子どもの描画の発達過程

□ 子どもの描画表現の発達は、身体能力の発達や生活環境、教育環境によって**個人差**がありますが、基本的には下の表のように「**なぐり描き（スクリブル）**」に始まり、やがて線や丸に意味が与えられ、だんだんと**自分の思い**を表現するようになっていきます。

錯画期 （1～2歳半）	なぐり描き（スクリブル）を始める時期。自分の意思で線をコントロールできるようになると、**渦巻き**を描くようになる	
象徴期 （2歳～3歳半）	**終結した円形**が描けるようになる。意味づけ期、命名期ともいい、描いたものに「ママ」「わんわん」などと**意味づけ**したり、**名前**をつけたりするようになる	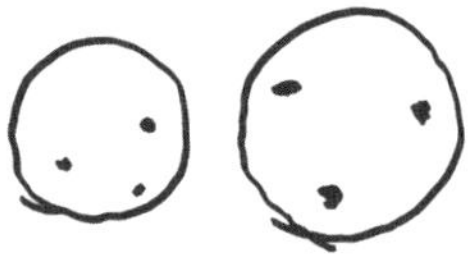 「ママとぼく」
前図式期 （3～5歳）	カタログ期ともいい、思いついた形を何の関連もなく**羅列的**に描くため、商品カタログのような絵になる。丸い頭から手や足のような線の出た頭足人（右図）を描くようになる	
図式期 （5～9歳）	上下関係が認識できるようになり、画面下部に**基底線**を引き、その下を**地面**、上を**空**に見立てる様式が現れる。人物、家、動物、植物、太陽、雲などを、**その子ども特有の描き方**で表現するようになる	〈図式期の特徴的な表現〉 ● **アニミズム表現** ● **レントゲン表現** ● **積み上げ表現** ● **多視点表現**（視点移動表現） ● **展開表現**（転倒式描法）

⧓「図式期」の特徴的表現

- □ 基底線を**天地の分かれ目**として、画面の上に空の象徴である**太陽**を描き入れます。地面となる基底線上には、人物、花、木、家などを左右に並べて描きます（**並列的表現**）。また、ものの物理的大きさと関係なく、**興味や関心**の強いものを**拡大**して描くという特徴があります（**拡大表現**）。

- □ 花や太陽に目や口を描くなど、人間以外のものを**擬人化**する**アニミズム表現**がみられるようになります。「アニミズム」というのは、生物・無生物を問わず、あらゆるものに魂が宿っているとする考え方であり、対象物に対して子どもが心を通わせていることの表れともいわれます。

- □ 外側からは実際に見ることのできない家や乗り物の中の様子を、まるでレントゲンで透視したように描くようになります。これを**レントゲン表現**といいます。知っているものをすべて描きたいという願望の表れともいわれます。

- □ **積み上げ表現**とは、遠くにある家を手前にある家の上に積み木のように重ねたり、複数の基底線を描いたりする表現をいいます。幼い子どもなりの**遠近表現**の一種です。

- □ 人物や花、乗り物などのモチーフを、実際の向きとは関係なく、それぞれ自分の描きやすい方向から描いて組み合わせる表現を、**多視点表現**（**視点移動表現**）といいます。この表現の一種として、例えば道路をはさんだ両側の建物や街路樹を倒れたように描く**展開表現**（**転倒式描法**）などがあります（右図）。

書いて覚えよう！

出題傾向
描画表現の発達過程については、毎年のように出題されている。

子どもの描画の発達過程

1 描画の発達過程は、子どもの身体能力の発達や生活環境などにより［1　　　　　］があるが、基本的には「なぐり描き」に始まって、だんだんと自分の思いを表現するようになっていく。

2 1～2歳半頃の「なぐり描き」を始める時期を「［2　　　　　］」という。「なぐり描き」は［3　　　　　］ともいい、自分の意思で線をコントロールできるようになると、［4　　　　　］を描くようになる。

情報
画面上に描かれた形と具体的なイメージとが結びつくことにより、描いた形に名前をつけるようになっていく。

3 2歳～3歳半頃は「象徴期」といい、手と目が連動して動くことにより、終結した［5　　　　　］などが描けるようになる。描いたものに「ママ」「わんわん」などと意味づけをしたり、名前をつけたりするようになるため、この時期を「［6　　　　　］」、「［7　　　　　］」とも呼ぶ。

4 3～5歳頃は「［8　　　　　］」という。この時期は、思いついた形を関連もなく羅列して描き、商品カタログのような絵になることから「［9　　　　　］」とも呼ぶ。また、丸い形に目や口を描き、手や足のような線をつけ加えた人物表現がみられるようになる。このような人物表現を「［10　　　　　］」という。

5 5～9歳頃は「［11　　　　　］」という。上下関係が認識できるようになるため、画面の下部に地面を表す［12　　　　　］を引くようになる。人物・家・動植物・太陽・雲などを、その子ども特有の描き方で表現するようになるほか、いろいろな特徴的表現がみられるようになる。

「図式期」の特徴的表現

6 画面の上方には、空の象徴である［13　　　　］を描き入れる。また地面となる基底線上には、人物、花、木、家などを左右に並べて描くようになる。これを［14　　　　　　］という。

7 ものの物理的大きさと関係なく、自分にとって興味や関心の強いものを［15　　　　］するという特徴がみられる。

8 人間以外のものを擬人化する［16　　　　　　］がみられるようになり、花や太陽などに目や口を描いたりする。

9 外側から見えるはずがない家の内部や乗り物の中の様子を、透視したように描くようになる。これを［17　　　　　　］という。

10 幼い子どもなりの遠近表現の一種として、［18　　　　　　］がみられる。

11 人物や花、乗り物などを、実際の向きとは関係なく、自分の描きやすい方向から描いて組み合わせる表現を、［19　　　　　　］あるいは［20　　　　　　］という。道路をはさんだ両側の建物などを倒れたように描く［21　　　　　　］もこの表現の一種である。

✧ ポイント
基底線を天地の分かれ目として、その上側を空、下側を地面として表現するようになる。

♪ ヒント
14～21までは、すべて「～表現」という語句が入る。

♪ ヒント
21は「転倒式描法」ともいう。

チャレンジ○×問題

解答・解説は別冊 P.17

Q1 「象徴期」のことを、別名「カタログ期」とも呼ぶ。

Q2 「頭足人」は、3歳頃からみられる人物表現である。

Q3 基底線は「前図式期」、レントゲン表現は「図式期」にみられる特徴的な表現である。

Q4 子どもの描画表現は、錯画期→前図式期→象徴期→図式期という過程を経て発達する。

頻出度

Point 50 保育指針における「言葉」「表現」

DATE ／ ／

暗記しよう！要点解説

保育指針「第２章 保育の内容」２、３の「(2) ねらい及び内容」の「エ 言葉」

エ　言葉

　経験したことや考えたことなどを自分なりの言葉で表現し、相手の話す言葉を聞こうとする意欲や態度を育て、言葉に対する感覚や言葉で表現する力を養う

「２　１歳以上３歳未満児の保育に関わるねらい及び内容」の(2)の「エ 言葉」より

(ア) ねらい

①言葉遊びや言葉で表現する楽しさを感じる

②人の言葉や話などを聞き、自分でも思ったことを伝えようとする

③絵本や物語等に親しむとともに、言葉のやり取りを通じて身近な人と気持ちを通わせる

(イ) 内容

①保育士等の応答的な関わりや話しかけにより、自ら言葉を使おうとする

②生活に必要な簡単な言葉に気付き、聞き分ける

③親しみをもって日常の挨拶《あいさつ》に応じる

④絵本や紙芝居を楽しみ、簡単な言葉を繰《く》り返したり、模倣をしたりして遊ぶ

⑤保育士等とごっこ遊びをする中で、言葉のやり取りを楽しむ

⑥保育士等を仲立ちとして、生活や遊びの中で友達との言葉のやり取りを楽しむ

⑦保育士等や友達の言葉や話に興味や関心をもって、聞いたり、話したりする

「３　３歳以上児の保育に関するねらい及び内容」の(2)の「エ 言葉」より

(ア) ねらい

①自分の気持ちを言葉で表現する楽しさを味わう

②人の言葉や話などをよく聞き、自分の経験したことや考えたことを話し、伝え合う喜びを味わう

③日常生活に必要な言葉が分かるようになるとともに、絵本や物語などに親しみ、言葉に対する感覚を豊かにし、保育士等や友達と心を通わせる

（イ）内容
①保育士等や友達の言葉や話に**興味**や**関心**をもち、親しみをもって聞いたり、話したりする
②したり、見たり、聞いたり、感じたり、考えたりなどしたことを自分なり**に言葉で表現する**
③**したい**こと、**してほしい**ことを言葉で表現したり、**分からない**ことを尋《たず》ねたりする
④人の話を注意して聞き、**相手に分かるように**話す
⑤**生活の中で必要な言葉**が分かり、使う
⑥親しみをもって日常の挨拶をする
⑦生活の中で言葉の**楽しさ**や**美しさ**に気付く
⑧いろいろな体験を通じて**イメージ**や**言葉**を豊かにする
⑨絵本や物語などに親しみ、興味をもって聞き、想像をする楽しさを味わう
⑩日常生活の中で、文字などで伝える楽しさを味わう

⧓ 保育指針「第２章 保育の内容」２、３の「（2）ねらい及び内容」の「オ 表現」

オ　表現
　感じたことや考えたことを自分なり**に表現**することを通して、豊かな感性や表現する力を養い、創造性を豊かにする

「２　１歳以上３歳未満児**の保育に関わるねらい及び内容**」の（2）の「オ 表現」より

（ア）ねらい
①**身体の諸感覚**の経験を豊かにし、**様々な感覚**を味わう
②感じたことや考えたことなどを自分なりに表現しようとする
③生活や遊びの様々な体験を通して、イメージや感性が豊かになる

（イ）内容
①水、砂、土、紙、粘土など様々な素材に触《ふ》れて楽しむ
②**音楽**、**リズム**やそれに合わせた**体の動き**を楽しむ
③生活の中で様々な**音**、**形**、**色**、**手触《ざわ》り**、**動き**、**味**、**香り**などに気付いたり、感じたりして楽しむ
④**歌**を歌ったり、簡単な手遊びや**全身**を使う遊びを楽しんだりする
⑤**保育士等からの話**や、**生活や遊びの中での出来事**を通して、イメージを豊かにする
⑥生活や遊びの中で、興味のあることや経験したことなどを自分なりに表現する

「３　３歳以上児**の保育に関するねらい及び内容**」の（2）の「オ 表現」より

（ア）ねらい
①いろいろなものの**美しさ**などに対する豊かな感性をもつ
②感じたことや考えたことを自分なりに**表現して**楽しむ
③生活の中でイメージを豊かにし、様々な表現を楽しむ

（イ）内容

①生活の中で様々な**音**、**形**、**色**、**手触り**、**動き**などに気付いたり、感じたりするなどして楽しむ

②生活の中で**美しいもの**や**心を動かす出来事**に触れ、イメージを豊かにする

③様々な出来事の中で、感動したことを伝え合う楽しさを味わう

④**感じたこと、考えたこと**などを音や動きなどで表現したり、自由にかいたり、つくったりなどする

⑤いろいろな**素材**に親しみ、工夫して**遊ぶ**

⑥音楽に親しみ、歌を歌ったり、簡単な**リズム楽器**を使ったりなどする楽しさを味わう

⑦**かいたり、つくったり**することを楽しみ、遊びに使ったり、**飾ったり**などする

⑧自分のイメージを**動き**や**言葉**などで表現したり、演じて遊んだりするなどの楽しさを味わう

⧓「第１章 総則」４の「(2) 幼児期の終わりまでに育ってほしい姿」のキ～コ

キ　自然との関わり・生命尊重

　自然に触れて感動する体験を通して、自然の変化などを感じ取り、**好奇心**や**探究心**をもって考え、言葉**などで表現**しながら、身近な事象への関心が高まるとともに、自然**への愛情**や**畏敬《いけい》の念**をもつようになる。また、身近な**動植物**に心を動かされる中で、生命の**不思議さ**や**尊さ**に気付き、身近な動植物への接し方を考え、命あるものとしていたわり、大切にする気持ちをもって関わるようになる

ク　数量や図形、標識や文字などへの関心・感覚

　遊びや生活の中で、**数量**や**図形**、**標識**や**文字**などに親しむ体験を重ねたり、標識や文字の役割に気付いたりし、自らの必要感に基づきこれらを活用し、興味や関心、感覚をもつようになる

ケ　言葉による伝え合い

　保育士等や友達と心を通わせる中で、絵本や物語などに親しみながら、**豊かな言葉や**表現を身に付け、経験したことや考えたことなどを言葉で伝えたり、相手の話を注意して聞いたりし、言葉による伝え合い**を楽しむ**ようになる

コ　豊かな感性と表現

　心を動かす出来事などに触れ**感性**を働かせる中で、様々な素材の**特徴**や表現の**仕方**などに気付き、感じたことや考えたことを自分で表現したり、友達同士で**表現する過程**を楽しんだりし、表現する喜びを味わい、**意欲**をもつようになる

書いて覚えよう！

保育指針 第２章２、３の「(2) ねらい及び内容」の「エ 言葉」

1 経験したことや考えたことなどを［1　　　　　　］の言葉で表現し、相手の話す言葉を聞こうとする意欲や［2　　　　　］を育て、言葉に対する感覚や言葉で表現する力を養う。

2 １歳以上３歳未満児の「(ア) ねらい」として、次の３項目がある。
①言葉遊びや言葉で表現する楽しさを［3　　　　　　］
②人の言葉や話などを聞き、自分でも思ったことを伝えようとする
③絵本や物語等に親しむとともに、言葉のやり取りを通じて身近な人と［4　　　　　　］を通わせる

3 １歳以上３歳未満児の「(イ) 内容」には、次のような項目がある。
①保育士等の応答的な関わりや［5　　　　　　　］により、自ら言葉を使おうとする
④絵本や［6　　　　　　］を楽しみ、簡単な言葉を繰り返したり、模倣をしたりして遊ぶ

4 ３歳以上児の「(ア) ねらい」として、次の３項目がある。
①自分の気持ちを言葉で表現する楽しさを［7　　　　　　］
②人の言葉や話などをよく聞き、自分の経験したことや考えたことを話し、［8　　　　　　　　　　］を味わう
③日常生活に必要な言葉が分かるようになるとともに、絵本や物語などに親しみ、言葉に対する［9　　　　　］を豊かにし、保育士等や友達と［10　　　　］を通わせる

5 ３歳以上児の「(イ) 内容」には、次のような項目がある。
①保育士等や友達の言葉や話に興味や関心をもち、［11　　　　　　］をもって聞いたり、話したりする

出題傾向
保育実習理論においても保育指針の記述内容がそのまま出題されている。特に、第２章の「ねらい及び内容」の「エ 言葉」「オ 表現」からの出題が多い。

注意
「１歳以上３歳未満児」と「３歳以上児」との違いに注意しよう。

⑨絵本や物語などに親しみ、興味をもって聞き、[12　　　　　] をする楽しさを味わう

⧓ 保育指針 第２章２、３の「(2) ねらい及び内容」の「オ 表現」

♪ヒント
13には、1と同じ語句が入る。

6 感じたことや考えたことを [13　　　　　　　] に表現することを通して、豊かな感性や表現する力を養い、[14　　　　　　] を豊かにする。

7 １歳以上３歳未満児の「(ア) ねらい」として、次の３項目がある。
①身体の諸感覚の [15　　　　　] を豊かにし、様々な感覚を味わう
②感じたことや考えたことなどを自分なりに [16　　　　　　] とする
③生活や遊びの様々な体験を通して、イメージや [17　　　　] が豊かになる

8 １歳以上３歳未満児の「(イ) 内容」には、次のような項目がある。
①水、砂、土、紙、[18　　　　　] など様々な素材に触れて楽しむ
④歌を歌ったり、簡単な [19　　　　　　] や全身を使う遊びを楽しんだりする

♪ヒント
21には、17と同じ語句が入る。

9 ３歳以上児の「(ア) ねらい」として、次の３項目がある。
①いろいろなものの [20　　　　　] などに対する豊かな [21　　　　　　] をもつ
②感じたことや考えたことを自分なりに表現して [22　　　　　　　]
③生活の中で [23　　　　　　] を豊かにし、様々な表現を楽しむ

チャレンジ○×問題

解答・解説は別冊 P.17

Q1 「１歳以上３歳未満児の保育に関わるねらい及び内容」(2) の「エ 言葉」「(イ) 内容」の１つに、「親しみをもって日常の挨拶をする」がある。

Q2 「３歳以上児の保育に関するねらい及び内容」(2) の「オ 表現」「(イ) 内容」の１つに、「保育士等からの話や、生活や遊びの中での出来事を通して、イメージを豊かにする」がある。

Q3 「３歳以上児の保育に関するねらい及び内容」(2) の「オ 表現」「(イ) 内容」の１つに、「かいたり、つくったりすることを楽しみ、遊びに使ったり、飾ったりなどする」がある。

巻末問題

巻末問題

保育原理

問題 1　次のうち、正しい記述には○、誤った記述には×をつけなさい。

1　モンテッソーリは、幼児の遊びを育む道具として「恩物」と呼ばれる教具を開発した。

2　倉橋惣三は、児童中心主義に反対し、社会中心主義を主張した。

3　児童福祉法では、保育所勤務の保育士は、乳児、幼児等の保育に関する相談に応じたり助言を行うために必要な知識と技能の修得、維持向上に努めなければならないとしている。

4　保育指針は、2008（平成 20）年の改正により、規範性を有する基準としての性格が明確となった。

問題 2　次のA、Bのうち、保育指針第1章「1 保育所保育に関する基本原則」の「(2) 保育の目標」の記述として、正しいほうを選びなさい。

A　生命、自然及び社会の事象についての知識を育て、生命の保持及び情緒の安定を図ること。

B　生命、自然及び社会の事象についての興味や関心を育て、それらに対する豊かな心情や思考力の芽生えを培うこと。

問題 3　次のA、Bのうち、保育指針第1章「1 保育所保育に関する基本原則」の「(5) 保育所の社会的責任」の記述として、正しいほうを選びなさい。

A　保育所は、地域社会との交流や連携を図り、保護者や地域社会に、当該保育所が行う保育の内容を適切に説明するよう努めなければならない。

B　保育所は、地域社会との交流や連携を図り、保護者や地方自治体に、当該保育所が行う生活の内容を適切に公開するよう努めなければならない。

問題 4　次のA、Bのうち、保育指針第1章「2 養護に関する基本的事項」の「(2) 養護に関わるねらい及び内容」「イ 情緒の安定」の「(イ) 内容」の記述として、正しいほうを選びなさい。

A　一人一人の子どもの平常の健康状態や発育及び発達状態を的確に把握し、異常を感じる場合は、速やかに適切に対応する。

B　一人一人の子どもの置かれている状態や発達過程などを的確に把握し、子どもの欲求を適切に満たしながら、応答的な触れ合いや言葉がけを行う。

教育原理

問題1　**次のうち、正しい記述には○、誤った記述には×をつけなさい。**

1　ペスタロッチは、精神力、心情力、技術力の調和的な発達を教育の課題とした。

2　キルパトリックは、プログラム学習という教育方法を開発したことで知られる。

3　教育基本法では、幼児期の教育を、生涯にわたる人格形成の基礎を培う重要なものとしている。

4　学校教育法では、地域における幼児期の教育支援を、幼稚園の役割としては定めていない。

問題2　**次のA、Bのうち、「教科カリキュラム」についての記述として、正しいほうを選びなさい。**

A　系統的に教えることができるので、既習事項の把握を行いながら、効率的に多くのことを学ぶことができる。

B　個人の興味や関心を尊重することができるが、習得する知識や技能に偏りを生じる場合がある。

社会的養護

問題1　**次のうち、正しい記述には○、誤った記述には×をつけなさい。**

1　社会的養護は、保護者の適切な養育を受けられない子どもを、公的責任で社会的に保護養育するとともに、養育に困難を抱える家庭への支援を行うものである。

2　「児童福祉施設の設備及び運営に関する基準」では、乳児院（乳幼児10人未満の施設を除く）には、ほふく室、遊戯室などを設けることとされている。

3　「児童養護施設入所児童等調査結果（平成25年2月1日現在）」によると、里親委託児の委託時の平均年齢は、乳児院入所児の入所時の平均年齢よりも高い。

4　里親委託する子どもは、主として里親家庭になじみやすい新生児を対象とするため、施設入所が長期化している高年齢児は対象外とする。

問題2　**次のA、Bのうち、児童心理治療施設に配置する職員として、正しいほうを選びなさい。**

A　小児科の診療に相当の経験を有する医師または嘱託医、看護師、個別対応職員、家庭支援専門相談員、栄養士および調理員

B　精神科または小児科の診療に相当の経験を有する医師、心理療法担当職員、児童指導員、保育士、看護師、個別対応職員、家庭支援専門相談員、栄養士および調理員

子ども家庭福祉

問題1　**次のうち、正しい記述には○、誤った記述には×をつけなさい。**

1　留岡幸助は、1899（明治32）年に東京巣鴨に私立の感化院である「家庭学校」を設立した。

2　「児童の権利に関する条約」には、児童に関するすべての措置をとるに当たっては、児童の最善の利益が主として考慮されることが定められている。

3　児童福祉法では、「児童」を18歳以下と定義している。

4　児童自立支援施設は入所施設であり、入所した児童を対象として指導を行う施設なので、保護者の下から通わせることは行っていない。

5　地方公共団体には、要保護児童対策地域協議会を設置する努力義務が課せられている。

6　障害児通所給付費の支給に要する費用は、都道府県が支弁する。

7　児童虐待防止法では、「児童虐待」の定義について、身体的虐待、性的虐待、心理的虐待、保護の怠慢・拒否（ネグレクト）の4つを示している。

8　子ども・子育て支援のための国の計画として、「エンゼルプラン」、「新エンゼルプラン」、「子ども・子育て応援プラン」、「子ども・子育てビジョン」が、この順に策定された。

9　母子・父子自立支援員は、母子生活支援施設に配置しなければならない職員である。

10　「放課後児童クラブ運営指針」では、放課後児童クラブにおける集団の規模について、おおむね80人程度までが望ましいとしている。

問題2　**次のA、Bのうち、「医療型障害児入所施設」についての記述として、正しいほうを選びなさい。**

A　日常生活における基本的動作の指導、独立自活に必要な知識技能の付与または集団生活への適応のための訓練および治療を行う。

B　保護、日常生活の指導、独立自活に必要な知識技能の付与および治療を行う。

問題3　**次のA、Bのうち、「地域子育て支援拠点事業」についての記述として、正しいほうを選びなさい。**

A　乳幼児や小学生等の児童を有する子育て中の保護者を会員とし、援助を受けることを希望する者と当該援助を行うことを希望する者との相互援助活動に関する連絡、調整等を行う。

B　乳幼児およびその保護者が相互の交流を行う場所を開設し、子育てについての相談、情報提供、助言その他の援助を行う。

社会福祉

問題1　**次のうち、正しい記述には○、誤った記述には×をつけなさい。**

1　社会福祉法は、福祉サービスの利用者がその能力に応じて自立した日常生活を営めるように支援することを、福祉サービスの基本的理念としている。

2　社会福祉法人は、社会福祉事業を行うことを目的とする法人であり、社会福祉事業しか行えない。

3　婦人相談員は、売春防止法に基づき、都道府県知事が委嘱する職員である。

4　措置制度においては、福祉サービス利用者の自由意思や事業者との対等性が尊重される。

5　民生委員と児童委員は、それぞれの役割分担を明確にするために、兼務が禁じられている。

6　社会福祉法では、社会福祉事業経営者に対し、児童福祉施設を利用する場合のみ利用契約成立時の書面の交付をしなければならないと定めている。

7　福祉サービスに関する利用者等からの苦情を適切に解決するため、社会福祉法では、都道府県社会福祉協議会に運営適正化委員会を設置するよう定めている。

8　スーパービジョンには、教育的機能、支持的機能および管理的機能の３つの機能がある。

9　生活保護制度において、医療扶助は原則として現金給付で行われる。

10　国民年金制度において、第２号被保険者の被扶養配偶者は、第１号被保険者とされている。

問題2　**次のA、Bのうち、「第１種社会福祉事業・第２種社会福祉事業」についての記述として、正しいほうを選びなさい。**

A　母子生活支援施設、保育所、児童心理治療施設、児童自立支援施設、特別養護老人ホームを経営する事業は、すべて第１種社会福祉事業に含まれる。

B　放課後児童健全育成事業、児童家庭支援センターを経営する事業、生計困難者のために無料または低額な料金で診療を行う事業は、すべて第２種社会福祉事業に含まれる。

問題3　**次のA、Bのうち、社会福祉援助技術の理論である「問題解決アプローチ」についての記述として、正しいほうを選びなさい。**

A　心理社会的アプローチと機能的アプローチの折衷理論であり、相談援助の過程を通して利用者が対処能力を獲得していくと考える。

B　哲学者フーコーの思想の影響を受けた理論であり、利用者が語る物語を通して新たな意味の世界を創り出すことによって問題解決へと導いていく。

保育の心理学

問題1 次のうち、正しい記述には○、誤った記述には×をつけなさい。

1 発達に関する代表的な学者として、遺伝説ではワトソン、環境説ではゲゼルがあげられる。

2 ピアジェによると、子どもの認知の発達段階は、感覚運動期、前操作期、具体的操作期、形式的操作期に区分され、この順序で発達する。

3 ヴィゴツキーは、子どもの認知発達というものは、他者の助力を得ずに自力で遂行できる能力レベルで行われると考え、この領域を「発達の最近接領域」と呼んだ。

4 愛着対象と離れることに不安を感じ、抵抗を示す状態を「人見知り」という。

5 「心の理論」とは、他者の意図、感情、思考、願望などが、自分とは異なるものだということを理解することをいう。

6 目の前にいる人が舌を出したり口を開けたりすると新生児も同じような顔の表情をする現象を、「共鳴動作」という。

7 仲間と共通の目的をもって、協力し、役割分担をしながら遊ぶことを「連合遊び」という。

8 アイデンティティ（自己同一性）の揺らぎや組み替えは、成人期にも生じる。

9 エリクソンによると、老年期の発達課題・心理社会的危機は、「親密性」対「孤独」である。

10 保育指針第2章「1 乳児保育に関わるねらい及び内容」の「(1) 基本的事項」では、「乳児保育は、愛情豊かに、情緒的に行われることが特に必要である」と記されている。

問題2 次のA、Bに記された幼児の行動のうち、「向社会的行動」を示すものとして、正しいほうを選びなさい。

A 10か月児が、はじめての場所でどのように行動してよいかわからないので保育士の表情を見る。

B 泣いている他児に近づき、その子の頭をなでながら自分のタオルハンカチを差し出す。

問題3 次のA、Bのうち、保育指針第2章「3 3歳以上児の保育に関するねらい及び内容」の「(1) 基本的事項」の記述として、正しいほうを選びなさい。

A この時期の保育においては、個の成長と集団としての活動の充実が図られるようにしなければならない。

B 自分でしようとする気持ちを尊重し、温かく見守るとともに、愛情豊かに、応答的に関わることが必要である。

子どもの保健

問題1 **次のうち、正しい記述には○、誤った記述には×をつけなさい。**

1 発育・発達には方向性があり、頭部から下の方向へ、身体の中心部から遠い部位へと進む。

2 精神運動機能の標準的な発達過程としては、生後3～4か月頃に首が座り、生後5～6か月頃までには一人座りができ、高這いを始める。

3 2018（平成30）年の人口動態統計によると、乳児死亡率は、2005（平成17）年と比べて減少している。

4 母子健康手帳は、医療機関が発行する妊娠を証明する書類を、都道府県に届け出ることによって交付される。

5 乳幼児の食物アレルギーの原因食物は、鶏卵であることが多い。

6 乳幼児突然死症候群は、主に1歳以上2歳未満の子どもにみられる。

7 4種混合ワクチンとは、百日咳、破傷風、ポリオ、B型肝炎の生ワクチンのことをいう。

8 麻疹・風疹混合（MR）ワクチンは、満1歳までに接種する。

9 反応性愛着障害では、矛盾した両価的な対人反応を示すことがある。

10 アスペルガー症候群では、知的発達の遅れは伴わないが、興味の限局や言葉の発達の遅れなどがみられる。

問題2 **次のA、Bのうち、感染症である「インフルエンザ」の症状を述べた記述として、正しいほうを選びなさい。**

A 突然の高熱が3～4日間続き、全身症状として倦怠感、関節痛、筋肉痛、頭痛を伴う。

B 淡紅色の発疹が顔面から全身に広がり、2～3日で消える。

問題3 **次のA、Bのうち、「自閉症」の症状を述べた記述として、正しいほうを選びなさい。**

A 自分の母親の前では普通にしゃべれるのに、近所のおばさんや学校の先生の前ではしゃべれなくなるという状態が、小学校に通い始めた頃からみられるようになった。

B 1歳半頃から急に話さなくなり、親が話しかけても反応せず、換気扇のような回転しているものをじっと眺め続けることが多くなり、3歳になった現在も人への関心を示さない。

子どもの食と栄養

問題1　次のうち、正しい記述には○、誤った記述には×をつけなさい。

1　ショ糖（スクロース）は、ブドウ糖が多数結合した多糖類である。

2　「日本人の食事摂取基準（2020年版）」において、エネルギーの食事摂取基準は、男性女性とも３～５（歳）までは身体活動レベルⅡのみの数値が示されている。

3　「日本人の食事摂取基準（2020年版）」によると、10～11歳の年齢区分において、鉄の推奨量は「月経あり」の女性のほうが男性よりも多い。

4　「妊産婦のための食生活指針」（平成18年：厚生労働省）では、「妊娠後期にはビタミンAの過剰摂取に気をつけて」と述べている。

5　ビタミンK欠乏性出血症（頭蓋内出血）は、ビタミンKの不足によって起こることが知られており、原因として母乳中のビタミンKの含有量が低いことなどがあげられる。

6　「授乳・離乳の支援ガイド」（2019年改定版）では、離乳の開始は生後５、６か月頃が適当としており、この時期、母乳や育児用ミルクは１日２回程度与えることとしている。

7　幼児期は、１日３回の食事を規則的にするほか、間食も栄養素や水分を補給する食事のひとつと考えられるので、時間と量を決めて１日３回必ず与えるようにする。

8　保育指針では、保育所における食育について、健康な生活の基本としての「食を営む力」の育成に向け、その基礎を培うことを目標とすることとしている。

9　学校給食実施基準（平成30年一部改正：文部科学省）の「児童又は生徒一人一回当たりの学校給食摂取基準」では、「脂質」についてのみ、「学校給食による摂取エネルギー全体の20％～30％」というように、年齢区分によらない示し方をしている。

10　障害のある子どもの食事介助の際には、スプーンの幅は、口の幅より大きなものを選ぶとよい。

問題2　次のA、Bのうち、「ビタミンC」について述べた記述として、正しいほうを選びなさい。

A　水溶性ビタミンであり、鉄の吸収を促す作用がある。

B　脂溶性ビタミンであり、カルシウムの吸収を促す作用がある。

問題3　次のA、Bのうち、「食からはじまる健やかガイド」（平成16年：厚生労働省）の、思春期の「発育・発達過程に応じて育てたい“食べる力”」として、正しいほうを選びなさい。

A　食事のバランスや適量がわかる。

B　自分の身体の成長や体調の変化を知り、自分の身体を大切にできる。

保育実習理論

問題 1　次のうち、正しい記述には○、誤った記述には×をつけなさい。

1　右図の楽譜を用いるのは、ト長調である。

（図）

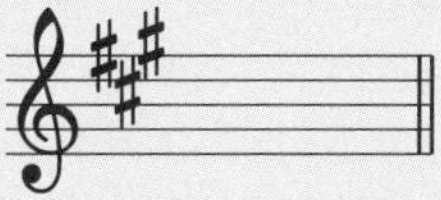

2　変ロ長調の階名「ファ」は、音名では「変ホ」である。

3　ハ長調を完全５度上に移調すると、ト長調になる。

4　「犬のおまわりさん」は、大中恩が作曲した。

5　「ダ・カーポ」は、「音の長さを保って」という意味である。

問題 2　次のA、Bのうち、コードネームに当てはまる鍵盤の位置を下の鍵盤に付された番号を用いて表した場合、正しいほうを選びなさい。

A　「 F 」…基本形：⑪⑮⑱、転回形：⑥⑪⑮または③⑥⑪

B　「Am」…基本形：③⑥⑨、転回形：⑥⑨⑮または⑨⑮⑱

問題 3　次のうち、正しい記述には○、誤った記述には×をつけなさい。

1　ピンク色のイチゴムースの上にある赤いイチゴの色がとても鮮やかに見えるのは、補色対比による効果である。

2　光（色光）の三原色とは、赤・青・緑の３色をいう。

3　スチレン版画や紙版画は凸版、デカルコマニーは平版、ステンシルは孔版に分類される。

4　水に専用の絵の具をたらし、静かにかき混ぜて、水面にできた模様を紙や布などに写し取る技法を、フロッタージュという。

5　子どもの描画表現を一般的な発達過程の順に並べると、「スクリブル」→「基底線」→「頭足人」となる。

問題 4　次のA、Bのうち、保育指針第２章「２　１歳以上３歳未満児の保育に関わるねらい及び内容」の（2）の「オ 表現」の「（イ）内容」の記述として、正しいほうを選びなさい。

A　音楽に親しみ、歌を歌ったり、簡単なリズム楽器を使ったりなどする楽しさを味わう。

B　歌を歌ったり、簡単な手遊びや全身を使う遊びを楽しんだりする。

■著者紹介

保育士資格取得支援研究会
(ほいくししかくしゅとくしえんけんきゅうかい)

保育士試験合格に向けた過去問分析を継続的に行い、それらのデータを元に、「合格するための、よりわかりやすく、より的確な解説」を日々研究している。資格取得を目指す多くの人々の指導や指導書執筆の経験を生かして、本書の執筆を手がけた。

●カバーデザイン　釣巻デザイン室
●カバーイラスト　山本祐司
●本文デザイン／イラスト　本橋恵美子
●編集／DTP　株式会社東京コア

第3版《だいさんぱん》　書《か》きながら覚《おぼ》える
保育士《ほいくし》［まるわかり］合格《ごうかく》ノート

2016年 12月 25日 初　版 第1刷発行
2020年　3月 13日 第 3 版 第1刷発行

著　者　保育士資格取得支援研究会
発行者　片岡　巌
発行所　株式会社技術評論社
東京都新宿区市谷左内町21-13
電話　03-3513-6150　販売促進部
03-3513-6166　書籍編集部
印刷／製本　日経印刷株式会社

定価はカバーに表示してあります。

ISBN978-4-297-11221-9 C2037
Printed in Japan

◇読者特典のご案内

本書をご購入いただいた方は、以下の特典がご利用頂けます。有効期限：2023年2月19日

◉保育士国家試験問題演習

DEKIDAS-WEB

スマホやパソコンからアクセスできる問題演習用のWebアプリです。平成30年後期、平成31年前期、令和元年後期の筆記試験に挑戦できます（著作権の関係で未掲載の問題があります。また、問題は追加される場合があります）。

スマートフォン、タブレットで利用する場合は左のQRコードを読み取り、エントリーページへアクセスしてください。

パソコンなど、QRコードを読み取れない場合は、以下のアドレスから登録してください。ご利用の際にメールアドレスの登録が必要になります。

URL：**https://entry.dekidas.com/**
認証コード：**cw02AZbclJ91fdy9**

※DEKIDAS-WEB掲載の問題と解答は国家試験出題時点での内容で作成しております。

本書の内容に関するご質問は、下記の宛先まで書面にてお送りください。お電話によるご質問および本書に記載されている内容以外のご質問には、一切お答えできません。あらかじめご了承ください。

〒162-0846
東京都新宿区市谷左内町21-13
株式会社技術評論社 書籍編集部
「第3版 書きながら覚える
保育士［まるわかり］合格ノート」係
FAX：03-3513-6183

別冊

書いて覚えよう！＆チャレンジ○×問題［解答・解説］

Point 1

書いて覚えよう！ 1 エミール　2 子どもの発見者　3 ペスタロッチ　4 オーベルラン　5 幼児保護所　6 性格形成学院　7 幼児学校　8 フレーベル　9 人間の教育　10 恩物　11 児童の世紀　12 モンテッソーリ　13 子どもの家　14 子どもの発見　15 東京女子師範学校　16 フレーベル　17 新潟静修学校　18 野口幽香　19 二葉幼稚園　20 さながら　21 育ての心　22 幼稚園令

チャレンジ○×問題 Q1 × 児童中心主義を唱え「子どもの発見者」と呼ばれているのは、ルソーである。ただし、ルソーの児童中心主義は、ペスタロッチやフレーベル、倉橋惣三などに受け継がれている。　Q2 × これはマクミランではなく、モンテッソーリについての記述である。　Q3 ○　Q4 ×『幼児教育書簡』はペスタロッチの著作である。『幼稚園雑草』『育ての心』は倉橋惣三の著作で正しい。

Point 2

書いて覚えよう！ 1 名称　2 専門的知識及び技術　3 児童の保護者　4 保育士登録簿　5 信用を傷つける　6 人の秘密　7 保育士でなくなった後　8 紛らわしい　9 地域の住民　10 情報の提供　11 相談　12 助言　13 乳児室　14 ほふく室　15 嘱託医　16 8 時間　17 保育所長　18 1965（昭和 40）　19 告示（大臣告示）　20 規範性　21 幼児教育

チャレンジ○×問題 Q1 ○　Q2 × 市町村は（認定こども園や家庭的保育事業等によって必要な保育を確保するための措置を講じるほか）、当該児童を保育所において保育しなければならないとされている。　Q3 × 児童の保護者のみならず、当該保育所が主として利用される地域の住民に対しても保育に関する情報提供を行うよう努めなければならないとしている。　Q4 × 満 2 歳以上の幼児を入所させる保育所には、保育室又は遊戯室、屋外遊戯場、調理室、便所を設けることとされている。

Point 3

書いて覚えよう！ 1 創意工夫　2 最善の利益　3 生活の場　4 専門性　5 家庭　6 一体的　7 社会資源との連携　8 子育て家庭　9 倫理観　10 保育に関する指導　11 人間形成　12 養護　13 生命の保持　14 習慣　15 信頼感　16 道徳性　17 興味や関心　18 思考力　19 言葉　20 言葉の豊かさ　21 感性　22 表現力　23 創造性　24 意向　25 安定した関係

チャレンジ○×問題 Q1 ×「養護と教育をそれぞれに行い、教育に関する事項は環境を通して行う」という部分が誤り。保育指針では、保育所における環境を通して、養護及び教育を一体的に行うことを保育所の特性としている。 Q2 ×「入所児童の保護者が抱えているあらゆる問題について、保育士が単独で対応できる専門性を身につけ」という部分が誤り。保育指針では、保護者の意向を受け止め、子どもと保護者の安定した関係に配慮し、保育所の特性や保育士等の専門性を生かして援助に当たらなければならないとしている。

Point 4

書いて覚えよう! 1 信頼感 2 生活のリズム 3 自己 4 関係づくり 5 尊重する心 6 主体的 7 体験 8 遊具 9 生活 10 計画的 11 自発的 12 保育所 13 くつろぎの場 14 人権 15 人格を尊重 16 地域社会 17 説明 18 個人情報 19 苦情 20 保護者の気持ち 21 自己決定 22 成長 23 子育て 24 子どもの利益 25 プライバシー

チャレンジ○×問題 Q1 ×「家庭の事情を最優先して」という部分が誤り。保育指針では、子ども一人一人の人格を尊重して保育を行うことが保育所の社会的責任であるとしている。 Q2 ×「保護者の要望などに対し、それを受け入れるよう努める」という部分が誤り。保育指針では、保護者の苦情などに対して、その解決を図るよう努めることが保育所の社会的責任であるとしている。

Point 5

書いて覚えよう! 1 生命 2 情緒 3 健康状態 4 異常 5 事故防止 6 保健的 7 応答的 8 言葉がけ 9 受容 10 信頼関係 11 探索意欲 12 自信 13 生きる力 14 知識及び技能 15 思考力 16 よりよい生活 17 生育歴 18 特定の保育士 19 探索活動 20 事故防止 21 性差 22 個人差

チャレンジ○×問題 Q1 × 保育指針では、「家庭と協力しながら、子どもの発達過程等に応じた適切な生活のリズムがつくられていくようにする」としている。「生活のリズムをつくるように保護者を指導する」という部分が誤り。 Q2 × これは乳児ではなく、1歳以上3歳未満児の「保育の実施に関わる配慮事項」の中で述べられている。

Point 6

書いて覚えよう! 1 長期的見通し 2 保健 3 全体的な計画 4 長期的 5 短期的 6 発達過程 7 個別的 8 協同的 9 生活 10 季節 11 生活する姿 12 休息 13 解放感 14 午睡 15 睡眠環境 16 共に成長 17 個別に作成 18 記録 19 専門性 20 心の育ち 21 結果を公表する 22 意見を聴く

チャレンジ○×問題 Q1 ○ 保育指針の「3 保育の計画及び評価」の「(2) 指導計画の作成」のキの中で述べられている。 Q2 ×「子どもの活動の結果のみを重要なものとして評価する」という部分が誤り。保育指針では、子どもの活動内容やその結果だけでなく、子どもの心の育ちや意欲、取り組む過程などにも十分配慮することとしている。

Point 7

書いて覚えよう！ 1 コメニウス　2 世界図絵　3 白紙説　4 鍛錬主義　5 ルソー　6 消極的教育　7 手　8 陶冶する　9 ヘルバルト　10 4段階教授説　11 遊戯（遊び）　12 敏感期　13 教具　14 聖徳太子　15 空海（弘法大師）　16 中江藤樹　17 知行合一　18 貝原益軒　19 早くすべし　20 福沢諭吉　21 倉橋惣三　22 誘導保育

チャレンジ○×問題 Q1 × これはルソーではなく、ロックが著書『教育に関する考察』の序文で述べた言葉。　Q2 × 前半は正しいが、後半の「生活が陶冶する」という言葉は、ヘルバルトではなく、ペスタロッチが残した言葉である。　Q3 ○

Point 8

書いて覚えよう！ 1 ベル　2 デューイ　3 問題解決学習　4 プロジェクト・メソッド　5 キルパトリック　6 プログラム学習　7 スキナー　8 ブルーナー　9 発見学習　10 教科カリキュラム　11 経験カリキュラム　12 絶対評価　13 相対評価　14 ブルーム　15 完全習得学習　16 ユネスコ　17 ラングラン　18 ハッチンス　19 学習社会論　20 リカレント教育　21 幼児期　22 汎用的

チャレンジ○×問題 Q1 × 前半は正しいが、デューイが提唱したのは問題解決学習。発見学習の提唱者はブルーナー。　Q2 × これは絶対評価ではなく、相対評価についての説明である。

Point 9

書いて覚えよう！ 1 個人　2 公共の福祉　3 能力　4 教育を受ける　5 人格の完成　6 心身ともに健康　7 真理　8 道徳心　9 創造性　10 勤労　11 男女の平等　12 公共の精神　13 生命　14 自然　15 父母　16 自立心　17 自主性　18 情報の提供　19 人格形成　20 環境　21 特別支援学校　22 教育　23 知識技能　24 自立　25 教育的ニーズ

チャレンジ○×問題 Q1 × 学校ではなく、父母その他の保護者が子の教育について第一義的責任を有するとされている。　Q2 × 特別支援教育は、従来の特殊教育の対象とされた障害だけでなく、知的な遅れのない発達障害も含めて実施される。

Point 10

書いて覚えよう！ 1 教育　2 保育　3 習慣　4 集団生活　5 規範意識　6 思考力　7 日常の会話　8 童話　9 言葉　10 音楽　11 表現力　12 教育　13 保護者　14 情報の提供　15 人格形成　16 信頼関係　17 情緒　18 主体的　19 遊び　20 生活経験　21 発達　22 長期的　23 39 週　24 4 時間

チャレンジ○×問題 Q1 × これは幼稚園教育の目標ではなく、義務教育として行われる普通教育の目標（学校教育法第 21 条）に規定されている項目の 1 つである。　Q2 ○

Point 11

書いて覚えよう！ 1 保護者　2 公的責任　3 最善の利益　4 社会全体　5 回復　6 心理的ケア　7 ライフサイクル　8 世代間連鎖　9 家庭養護　10 小規模　11 家庭的養護　12 地域　13 多機能化　14 研修　15 人権感覚　16 最善の利益　17 倫理観　18 責任　19 子どもの意向　20 改善課題　21 約束ごと　22 権利ノート　23 意見　24 苦情解決

チャレンジ○×問題 Q1 ○　Q2 × 人権に配慮した養育・支援を行うために、職員一人ひとりが理解と自覚を持たなければならず、子どもに対し、権利について正しく理解できるようわかりやすく説明するとされている。「子どもの基本的人権の保障は、自己責任が前提である」などとは、どこにも述べられていない。

Point 12

書いて覚えよう！ 1 4人以下　2 4.95㎡以上　3 個別対応職員　4 看護師　5 2.47㎡以上　6 ほふく室　7 医師　8 心理検査室　9 4人以下　10 4.95㎡以上　11 心理療法担当職員　12 家庭支援専門相談員（ファミリーソーシャルワーカー）　13 児童養護施設　14 児童自立支援専門員　15 4.5人　16 母子室　17 30㎡以上　18 母子支援員　19 2人

チャレンジ○×問題 Q1 ×「5人につき」という部分が誤り。児童心理治療施設に配置する心理療法担当職員の数は、おおむね児童10人につき1人以上とされている。　Q2 ○ 児童福祉施設設備運営基準では、児童自立支援施設の学科指導以外の設備については、児童養護施設の規定を準用するとしているので、児童自立支援施設にも、児童の居室、相談室、調理室、浴室および便所を設ける必要があり、児童の居室の1室の定員は4人以下とし、その面積は1人につき4.95㎡以上としなければならない（なお、乳幼児の居室は児童自立支援施設には存在しないので準用しない）。

Point 13

書いて覚えよう！ 1 児童自立支援施設　2 乳児院　3 児童養護施設　4 母の精神疾患等　5 母の放任・怠だ　6 母の虐待・酷使　7 養育拒否　8 家庭から　9 配偶者からの暴力　10 就学前　11 中学校　12 20人　13 12人　14 小規模グループケア　15 グループホーム　16 ファミリーホーム　17 自立援助ホーム　18 一般家庭　19 集団生活　20 閉鎖的　21 家事

チャレンジ○×問題 Q1 ○ 平均在所期間は、児童養護施設入所児が4.9年、児童自立支援施設入所児が1.0年となっている。　Q2 ×「児童養護施設等の小規模化及び家庭的養護の推進について」（平成24年11月）によると、小規模化した施設のほうが、従来の配置方法では宿直回数が多くなりがちで、勤務時間も長くなりがちであることが課題として挙げられている。

Point 14

書いて覚えよう！ 1 豊かな愛情　2 経済的に困窮　3 養育里親研修　4 児童虐待　5 非行　6 専門里親研修　7 専念　8 養子縁組　9 養子縁組里親名簿　10 扶養義務者　11 行方不明　12 都道府県知事　13 高年齢児　14 適合　15 保護者　16 子ども　17 2、3か月　18 児童心理治療施設

チャレンジ○×問題 Q1 ×「養子縁組里親」の資格要件には、「里親本人または同居人が欠格事由に該当していないこと」（欠格要件）が含まれている。　Q2 ○ 乳児院の入所児童については、できるだけ早い時期に家庭的な環境で特定の大人との愛着関係の下で養育されることが心身の成長や発達に不可欠であり、里親委託への措置変更を積極的に活用することとされている。

Point 15

書いて覚えよう！ 1 エリザベス救貧法　2 劣等処遇　3 オーエン　4 工場法　5 バーナードホーム　6 小舎制　7 カーティス委員会　8 里親制度　9 恤救規則　10 救護法　11 扶養義務者　12 石井十次　13 岡山孤児院　14 石井亮一　15 滝乃川学園　16 留岡幸助　17 家庭学校　18 高木憲次　19 整肢療護園　20 糸賀一雄　21 近江学園　22 発達保障

チャレンジ○×問題 Q1 × 救貧法ではなく、工場法の改正に力を尽くした。　Q2 ○　Q3 × これは石井亮一ではなく、留岡幸助についての記述である。　Q4 × 明治時代が誤り。「近江学園」は1946（昭和21）年、「びわこ学園」は1963（昭和38）年に設立されている。

Point 16

書いて覚えよう！ 1 ジュネーブ宣言　2 1924　3 1948　4 世界人権宣言　5 1959　6 児童の権利に関する宣言　7 国際人権規約　8 1966　9 コルチャック　10 国際児童年　11 児童の権利に関する条約　12 1989　13 1994　14 児童憲章　15 1951　16 日本国憲法　17 人　18 よい環境　19 措置　20 最善の利益　21 父母　22 第一義的な責任　23 児童の権利に関する条約　24 愛され　25 良好な環境　26 最善の利益

チャレンジ○×問題 Q1 ○　Q2 ○　Q3 ×「児童憲章」は1951年に日本国内で制定された憲章であって、国際連合で採択されたものではない。　Q4 × 国や地方公共団体は「児童の保護者とともに、児童を心身ともに健やかに育成する責任を負う」（第2条第3項）とされているが、第一義的責任を負うのは「児童の保護者」であると定めている（同条第2項）。

Point 17

書いて覚えよう！ 1 児童養護施設　2 児童相談所　3 感染症　4 親子関係　5 保護者　6 虐待　7 不良行為　8 通わせて　9 自立　10 医療型　11 知識技能　12 福祉型　13 通わせて　14 治療　15 児童

家庭支援センター　16 市町村　17 家庭支援専門相談員　18 児童指導員　19 児童自立支援施設

チャレンジ○×問題　Q1 × 医療型児童発達支援センターではなく、医療型障害児入所施設の説明。　Q2 × 児童家庭支援センターではなく、福祉型児童発達支援センターの説明。　Q3 ○　Q4 ×児童生活支援員とは、児童自立支援施設で児童の生活支援を行う職員をいう。児童養護施設に配置されるというのは誤り。

Point 18

書いて覚えよう！　1 都道府県　2 政令指定都市　3 市町村　4 子育て支援事業　5 都道府県　6 市　7 家庭児童相談室　8 社会福祉主事　9 家庭相談員　10 都道府県　11 児童相談所設置市　12 判定　13 一時保護　14 養護相談　15 障害相談　16 児童福祉司　17 児童心理司　18 民生委員　19 妊産婦　20 都道府県知事　21 地方公共団体　22 要支援児童　23 要保護児童対策調整機関

チャレンジ○×問題　Q1 × 児童相談所は、都道府県と政令指定都市に設置が義務づけられているほか、政令の定める児童相談所設置市（平成 31 年 4 月 1 日現在、金沢市、横須賀市、明石市の３市）にも設置されている。　Q2 ○ 家庭相談員が配置されるのは、福祉事務所に設置する家庭児童相談室である。福祉事務所は、都道府県と市（特別区含む）が義務設置で、町村は任意設置とされている。　Q3 ○ 要保護児童とその保護者、要支援児童とその保護者および特定妊婦が、要保護児童対策地域協議会における支援の対象者とされている。

Point 19

書いて覚えよう！　1 知的障害児　2 発達障害児　3 医療型児童発達支援　4 保育所等訪問支援　5 放課後等デイサービス　6 児童発達支援センター　7 福祉型障害児入所施設　8 障害児入所支援　9 市町村　10 都道府県　11 自閉症　12 学習障害　13 健康診査　14 身体的虐待　15 性的虐待　16 暴言　17 配偶者　18 減食　19 放置　20 同居人　21 通告　22 児童委員

チャレンジ○×問題　Q1 × 難病等により一定程度の障害をもった児童も「障害児」の定義に含まれている。　Q2 × 家庭養育に必要な専門的支援ではなく、当該施設における障害児以外の児童との集団生活への適応のための専門的支援を供与する。　Q3 × 児童虐待を受けたと思われる児童（受けたという確証は不要）を発見した者は、速やかに通告しなければならず、この場合、守秘義務に関する法律の規定は、通告義務の遵守を妨げないとされている。したがって、虐待の事実の確認ができていない段階であっても、守秘義務にかかわらず、通告しなければならない。

Point 20

書いて覚えよう！　1 合計特殊出生率　2 エンゼルプラン　3 新エンゼルプラン　4 子ども・子育て応援プラン　5 子ども・子育てビジョン　6 次世代育成支援対策推進法　7 事業主　8 5年　9 一般

事業主　10 乳児家庭全戸訪問事業　11 訪問　12 養育支援訪問事業　13 特定妊婦　14 子育て短期支援事業　15 児童養護施設　16 地域子育て支援拠点事業　17 子育て援助活動支援事業　18 会員組織　19 預かり

チャレンジ○×問題 Q1 ×「子ども・子育てビジョン」ではなく、「少子化対策プラスワン」についての記述である。　Q2 × 労働者数 100 人超の一般事業主は、行動計画を策定して届け出なければならない（義務）。5 年を 1 期として行動計画を策定できる（任意）とされているのは、市町村と都道府県である。　Q3 ○ 子育て支援事業の実施主体は、市町村（特別区を含む）とされている。

Point 21

書いて覚えよう！ 1 父子家庭　2 児童　3 離婚　4 ひとり親家庭等日常生活支援事業　5 寡婦　6 家庭生活支援員　7 母子家庭等就業・自立支援事業　8 福祉事務所　9 求職活動　10 母子父子寡婦福祉資金貸付金制度　11 都道府県　12 児童扶養手当法　13 放課後児童健全育成事業　14 児童厚生施設　15 放課後児童クラブ　16 40 人以下　17 放課後児童支援員　18 児童遊園　19 児童センター

チャレンジ○×問題 Q1 × 児童扶養手当は、2010（平成 22）年 8 月から父子家庭も支給対象としており、「父母が婚姻を解消した児童を監護し、生計を同じくする父」にも支給される。　Q2 ○ 小学校内（余裕教室または敷地内専用施設）で実施しているクラブが全体の 54.0%（過半数）。

Point 22

書いて覚えよう！ 1 慈善組織協会　2 友愛訪問員　3 セツルメント　4 ハル・ハウス　5 貧困調査　6 ベヴァリッジ報告　7 ナショナルミニマム　8 ノーマライゼーション　9 バンク・ミケルセン　10 ソーシャル・インクルージョン　11 社会的孤立　12 相互扶助　13 ADL　14 QOL　15 生存権　16 健康で文化的　17 児童福祉法　18 老人福祉法　19 個人の尊厳　20 自立した

チャレンジ○×問題 Q1 × これはノーマライゼーションではなく、ソーシャル・インクルージョンについての説明である。　Q2 × 社会福祉法では、国・地方公共団体の責務として、社会福祉事業の経営者と協力し、福祉サービスの提供体制の確保、福祉サービスの適切な利用推進に関する施策など、必要な各般の措置を講じなければならないとしている。「最低限度の措置にとどめなければならない」というのは誤り。

Point 23

書いて覚えよう！ 1 社会福祉事業　2 社会福祉法　3 公益事業　4 収益事業　5 国　6 社会福祉法人　7 届出　8 社会福祉士及び介護福祉士法　9 養成施設　10 3 年　11 精神保健福祉士法　12 ケアマネジャー　13 介護保険法　14 5 年　15 社会福祉法　16 福祉事務所　17 売春防止法　18 婦人相談所　19 要保護女子　20 DV 被害者　21 配偶者暴力相談支援センター　22 DV 法

チャレンジ○×問題 Q1 ○ 社会福祉法人は、強い公的規制・監督のもと、助成を受けられる法人として創設された。 Q2 × 第二種社会福祉事業は、経営主体に制限がなく、国や地方公共団体も経営することができる。 Q3 × 共同募金を行う事業は、第1種社会福祉事業に区分されている。それ以外の記述は正しい。なお、婦人保護施設は、売春防止法に基づく要保護女子の収容保護のための施設であるが、DV防止法により配偶者暴力の被害者の保護も行っている。 Q4 × 婦人相談所は、売春防止法に基づき、都道府県に設置が義務づけられている。市には設置義務はない（政令指定都市には設置できるとされているが、平成29年4月現在、設置している例はない）。

Point 24

書いて覚えよう！ 1 対等な関係 2 身近な地域 3 措置制度 4 契約制度 5 民生委員法 6 市町村 7 生活保護法 8 児童委員 9 社会福祉法 10 市区町村社会福祉協議会 11 共同募金会 12 都道府県 13 地域福祉 14 社会福祉協議会 15 法人格 16 特定非営利活動促進法 17 地域福祉計画 18 地域福祉支援計画 19 子ども・子育て支援法

チャレンジ○×問題 Q1 × 民生委員の任期は3年。それ以外の記述は正しい。 Q2 × 社会福祉協議会は行政機関ではなく、民間団体である。 Q3 ○ 共同募金については、社会福祉法第10章「地域福祉の推進」の第3節に規定されている。 Q4 × 障害福祉計画の根拠法は、障害者基本法ではなく、障害者総合支援法である。障害者基本法を根拠とする障害者計画と混同しないこと。

Point 25

書いて覚えよう！ 1 社会福祉事業経営者 2 情報提供 3 地方公共団体 4 契約内容 5 説明 6 成立 7 書面 8 評価 9 福祉サービス第三者評価事業 10 苦情解決 11 社会福祉事業経営者 12 福祉サービス利用援助事業 13 運営適正化委員会 14 申出 15 あっせん 16 入所者 17 保護者 18 苦情解決責任者 19 第三者委員

チャレンジ○×問題 Q1 × 説明を希望する者だけでなく、契約の申込み者すべてに対して説明を行うよう努めることとされている。 Q2 ○「福祉サービス第三者評価事業に関する指針」の中で述べられている。 Q3 × 社会福祉法において、利用者等からの苦情の解決に努めなければならないとされているのは、社会福祉事業経営者である（第82条）。国、都道府県、市町村は誤り。 Q4 ○ 社会福祉法第85条に定められている。

Point 26

書いて覚えよう！ 1 心理社会的アプローチ 2 問題解決アプローチ 3 機能的アプローチ 4 課題中心アプローチ 5 個別化 6 意図的な感情表現 7 非審判的態度 8 アドボカシー 9 スーパービジョン 10 スーパーバイザー 11 ケアマネジメント 12 インテーク 13 アセスメント 14 コン

サルテーション　15 アウトリーチ　16 ジェノグラム　17 エコマップ　18 エンパワメント　19 ストレングスモデル

チャレンジ○×問題 Q1 × これはナラティブアプローチではなく、解決志向アプローチの説明である。　Q2 ×「統制された情緒関与」とは、利用者の感情表出に対して、援助者自らの個人的な感情を統制することを意味する。利用者に否定的感情を表出させないように統制するのではない。　Q3 × ソーシャル・サポート・ネットワークは、私的（インフォーマル）な支援と公的（フォーマル）な支援との連携関係によって展開される活動である。公的支援だけを重視するものではない。

Point 27

書いて覚えよう！ 1 最低限度　2 自立　3 厚生労働大臣　4 不足分　5 申請　6 世帯　7 教育扶助　8 生業扶助　9 医療扶助　10 市長　11 福祉事務所　12 健康保険　13 共済組合　14 国民健康保険　15 市区町村　16 出産育児一時金　17 国民年金　18 20 歳　19 60 歳　20 65 歳　21 遺族年金　22 第１号　23 第２号　24 第３号　25 厚生年金

チャレンジ○×問題 Q1 × 生活保護の目的は正しいが、実施機関は、都道府県知事、市長および福祉事務所を管理する町村長とされている。国は実施機関ではない。　Q2 × 高等学校の授業料、教材費、通学交通費その他の就学費は、生業扶助として支給される（教育扶助〔義務教育を対象とする〕ではないことに注意）。　Q3 × 健康保険の保険者は、健康保険組合（大企業の従業員を主な対象とする）または全国健康保険協会（健康保険組合をもたない中小企業の従業員を主な対象とする）。なお、市区町村を保険者とするのは国民健康保険である。　Q4 ○

Point 28

書いて覚えよう！ 1 環境　2 学習優位説　3 遺伝　4 成熟優位説　5 レディネス　6 輻輳説　7 相互作用説　8 環境閾値説　9 入れ子構造　10 生態学的モデル　11 同化　12 調節　13 感覚運動期　14 物の永続性　15 象徴機能　16 前操作期　17 自己中心的　18 具体的操作期　19 保存の概念　20 形式的操作期　21 発達の最近接領域

チャレンジ○×問題 Q1 × ジェンセンではなく、ギブソン（Gibson, J.J.）についての記述である。　Q2 × 感覚運動期ではなく、前操作期である。それ以外の部分は正しい。　Q3 ○

Point 29

書いて覚えよう！ 1 愛着行動　2 アタッチメント　3 愛着対象　4 人見知り　5 安全基地　6 内的ワーキングモデル　7 分離不安　8 8か月　9 8か月不安　10 インプリンティング　11 臨界期　12 敏感期　13 共同注意　14 社会的参照　15 対人葛藤　16 自己調整能力　17 心の理論　18 役割取得　19 向社会的行動　20 環境移行

チャレンジ○×問題 Q1 × 特定の愛着対象が明確になるのはアタッチメント形成過程の第２段階（12 週～６か月）である。生後２、３か月はまだ第１段階（誕生～ 12 週）。 Q2 × ３歳頃までは、自他の視点の区別がうまくできないため、役割取得は困難とされている。 Q3 ○

Point 30

書いて覚えよう！ 1 生理的早産　2 情動伝染　3 エントレインメント　4 相互同期性　5 共鳴動作　6 新生児模倣　7 生理的微笑　8 社会的微笑　9 ハンドリガード　10 身体的自己　11 クーイング　12 喃語　13 規準喃語　14 一語文　15 初語　16 二語文　17 表象的知能　18 見立て遊び　19 ごっこ遊び　20 平行遊び　21 連合遊び　22 協同遊び

チャレンジ○×問題 Q1 × これは共鳴動作ではなく、情動伝染である。 Q2 × 社会的微笑ではなく、生理的微笑（新生児微笑）の誤り。社会的微笑は生後２か月を過ぎてからみられるもので、新生児の特徴ではない。それ以外の記述は正しい。 Q3 ×「一人遊び」ではなく「傍観」である。

Point 31

書いて覚えよう！ 1 高学年　2 メタ認知　3 道徳性　4 性ホルモン　5 第二次性徴　6 反抗期　7 心理的離乳　8 第二次反抗期　9 モラトリアム　10 アイデンティティ　11 自己同一性　12 心理社会的危機　13 アイデンティティの確立　14 役割の混乱　15 アイデンティティ・ステイタス　16 権威受容　17 基本的信頼　18 自律　19 罪悪感　20 劣等感　21 孤独　22 生殖性　23 統合　24 生涯発達心理学　25 流動性知能　26 結晶性知能

チャレンジ○×問題 Q1 ○ 心理的離乳とは、青年期に親から精神的に自立しようとする心の動きをいう。 Q2 × アイデンティティの確立の過程（揺らぎ、組み替え、再構築、確立）は、生涯のうちに何度か繰り返すものと考えられており、再構築が老年期特有のものというのは誤り。 Q3 × 流動性知能は比較的早く減衰し、結晶性知能は高齢期まで上昇すると考えられている。

Point 32

書いて覚えよう！ 1 はう　2 大人　3 情緒的　4 愛情豊か　5 社会的　6 精神的　7 養護　8 一体　9 生活　10 身体感覚　11 受容的　12 人と関わる力　13 環境　14 表情　15 歩き始め　16 排泄　17 指先　18 言葉　19 生活習慣　20 協同的　21 集団

チャレンジ○×問題 Q1 ×「乳児～３歳以上児のいずれの年齢層についても」という部分が誤り。保育の「ねらい」及び「内容」を「健康・人間関係・環境・言葉・表現」の５領域に分けて示しているのは、１歳以上３歳未満児の保育と３歳以上児の保育についてである。乳児保育については、３つの視点に分けて示している。 Q2 × これは１歳以上３歳未満児ではなく、「３歳以上児の保育に関するねらい及び内容」の中で述べられている内容である。

Point 33

書いて覚えよう！ 1 新生児期　2 原始反射　3 自立歩行反射　4 自動歩行　5 手掌把握反射　6 モロー反射　7 哺乳反射　8 バビンスキー反射　9 発育　10 発達　11 連続　12 順序　13 速度　14 器官別発育曲線　15 リンパ系型　16 神経型　17 方向性　18 首が座る　19 ずり這い　20 お座り　21 つかまり立ち

チャレンジ○×問題 Q1 × 緊張性頸反射は生後4～6か月で消失する。それ以外の記述は正しい。 Q2 × 身長・体重は乳児期に急速に伸びたあとゆっくりになり、思春期に急速に伸びる（スパート）。 Q3 × 生殖型は思春期に急速に発育するが、成人の値と同等になるのは20歳頃である。15～16歳というのは誤り。 Q4 ×「寝返り」は生後5～6か月にできることが標準的とされている。生後3～4か月までにというのは誤り。

Point 34

書いて覚えよう！ 1 出生率　2 15歳　3 49歳　4 1.26　5 新生児死亡率　6 出生数　7 不慮の事故　8 先天奇形、変形及び染色体異常　9 不慮の事故　10 3歳児健診　11 妊産婦健診　12 市町村　13 母子健康手帳　14 省令様式　15 任意様式　16 妊産婦　17 2,500g未満　18 市町村　19 乳幼児身体発育調査　20 乳幼児身体発育曲線　21 先天性疾患　22 新生児マススクリーニング検査　23 小児慢性特定疾患治療研究事業

チャレンジ○×問題 Q1 × これは乳児死亡率ではなく、新生児死亡率の説明。 Q2 × 妊娠の届出は、都道府県知事ではなく、市町村長にする。 Q3 ×「先天性代謝異常に関するスクリーニング検査」というのは、新生児マススクリーニング検査のことであり、新生児を対象に生後4～7日の間に行われる。3～4か月児健診で行うというのは誤り。

Point 35

書いて覚えよう！ 1 37.4　2 発熱　3 下痢　4 ウイルス感染　5 食物アレルギー　6 鶏卵　7 アナフィラキシー　8 アトピー性皮膚炎　9 乳幼児突然死症候群　10 うつぶせ寝　11 喫煙　12 病原体　13 感染　14 感染症　15 はしか　16 麻疹ウイルス　17 3日　18 三日ばしか　19 風疹ウイルス　20 発疹が消失　21 インフルエンザウイルス　22 関節痛　23 5日　24 水ぼうそう　25 水痘・帯状疱疹ウイルス　26 痂皮化　27 おたふくかぜ　28 ムンプスウイルス　29 5日

チャレンジ○×問題 Q1 ○　Q2 × 乳幼児突然死症候群（SIDS）の原因はまだ十分に解明されておらず、遺伝的要因が原因であるとはいえない。また、元気に発育していた乳幼児が突然死亡する病気であり、発症前の心身の不調も原因とはいえない。 Q3 × はしか、風疹、水ぼうそうは発疹を伴うが、おたふくかぜ（流行性耳下腺炎）は、発疹を伴わない。

Point 36

書いて覚えよう！ 1 飛沫感染 2 インフルエンザ 3 空気感染 4 麻疹 5 次亜塩素酸ナトリウム 6 逆性せっけん 7 免疫 8 生ワクチン 9 不活化ワクチン 10 定期接種 11 任意接種 12 インフルエンザ菌ｂ型 13 2か月 14 ジフテリア 15 ポリオ 16 3か月 17 結核 18 1歳 19 1歳 20 1歳 21 ロタウイルス 22 おたふくかぜ 23 インフルエンザ

チャレンジ○×問題 Q1 × これは飛沫感染ではなく、空気感染の説明である。 Q2 ○ Q3 × 小児用肺炎球菌だけ不活化ワクチンである。それ以外の記述は正しい。

Point 37

書いて覚えよう！ 1 反応性愛着障害 2 虐待 3 大人 4 健忘 5 視力障害 6 統合失調症 7 被害妄想 8 感情鈍麻 9 選択的緘黙 10 身体的 11 心理・社会的 12 過換気症候群 13 二酸化炭素 14 過敏性腸症候群 15 胃腸炎 16 拒食症 17 過食症 18 反復的 19 運動 20 瞬き 21 咳払い 22 ド・ラ・トゥレット症候群 23 吃音 24 中枢神経系 25 胎児性アルコール症候群

チャレンジ○×問題 Q1 × 反応性愛着障害は、5歳になるまで（多くの場合は乳児期）に現れる。高校生でも発症するというのは誤り。 Q2 ○ Q3 ○ Q4 × チック障害は心身症の一つである。心身症とは、心の問題が大きく影響を及ぼす身体疾患（器質的・機能的障害が認められるもの）なので、チック障害が器質的な障害をもっていないというのは誤り。

Point 38

書いて覚えよう！ 1 知的障害 2 18歳 3 知能指数 4 50～69 5 1.5：1 6 言葉の遅れ 7 過食 8 ダウン症候群 9 21トリソミー 10 大脳 11 部分発作 12 全般発作 13 広汎性発達障害 14 脳機能 15 低年齢 16 自閉症 17 こだわる 18 3歳 19 男児 20 アスペルガー症候群 21 言葉 22 興味 23 レット症候群 24 女児 25 学習障害 26 計算する 27 注意欠陥多動性障害 28 7歳

チャレンジ○×問題 Q1 ○ Q2 × 広汎性発達障害には、自閉症、アスペルガー症候群、レット症候群などの障害が含まれる。このうちアスペルガー症候群は知的発達の遅れを伴わないが、自閉症やレット症候群などは知的障害を伴うことが多い。したがって、知的障害が広汎性発達障害に合併しないというのは誤り。

Point 39

書いて覚えよう！ 1 酸素 2 食物繊維 3 4kcal 4 グリコーゲン 5 ブドウ糖 6 果糖 7 ショ糖 8 麦芽糖 9 乳糖 10 でんぷん 11 デキストリン 12 グリセリン 13 9kcal 14 不飽和脂

肪酸　15 細胞膜　16 たんぱく質　17 窒素　18 必須アミノ酸　19 脂溶性ビタミン　20 水溶性ビタミン　21 ビタミンA　22 ビタミンD　23 ビタミンE　24 ビタミンK　25 ビタミンB_1　26 ビタミンB_2　27 ビタミンC　28 カルシウム　29 カリウム　30 ナトリウム　31 鉄

チャレンジ◯×問題 Q1 × ガラクトースは、二糖類ではなく、単糖類である。それ以外の記述は正しい。　Q2 × たんぱく質も1g当たり4kcalのエネルギーを生み出す。それ以外の記述は正しい。　Q3 × これはビタミンDではなく、ビタミンAについての記述。夜盲症とは、夜間や暗所で視覚が低下する病気をいい、「鳥目（とりめ）」とも呼ばれる。

Point 40

書いて覚えよう！ 1 推定エネルギー必要量　2 身体活動レベル　3 9～11（月）　4 Ⅱ　5 推奨量　6 目安量　7 脂肪エネルギー比率　8 6～11（月）　9 目安量　10 目標量　11 20～30　12 目安量　13 推奨量　14 12～14（歳）　15 10～11（歳）　16 耐容上限量

チャレンジ◯×問題 Q1 × 0～5（月）、6～8（月）、9～11（月）の3区分で設定されている。　Q2 ○ 10～11（歳）だけは、男性が45〔g / 日〕、女性が50〔g / 日〕で、女性のほうが多い。　Q3 × 脂肪エネルギー比率〔%エネルギー〕の数値（目標量）は、1～2（歳）以上の年齢区分において、男性女性ともにすべて20～30となっている。したがって、12～14（歳）も20～30である。　Q4 ○ 1～2（歳）では、男性が450〔mg / 日〕、女性が400〔mg / 日〕なので男性のほうが多い。

Point 41

書いて覚えよう！ 1 妊婦　2 授乳婦　3 付加量　4 目安量　5 たんぱく質　6 ビタミンA　7 目安量　8 付加量　9 カルシウム　10 ナトリウム　11 食事バランス　12 体重の変化　13 緑黄色野菜　14 栄養機能食品　15 貧血　16 ビタミンA　17 受動喫煙　18 母乳分泌　19 非妊娠時　20 BMI

チャレンジ◯×問題 Q1 ○ 推定エネルギー必要量の付加量は、身体活動レベルⅠ、Ⅱ、Ⅲともに同じ値であり、妊婦中期の付加量は＋250〔kcal / 日〕、授乳婦の付加量は＋350〔kcal / 日〕とされている。したがって、身体活動レベルⅠ、Ⅱ、Ⅲともに授乳婦のほうが多い。　Q2 × 葉酸（推奨量）の付加量は、授乳婦が＋100〔μg / 日〕、妊婦が＋240〔μg / 日〕なので、妊婦のほうが多い。　Q3 ×「妊娠中」ではなく、「妊娠前」の体型によって異なるとしている。　Q4 ○

Point 42

書いて覚えよう！ 1 人工栄養　2 混合栄養　3 免疫グロブリンA　4 母子関係　5 オキシトシン　6 母乳性黄疸　7 喫煙　8 ウイルス感染症　9 ビタミンK　10 ビフィズス菌　11 タウリン　12 離乳の開始　13 離乳の完了　14 哺乳反射　15 つぶしがゆ　16 調味料　17 1さじずつ　18 2回食

19 舌ざわり　20 舌でつぶせる　21 卵黄　22 白身魚　23 3回食　24 歯ぐきでつぶせる　25 共食
チャレンジ○×問題　Q1 ○ フォローアップミルクは、離乳食が順調に進まず、鉄の不足のリスクが高い場合などに必要に応じて使用するミルクである。　Q2 × 離乳の開始とは「なめらかにすりつぶした状態の食物を初めて与えた時」をいい、その時期は生後5、6か月頃が適当とされている。
Q3 × これは生後5、6か月ではなく、生後7、8か月の離乳食の進め方についての記述である。
Q4 × 離乳の完了とは「形のある食物を噛みつぶすことができるようになり、エネルギーや栄養素の大部分が母乳または育児用ミルク以外から摂取できるようになった状態」をいう。母乳や育児用ミルクを飲んでいない状態を意味するものではない。

Point 43

書いて覚えよう！　1 1/2弱　2 1/2　3 牛乳　4 1歳　5 間食　6 1～2　7 10～20%　8 母乳栄養　9 混合栄養　10 遊び食べ　11 むら食い　12 お腹がすくリズム　13 一緒に食べたい人
14 食事づくり　15 健康な生活　16 基礎　17 遊び　18 食べること　19 食育計画　20 自然の恵み
21 循環　22 感謝　23 調理員　24 心身の状態
チャレンジ○×問題　Q1 × 生後9か月を過ぎた頃からではなく、離乳期を完了してからとされている。　Q2 × 遊び食べやむら食いは、2歳～3歳未満で最も割合が高いが、その後は減少するので、「増加の一途をたどる」というのは誤り。　Q3 ○ さらに「楽しく食べる子どもに～保育所における食育に関する指針」（平成16年：厚生労働省）では、「家庭や地域社会と連携を図り、保護者の協力のもと、保育士、調理員、栄養士、看護師などの全職員がその有する専門性を活かしながら、共に進めることが重要である」としている。

Point 44

書いて覚えよう！　1 3回　2 適量　3 食事づくり　4 自然　5 地域　6 評価　7 イメージ　8 楽しく　9 流通　10 体調　11 計画　12 健康　13 判断力　14 社交性　15 自然　16 生命　17 環境
18 勤労　19 食文化　20 消費　21 たんぱく質　22 脂質　23 ヘモグロビン　24 鉄欠乏性貧血
25 骨形成　26 骨吸収
チャレンジ○×問題　Q1 × これは幼児期の記述である。なお、学童期には「家族や仲間と一緒に食事づくりや準備を楽しむ」という記述がある。　Q2 × 学校給食法第2条（学校給食の目標）にこのような記述はない。　Q3 ○

Point 45

書いて覚えよう！　1 フェニルアラニン　2 乳糖　3 ブドウ糖　4 経口補液　5 脂肪　6 不溶性食物繊維　7 野菜類　8 ヘム鉄　9 ビタミンC　10 肢体不自由　11 重症心身障害児　12 嚥下　13 栄養

摂取量不足　14 便秘　15 呼吸　16 誤嚥　17 窒息　18 硬さ　19 トロミ　20 目の高さ　21 上体　22 前かがみ　23 少なめ　24 食べる速さ　25 小さい　26 浅い　27 深い

チャレンジ○×問題 Q1 × これは乳糖不耐症ではなく、ガラクトース血症についての記述である。乳糖不耐症は、小腸粘膜の障害による後天的なものがほとんどであり、先天性代謝異常症ではない。　Q2 ○　Q3 × 一般に、さらっとした液体のほうが、トロミのついた液体よりも誤嚥しやすい。

Point 46

書いて覚えよう！ 1 階名　2 音名　3 ト　4 ニ　5 半音上げる　6 半音下げる　7 全音　8 半音　9 ヘ　10 ニ　11 音程　12 1度　13 長2度　14 短2度　15 長3度　16 短3度　17 ト　18 ヘ　19 長3度　20 短3度　21 根音　22 ⑧⑪⑮　23 ⑪⑮⑳（③⑧⑪でもよい）　24 ⑥⑩⑯（本試験では第5音の⑬は省略）　25 ⑩⑯⑱（④⑥⑩でもよい）

チャレンジ○×問題 Q1 ○ ト長調は、主音の「ト（G）」が階名「ド」なので、階名「シ」は音名で「ヘ（F）」になると考えそうであるが、長音階の法則に合わせるため、半音上げて「嬰ヘ（$F^{\sharp}$）」になる。　Q2 × 短2度下に移調するということは、半音1つ分下げるということ。変ホ長調は、主音が「変ホ（$E^{\flat}$）」なので、半音1つ分下げると「ニ（D）」になる。したがって、ハ長調ではなく、ニ長調になる。　Q3 ○　$B^{\flat}$（Bフラットメジャー）は、長三和音（メジャートライアド）なので、根音と第3音の間が長3度、第3音と第5音の間が短3度になる。根音「変ロ（$B^{\flat}$）」は④なので、基本形④⑧⑪、転回形は⑧⑪⑯または⑪⑯⑳となる。

Point 47

書いて覚えよう！ 1 わらべうた　2 唱歌　3 童謡　4 赤い鳥　5 鈴木三重吉　6 成田為三　7 西條八十　8 河村光陽　9 サトウハチロー　10 中田喜直　11 まどみちお　12 メヌエット　13 ポルカ　14 木管　15 打　16 快速に　17 ゆっくりと　18 だんだん遅く　19 元の速さで　20 短く切って　21 フェルマータ　22 長く伸ばす

チャレンジ○×問題 Q1 × 大正時代に成田為三が作曲した童謡である（作詞は北原白秋）。　Q2 × 軽快で活気のある4分の2拍子の舞曲である。　Q3 × スイスの作曲家ダルクローズが開発した音楽教育方法である。　Q4 ○　Q5 ×「ポルタメント」とは、ある程度離れた2音間を移動するときに「音をなめらかに移る」ように演奏する技法をいう。テンポを「次第に速く」することを意味する用語は「アッチェレランド」である。

Point 48

書いて覚えよう！ 1 明るさ　2 鮮やかさ　3 下がり　4 上がる　5 色相環　6 補色　7 明度差　8 明度対比　9 彩度対比　10 緑　11 明るく　12 黄　13 黒　14 凸版　15 平版　16 凸版　17 エッチ

ング　18 デカルコマニー　19 ステンシル　20 反転しない　21 フロッタージュ　22 スクラッチ　23 ポスターカラー　24 テラコッタ

チャレンジ○×問題 Q1 × 色相対比ではなく、補色対比による効果である（青緑と赤は補色関係）。 Q2 × バチック技法は、クレヨンやロウなどが水をはじく性質を利用する技法なので、油絵の具ではなく、水彩絵の具を使用する。 Q3 ○　Q4 × これは和紙ではなく、新聞紙の性質である。

Point 49

書いて覚えよう！ 1 個人差　2 錯画期　3 スクリブル　4 渦巻き　5 円形　6 意味づけ期　7 命名期　8 前図式期　9 カタログ期　10 頭足人　11 図式期　12 基底線　13 太陽　14 並列的表現　15 拡大表現　16 アニミズム表現　17 レントゲン表現　18 積み上げ表現　19 多視点表現　20 視点移動表現　21 展開表現

チャレンジ○×問題 Q1 ×「象徴期」の別名は「意味づけ期」「命名期」である。「カタログ期」は「前図式期」の別名。 Q2 ○　Q3 × 基底線もレントゲン表現も「図式期」の特徴的表現である。 Q4 × 錯画期→象徴期→前図式期→図式期という順に発達する。

Point 50

書いて覚えよう！ 1 自分なり　2 態度　3 感じる　4 気持ち　5 話しかけ　6 紙芝居　7 味わう　8 伝え合う喜び　9 感覚　10 心　11 親しみ　12 想像　13 自分なり　14 創造性　15 経験　16 表現しよう　17 感性　18 粘土　19 手遊び　20 美しさ　21 感性　22 楽しむ　23 イメージ

チャレンジ○×問題 Q1 × これは１歳以上３歳未満児ではなく、「３歳以上児の保育に関するねらい及び内容」に記されている。１歳以上３歳未満児については「親しみをもって日常の挨拶に応じる」とされている。 Q2 × これは３歳以上児ではなく、「１歳以上３歳未満児の保育に関わるねらい及び内容」に記されている。３歳以上児については「生活の中で美しいものや心を動かす出来事に触れ、イメージを豊かにする」とされている。 Q3 ○

巻末問題［解答・解説］

保育原理

問題 1

1　×　「恩物」を開発したのはフレーベル。モンテッソーリは、モンテッソーリ教具と呼ばれる体系的教具を開発し、これを含んだ環境を整えることが保育者の重要な役割であるとした。

2　×　倉橋惣三は、フレーベルの児童中心主義を受け継いでいる（ただし、「恩物」による形式化した保育を批判した）。児童中心主義に反対して社会中心主義を主張したのは、城戸幡太郎である。

3　○　児童福祉法第 48 条の 4 第 2 項に定められている。

4　○　保育指針は、2008（平成 20）年の全面改正により、従来の局長通知から厚生労働大臣による告示となったことで、規範性（法的拘束力）を有する基準としての性格が明確となった。

問題 2

B が正しい。保育指針第 1 章「1 保育所保育に関する基本原則」の「(2) 保育の目標」のアの（エ）。

問題 3

A が正しい。保育指針第 1 章「1 保育所保育に関する基本原則」の「(5) 保育所の社会的責任」のイ。

問題 4

B が正しい。保育指針第 1 章「2 養護に関する基本的事項」の「(2) 養護に関わるねらい及び内容」「イ 情緒の安定」の「（イ）内容」の①に、この記述がある。なお、A は「(2) 養護に関わるねらい及び内容」「ア 生命の保持」の「（イ）内容」の①の記述である。

教育原理

問題 1

1　○　ペスタロッチは、「頭と心と手」に象徴される精神力、心情力、技術力という 3 つの根本的な能力を調和的に発達させることが教育の課題であると考えた。

2　×　プログラム学習を開発したのはスキナーである。キルパトリックは、プロジェクト・メソッドの提唱者。

3　○　教育基本法第 11 条に定められている。

4　×　学校教育法第 24 条に、幼稚園は「家庭及び地域における幼児期の教育の支援に努めるものとする」と定められている。

問題 2

A が正しい。B は「経験カリキュラム」についての記述である。

社会的養護

問題 1

1　○　「社会的養育の推進に向けて」（平成 31 年 4 月）の「2. 社会的養護の基本理念と原理」の中でこのように述べられている。

2　×　乳児院（乳幼児 10 人未満の施設を除く）には、ほふく室は設けるが、遊戯室を設けるとはされていない（遊戯室を設けるのは、児童心理治療施設である）。

3　○　里親委託児の委託時平均年齢は 6.3 歳、乳児院入所児の入所時平均年齢は 0.3 歳である。

4　×　「里親委託ガイドライン」（平成 30 年 3 月 30 日一部改正）には、新生児から高年齢児まですべての子どもが里親委託の検討対象とされるべきことが記されている。

問題 2

B が正しい。A は乳児院（乳幼児 10 人未満の施設を除く）に配置する職員である（なお、保育所、乳児院、児童養護施設、児童心理治療施設、児童自立支援施設については、調理業務の全部を業者に委託する場合には、職員として調理員を配置する必要はないとされている）。

子ども家庭福祉

問題 1

1　○　感化院は現在の児童自立支援施設。「家庭学校」以前の感化院として、1883（明治 16）年に池上雪枝が大阪に開いた「神道祈祷所」、1885（明治 18）年に高瀬真卿《しんけい》が東京の本郷に設立した「予備感化院（のち東京感化院）」も重要。

2　○　「児童の権利に関する条約」の第 3 条第 1 項に定められている。

3　×　児童福祉法第 4 条第 1 項で、「児童」を「満 18 歳に満たない者」と定義している。

4　×　児童福祉法第 44 条で、児童自立支援施設は「…児童を入所させ、又は保護者の下から通わせて、」必要な指導等を行う施設とされている。

5 ○ 児童福祉法第 25 条の 2 第 1 項で、「地方公共団体は、単独で又は共同して、(中略) 要保護児童対策地域協議会を置くように努めなければならない」とされている。つまり、設置する義務はなく、設置する努力義務が課せられている。

6 × 児童福祉法により、障害児通所給付費の支給は市町村、障害児入所給付費の支給は都道府県が行うこととされている (同法第 21 条の 5 の 3 第 1 項、第 24 条の 2 第 1 項)。

7 ○ 児童虐待防止法 (正式名称「児童虐待の防止等に関する法律」) の第 2 条に定められている。

8 ○ 「エンゼルプラン」1994 (平成 6) 年、「新エンゼルプラン」1999 (平成 11) 年、「子ども・子育て応援プラン」2004 (平成 16) 年、「子ども・子育てビジョン」2010 (平成 22) 年 。

9 × 母子・父子自立支援員は、福祉事務所に配置される職員である。なお、母子生活支援施設に配置するのは、母子支援員、少年を指導する職員などである (→ P.57)。

10 × 「80 人程度までが望ましい」ではなく、「おおむね 40 人以下とする」としている。

問題 2

Bが正しい。Aは「医療型児童発達支援センター」についての記述である。

問題 3

Bが正しい。Aは「子育て援助活動支援事業 (ファミリー・サポート・センター事業)」についての記述である。

社会福祉

問題 1

1 ○ 社会福祉法第 3 条に定められている。

2 × 経営する社会福祉事業に支障がない限り、公益事業や収益事業を行うことも認められる。

3 ○ 売春防止法第 35 条に定められている。

4 × 措置制度ではなく、契約制度において利用者の自由意思や事業者との対等性が尊重される。

5 × 民生委員は、児童福祉法第 16 条により児童委員を兼任するものとされている。

6 × 利用契約成立時の書面の交付については社会福祉法第 77 条で定めているが、児童福祉施設を利用する場合のみとするような限定はしていない。

7 ○ 社会福祉法第 83 条に定められている。

8 ○ 「教育的機能」はスーパーバイジーの援助技術を実践で活用できるよう教育していく機能、「支持的機能」は問題を抱えたスーパーバイジーを支えていく機能、「管理的機能」は所属する機関・施設における業務を指導していく機能のことである。

9　×　医療扶助と介護扶助は、現物給付が原則とされている（これら以外は金銭給付が原則）。

10　×　第２号被保険者（会社員、公務員等）の被扶養配偶者は、第３号被保険者とされている。

問題２

Ｂが正しい。Ａのうち、保育所を経営する事業は第２種社会福祉事業に含まれる。

問題３

Ａが正しい。Ｂは「ナラティブアプローチ」についての記述である。

保育の心理学

問題１

1　×　ワトソンは環境説に立って学習優位説を唱え、ゲゼルは遺伝説に立って成熟優位説を唱えた。

2　○　感覚運動期（０～２歳）、前操作期（２～７歳）、具体的操作期（7～12歳頃）、形式的操作期（12～15歳頃）の順に発達する。

3　×　ヴィゴツキーは、子どもの認知発達は、①他者の助力を得ずに自力で遂行できる能力レベルと、②大人や仲間の援助を受けることで問題解決が可能となる潜在的な発達レベルの２つによって行われると考え、①と②の間の領域を「発達の最近接領域」と呼んだ。

4　×　これは「人見知り」ではなく、「分離不安」である。

5　○　「心の理論」は、他者の心や行動の理解の基本となる。

6　○　「共鳴動作」は無意識的な模倣行動であり、「新生児模倣」とも呼ばれる。

7　×　これは「連合遊び」ではなく、「協同遊び」である。

8　○　アイデンティティ（自己同一性）の揺らぎ・組み替え・再構築・確立は、生涯のうちに何度か繰り返すものと考えられており、成人期にも起こる。

9　×　「親密性」対「孤独」は成人初期である。老年期は「統合」対「絶望」とされている。

10　×　「情緒的に」ではなく、「応答的に」である。

問題２

Ｂが正しい。Ａは、「社会的参照」についての記述である。

問題３

Ａが正しい。Ｂは「２　１歳以上３歳未満児の保育に関わるねらい及び内容」の中の記述である。

子どもの保健

問題 1

1　○　生物学的な発育・発達の原則の第５原則である。

2　×　一人座りは生後７～８か月頃、高這いは生後９～ 10 か月頃が標準的である。

3　○　乳児死亡率（乳児死亡数÷出生数× 1,000）は、2005（平成 17）年が 2.8、2018（平成 30）年が 1.9 となっており、減少している。

4　×　母子保健法では、妊娠した者は、厚生労働省令で定める事項（氏名、年齢、妊娠月数など）について速やかに市町村長に妊娠の届出をし（第 15 条）、市町村は、妊娠の届出をした者に対して母子健康手帳を交付しなければならない（第 16 条）と定めている。

5　○　保育所では食物アレルギーの原因となる食物として、鶏卵や乳製品などを除去している。

6　×　乳幼児突然死症候群（SIDS）は、生後２～６か月に多くみられる。

7　×　４種混合ワクチン（DPT-IPV）とは、ジフテリア（D）、百日咳（P）、破傷風（T）、ポリオ（IPV）の不活化ワクチンのことをいう。

8　×　麻疹・風疹混合（MR）ワクチンは、第１期を生後１歳以上２歳未満の間に接種することとされているので、満１歳までに接種するというのは誤り。

9　○　抑制型（人との関係を避ける）・脱抑制型（だれにでもなれなれしくする）という両価的な対人反応を示す場合がある。

10　×　アスペルガー症候群とは、知的発達の遅れを伴わず、かつ、自閉症の特徴のうち言葉の発達の遅れを伴わないものをいう。したがって、言葉の発達の遅れがみられるというのは誤り。興味の限局（興味の範囲が限局的で、特定のことがらに強いこだわりをもつ）がみられるという点は正しい。

問題 2

Ａが正しい。Ｂは、風疹（三日ばしか）の症状を述べた記述である。

問題 3

Ｂが正しい。Ａは「選択性緘黙」の症状を述べた記述である。なお、自閉症は一般に３歳以前に現れるのに対し、選択性緘黙は３～８歳で発症する。

子どもの食と栄養

問題 1

1　×　ショ糖は、ブドウ糖と果糖が結合した二糖類である。

2　○　幼児期（５歳以下）では身体活動レベルの個人差が少ないため、エネルギーの食事摂取基準（推定エネルギー必要量）は、身体活動レベルⅡ（普通）のみの数値が示され、６～７（歳）以降について身体活動レベルⅠ、Ⅱ、Ⅲの３区分の数値が示されている。

3　○　10 ～ 11 歳の鉄の推奨量〔mg / 日〕は、男性が 8.5、「月経あり」の女性が 12.0 となっている。

4　×　妊娠後期ではなく、妊娠初期にビタミン A の過剰摂取に気をつけるよう述べている。なお、「日本人の食事摂取基準（2020 年版）」においても、ビタミン A の推奨量〔μgRAE / 日〕に対する付加量は、妊娠の初期・中期ともに＋０、後期のみ＋80 とされている。

5　○　このため、育児用ミルク（乳児用調製粉乳）ではビタミン K が強化されている。

6　×　離乳の開始が生後５、６か月頃というのは正しい。しかしこの時期、母乳や育児用ミルクは飲みたいだけ（子どもの欲するままに）与えることとしている。１日２回程度与えるというのは誤り。

7　×　幼児期の間食について、不足する栄養素や水分を補給する食事のひとつとして考えられるというのは正しい。しかし、与えるなら時間と量を決めて、１日１～２回与えることとされている。１日３回必ず与えるというのは誤り。

8　○　保育指針第３章の「２食育の推進」の（1）のアでこのように述べられている。

9　×　学校給食実施基準では、平成 30 年一部改正により、「たんぱく質」についても年齢区分によらず、「学校給食による摂取エネルギー全体の 13％～ 20％」という示し方をするようになった。「脂質」についてのみというのは誤り。

10　×　特に、口唇を閉じる力の弱い子どもの場合には、食べ物をのせる部分が平坦で、口の幅より小さいスプーンを使用すると、食べ物を口の中に取り込みやすい。

問題 2

A が正しい。B は、ビタミン D について述べた記述である。

問題 3

B が正しい。A は、学童期の「発育・発達過程に応じて育てたい“食べる力”」である。

保育実習理論

問題 1

1　×　図の楽譜は、ト長調ではなく、イ長調で用いる。

2　○　変ロ長調は、主音の「変ロ（$\mathrm{B}^{\flat}$）」（問題２の鍵盤④）が階名「ド」であり、長音階の法則により、階名「ファ」は「変ホ（$\mathrm{E}^{\flat}$）」（問題２の鍵盤⑨）になる。

3　○　ハ長調は主音が「ハ（C）」（問題２の鍵盤⑥）であり、完全５度（半音を１つ含む５度）上に移調すると、主音が「ト（G）」（問題２の鍵盤⑬）になるので、ト長調になる。

4　○　「犬のおまわりさん」は、大中恩が作曲し、さとうよしみが作詞した。

5　×　「ダ・カーポ（da capo〔＝*D.C.*〕）」は、「曲の先頭に戻る」という意味である。「音の長さを保って」は「テヌート（*tenuto*）」である。

問題 2

Aが正しい。「F（Fメジャー）」は、長三和音（メジャートライアド）なので、根音と第３音の間が長３度、第３音と第５音の間が短３度になる。一方、「Am（Aマイナー）」は、短三和音（マイナートライアド）なので、根音と第３音の間が短３度、第３音と第５音の間が長３度になる。根音「A」が鍵盤③なので、基本形は③⑥⑩、転回形は⑥⑩⑮または⑩⑮⑱となる。

問題 3

1　×　補色対比ではなく、彩度対比である。

2　○　光（色光）の三原色は「赤・青・緑」、絵の具（色料）の三原色は「赤・青・黄」である。

3　○　スチレン版画は、版をへこませて模様を描くが、へこんでいない凸部に絵の具を付けて紙に写し取るので、凸版である。

4　×　これはフロッタージュではなく、マーブリング（流し絵）の説明である。

5　×　描画表現の一般的な発達過程は、「スクリブル」→「頭足人」→「基底線」の順になる。

問題 4

Bが正しい。Aは、「3　3歳以上児の保育に関するねらい及び内容」の（2）の「オ 表現」の「(イ) 内容」の中の記述である。